Beginning
British
culture

British Culture

영국문화 길잡이

박종성 지음

신아사

영국문화 길잡이

머리말

영국문화를 샅샅이 훑어가며 살피는 일, 즉 톺아보기를 할 수 있는 책을 출간하게 되었다. 영국 유학 후 귀국하여『더 낮게 더 느리게 더 부드럽게: 절충과 완만의 영국문화 이야기』(한겨레신문사, 2001)를 출간한지 16년만이다. 당시의 책은 한글 에세이 형식으로 일반 대중이 쉽고 편안하게 읽을 수 있는 교양서였다. 대학에서 매년 영문과 학생들을 대상으로 강의하면서 팝송, 시, 소설, 신문기사, 연설문에 이르는 다양한 영어 원문도 함께 읽으면서 영국문화의 깊이와 넓이를 알 수 있는 교재가 없어 무척 아쉬웠다. 그러던 중에 2011년에 사이버대학에 재직 중인 처(妻)가 자료를 공유하면서『영국문화의 이해』(경문사)라는 책을 냈다. 그런데 이 책은 자료 업데이트가 많이 필요한 실정이며, 그간 내 글도 많이 늘어났다. 그래서 이번에 필자가 영어 학습과 영문학감상을 통해 영국문화를 정확하고 깊이 있게 이해할 수 있는 책을 내놓게 되었다.

『영국문화 길잡이』에 수록된 된 글들은 2003년 10월에 처음 문을 연 후 최근까지 13년 동안 운영해온 개인 홈피 www.mindup.net에 올렸던 상당수 글들을 모은 것이다. 그런데 홈피 운영시스템이 불안정하여 언제 중단될지도 모르는 상황이 벌어져 불안해졌다. 그래서 지금까지의 자료를 책으로 묶기로 했다. 여기에는 이전에 여러 잡지에 기고했던 글도 포함되어 있다. 홈피에서는 관련 글의 동영상 링크와 사진보기가 가능하지만, 아날로그식의 종이책이 제공하는 '깊은 사유'를 보장하지 않는다. 활자에 시선을 집중하고, 여백에 상상력을 머물게 하는 지적 훈련이 요즈음 더욱 절실하다. 아울러서 최근 영국에서 벌어진 브렉시트(Brexit) 찬성과 2016년 7월 13일에 테레사 메이(Theresa May) 신임 여성총리 임명까지 일련의 굵직한 역사적 사건들의 의미와 파장을 음미할 수 있도록 흥미롭고 유익한 최신 자료들을 추가했다. 1988년부터 1996년까지 8년 동안 영국 런던에서 유학을 마친 후 뉴스 매체나 영문학 작품을 통해 영국에 대한 관심과 관찰과 분석을 소홀히 하지 않았다.

이 책은 강의실에서 영어와 문학과 문화라는 3마리 토끼를 잡는 것을 목표로 삼는다. 첫째, 영어의 종주국 영국에서 사용하는 영어 단어와 용어, 영어 문장구조와 표현, 영어 표현의 유머와 수사학까지 음미할 수 있다. 영시와 팝송 및 수상들의 연설문은 탁월한 학습 자료가 된다. 둘째, 영문학 작품에서 발췌한 글을 통해 영국인의 성격과 영국식 사고의 결을 흥미롭게 심층적으로 파악하는 것이 가능하다. 이런 점에서 이 책은 수치와 도표를 이용하여 영국의 역사와 지리 및 의식주를 설명하는 따분한 책이나 문화관련 내용을 우리말로 번역한 책들과는 확실히 다르다. 영국에 관한 사실과 정보를 제공하는 동시에 인문학적 사고력과 상상력을 배양하고자 했다. 영어와 문학과 문화의 접점을 찾으려 했다는 뜻이다.

이 책은 영국문화에 관한 다양하고 풍성한 콘텐츠를 담고 있다. 단편적인 조각글이나 정보는 또 다른 영국문화 관련 아이템을 찾도록 지적 자극을 주어 자기주도적인 학습을 가능하게 해줄 것이다. 제시된 원문을 꼼꼼하고 정확하게 분석하고, 이를 창조적이며 비판적으로 읽어내는 지적 훈련이 특히 요구된다.

학습자의 편의를 위해 이 책의 구성 체계를 간단히 언급하겠다. 편의상 영국(인)의 실체부터 브렉시트에 이르기까지 13개의 장을 마련했다. 각각의 꼭지에는 영어와 한글로 구성된 다양한 관련 글을 수록했다. 제시된 글을 읽기 전 생각거리(Stop & Think)를 제시한 후 단어 설명 및 멘트를 달았다. 책 뒤에는 평가문제와 답지를 제공하여 학습 내용을 스스로 진단할 수 있도록 배려했다. 평가문제를 제시한 또 다른 이유는 학습자가 창의적으로 영국문화 관련 평가문제를 만들 수 있는 안목을 지닐 수 있기를 기대하기 때문이다. 과제물샘플을 제시하여 학습자가 문화관련 특정 주제를 탐구하여 과제를 제출하거나 발표할 경우 참고할 수 있도록 했다.

이 책의 출간을 많이 망설였다. 영어를 배우는 데 있어서 영국문화를 이해를 제대로 이해하는 것은 필요하고 중요하다. 그러나 영국문화의 깊이와 넓이를 아우르며 영국문화를 체계적으로 조망하는 접근 방식에는 왕도가 없다. 이 책은 하나의 의미 있는 창의적 시도이다. 마지막으로 한 마디 덧붙이고 싶다. 영국문화에 대한 이해를 통해 개개인이 삶의 질을 제고하고, 우리 사회가 좀 더 교양과 품격과 관용성과 다양성을 지닌 사회로 진보했으면 좋겠다. 모쪼록 이 책이 진보의 수레바퀴의 축이 되기를 소망한다.

2016년 8월
대전(大田) 유성(儒城)에서
박종성

영국문화 길잡이

목 차

1장 영국(인)의 실체 및 런던

2장 지리적 특징 및 영국적 특성

3장 차(茶)문화

4장 귀족마인드

5장 군주제 및 정당제도

6장 창조적 교육, Creative UK

7장 사법제도 및 정의구현

8장 대중문화

9장 클럽문화와 스포츠 및 커피하우스

10장 위인들의 마인드와 연설문

11장 여성 문제

12장 인종, 종교, 반제국주의, 브렉시트

영국문화 길잡이

British Culture

1장 영국(인)의 실체 및 런던

영국(인)의 실체

섬나라 영국. 춥고 음습하며 변덕스런 날씨 탓에 우울증을 돋게 만든다. 혹자는 영국을 '절망의 섬'으로 부른다. 먼 옛날 배를 타고 영국 땅 정복에 나섰던 한 로마인은 템스 강에 당도하여 잿빛 하늘 아래서 마실 것이라곤 진흙탕 물 밖에 없어 절망했다. 이런 나라가 문명의 꽃을 피운 저력은 무엇일까?

영국은 안개와 사색의 나라다. 잦은 가랑비와 짙은 안개는 사람들을 우수에 젖어들게 한다. 그래서일까? 영국의 연인들의 모습으로는 비오는 날 혹은 안개가 핀 날 고요히 흐르는 템스 강을 바라보는 장면이 연상된다. 차분함, 안개, 푸른 녹지가 인상적인 나라다. 영국의 지형적, 기후적 요소가 영국인의 의식주 문화와 사고방식 전반에 끼친 영향은 무엇일까 궁금해진다.

관 뚜껑 구름층

런던행 비행기가 히스로 공항에 착륙준비를 할 때, 좁다란 창을 통해 밖을 보면 끝없이 펼쳐진 양털구름층 위로 태양이 찬란한 빛을 발한다. 그런데 비행기가 두툼한 구름층을 뚫고 내려오면 이내 비가 내리는 우중충한 세상이 불쑥 나타난다. 이런 형편없는 날씨 속에서 하루 이틀도 아니고 평생 동안 살 수 있을까? 그러다보니 우스갯소리로 영국인들은 초대형 풍차나 진공청소기를 사용하여 관 뚜껑 같은 구름층을 제거하고픈 유혹을 느낄 만하다. 영국이 "해가 지지 않는 제국" 건설에 매진한 것도 이런 실망스런 날씨와 무관하지 않아 보인다.

런던 포그

런던 포그와 빅벤 시계탑 사이에 무슨 연관이 있을까? 시계탑은 영국인들의 규칙성과 정확성을 잘 반영하고 있는 상징조형물이다. 양복 조끼에 줄 시계를 넣고 다니며 자주 꺼내보는 영국인들의 모습을 떠올려보시라. 런던 시내 가판대에는 기념엽서를 파는데 이 중 돈 주고 사기에 가장 아까운 것이 바로 런던포그 엽서다. 엽서 전체가 회색이다. LONDON FOG란 글자만 없다면 빈 종이다. 템스 강이 관통하는 런던의 포그는 유명하다. 심할 때는 지척을 구분할 수 없을 정도로 짙게 끼고, 아침과 저녁을 구분할 수 없을 정도로 온 종일, 어떤 경우에는 며칠 동안 지속된다. 말 그대로 오리무중이다. 시계가 없다면 혼란감은 더욱 심해진다. 런던의 안개는 살아 움직인다. 그 속을 검정색 차림의 사람들이 말없이 움직인다. 시인 T.S. 엘리엇은 런던을 "비현실적 도시"라고 표현했다. 코난 도일은 런던의 베이커 스트리트 주변을 명탐정 셜록 홈즈의 활동무대로 삼았다. 런던포그는 탐정소설을 쓰는데 안성맞춤이었다. 의식을 한 점으로 모아주는 빅벤의 타종소리가 없다면 런던은 정지된 시간 속에서 유령들이 사는 도시가 되지 않을까?

안전결벽증

섬나라 영국은 떠있는 배에 비유된다. 배가 뒤집힐까 걱정을 하다 보니 늘 안전이 중요하다. 그래서 무엇보다도 호들갑을 떨거나 동요해서는 안 된다. 배가 기울거나 뒤집힐 수 있으니까. 영국의 초등학교

체육에서 가장 중점을 두는 종목은 무엇일까? 바로 수영이다. 섬나라에서 살아남기 위해서. 영국인들의 안전결벽증은 성생활, 교통 및 건축 문화 등에서도 잘 드러난다. 오죽하면 프랑스인들이 영국인들을 콘돔이라 놀려대고, 영국인들은 프랑스인들을 매목이라 놀려댈까. 왜 폴로사탕에는 구멍이 뚫려있을까? 질식사 방지 차원이다.

변덕스런 영국의 날씨는 영국인들에게 준비성과 침착성을 선물했다. 하루에도 4계절을 경험할 정도로 변덕스러운 것이 영국 날씨다. 아침에 날씨가 맑고 화창해도 영국인들은 우산을 꼭 챙긴다. "햇볕이 날 때 건초를 말리라"(Make hay while the sun shines)는 영국속담도 일조량이 적은 영국적 상황에서 나온 것이다. 흔히 "영국인들은 말수가 적다"고 한다. 언행에 신중할 수밖에 없는 이유는 유동적인 상황을 좀 더 두고 봐야 하기 때문이다. 성급한 판단과 결정은 금물이다. 감정의 기복이 적고 위기상황에서도 쿨하게 대처한다. "침묵이 금이다"(Silence is golden)란 속담이 생겨난 것이 결코 우연이 아니다.

차(茶)문화

춥고 습한 영국에서 사람들이 차 문화에 집착하는 것은 그리 놀라운 일이 아니다. 차를 마시면 몸에 온기가 생기고, 심신이 차분해진다. 작가 조지 오웰은 "홍차를 마시면 대범해진다"고 말했다. 조지 기싱도 "싸늘한 비속에서 산책을 마치고 돌아오면 한 잔의 차가 몸을 얼마나 후끈하게 해주는가!"라고 말했다. 차를 마시면 위로, 상쾌한 영감, 즐거움을 공급받는다. 영국에서 온 국민이 마시는 음료가 바로 차다. 영국인들은 부부싸움을 하다가 심지어는 전투 중에도 티타임이 되면 중단할 정도로 차 마시기에 집착한다. 영국의 일상생활에서 귀가 따갑게 듣는 말 중 하나가 "차 한 잔 하실래요?"(Would you like to have a cup of tea?)다. 차를 마시는 문화의 대중화에 결정적인 계기는 인도를 식민지로 경영하게 된 때이다. 영국인들이 주로 마시는 차는 인도의 아삼, 다즐링 차와 실론산 차다. 하루에 대개 6번의 차를 마신다고 한다. 아침, 오전, 점심, 오후(afternoon tea), 저녁부터 밤까지(High tea), 저녁에 차를 마신다. 다반사(茶飯事)란 뜻처럼 "차를 마시고 밥을 먹는 것처럼 흔히 있는 일"이 되어버렸다.

버버리코트(트렌치코트)

비가 잦은 영국날씨는 영국산 명물 레인코트를 탄생시키는 계기가 되었다. 버버리 창립자 토마스 버버리는 포목상이었는데 통풍, 보온, 방수가 잘 되는 개버딘(gabardine)이란 천을 개발하여 레인코트를 만들었다. 농부와 목동들을 위해 코트를 만들다가 1차 세계대전 때 50만 벌의 군용 레인코트를 납품하면서 그는 큰돈을 벌었다. 참호(trench)에서 입는 옷이란 뜻으로 트렌치코트로 불린다. 통풍이 잘 되고 내구성이 강한 버버리는 오늘날 영국을 대표하는 명품이 되었다. "필요성이 창조의 모체"임을 실감한다.

오래된 성(古城)

영국은 오랜 역사와 전통의 나라다. 유럽 대륙이 전쟁에 휘말릴 때 섬나라 영국은 화를 면했다. 그 결과 고성과 같은 전통건물을 보존할 수 있었다. 성은 견고하게 축조되어 세월의 풍화작용 속에서도 난공불락의 요새로 남아있다. 반역죄를 지은 귀족들의 감옥인 런던탑(Tower of London)을 떠올려보시라. 이런 견고한(solid) 특성은 영국인들의 집 건축에서도 잘 드러난다. 일반 주택은 대개 단단한 벽돌로 지어졌고 보통 100년이 넘은 것이 허다하다. 내구성이 강하다. 내부수리만 하면 된다. 영국 속담 "영국인의 집을 성과 같다"(The Englishman's home is his castle)는 집과 성 사이의 유사성을 말해준다. 집과 성은 견고하기에 외부자가 들어가기에 어렵다. 주인은 방어적이고 무뚝뚝하다. 하지만 일단 초대를 받아 들어간 사람은 아늑한 분위기에서 환대를 받는다. 이처럼 영국인들은 사귀기 어렵지만, 일단 사귀고 나면 그 관계가 오래간다. 영국인들은 사생활은 보호받고 싶어 하나 지나친 친밀감을 싫어한다. 고립과 친밀감을 모두 두려워하는 섬나라의 특성 때문이다.

한반도 1.2배 크기에 불과한 섬나라 영국은 악조건 속에서도 살아남기 위해 삶의 지혜를 발휘하여 문명의 꽃을 피웠다. 이제 영국을 뒤덮은 짙은 안개가 걷히고 영국(인)의 실체가 보이질 않습니까?

출처

글 박종성(충남대 영문과 교수)

「영국신사, 유령의 도시에서 침묵을 배우다」. 월간 〈사색의 향기〉 2008년 1월호.

영국문화 키워드

1. 영국의 이미지

섬나라 - wet, wet, wet; 수영 필수; 떠있는 배; 변덕스러운 날씨; 편협성; Brexit

대영제국 - 해가 지지 않는 나라, 전략적 요충지(지브롤터, 수에즈, 포클랜드 섬) 확보

말수가 적은 영국인 - 데스마스크(一자형 입술), 우울증적인 영국, 감정의 절제

검정택시, 빨강이층버스, 런던포그, 트렌치코트, 검정우산

2. 시간(시계)

빅벤(Big Ben) - 정확성과 규칙성, Big Benjamin(뚱보 벤자민 홀)

세계 각국의 상징조형물(에펠탑, 피사의 탑, 자유의 여신상, 만리장성 등)

그리니치 천문대 - 세계 표준시의 고향

시티 오브 런던 - 상업특구(금융가)

3. 안전 문화

폴로(Polo) 사탕의 구멍

도로에 오렌지 점멸등 - 보행자 안전 위주의 교통문화

침착성과 준비성

줄서기 문화

4. 차(茶)문화

홍차

여왕이 가는 곳에는 몇 개의 백? 핸드백, 수혈백, 티백

티타임 - 주전자의 합창 소리
부부 싸움과 전쟁 중에도 차
버버리코트(트렌치코트) - 내구성

5. 전통과 혁신

오래된 성(古城)과 콩코드 비행기
정장과 미니스커트의 나라, 신사숙녀와 펑크의 나라
세계에서 가장 오래된 런던 지하철
보수당과 노동당 - 횃불과 붉은 장미

6. 영국의 칸막이 문화

(이태리) 광장 문화, (프랑스) 카페 문화, (일본) 축소지향형 문화,
(한국) 빨리빨리 문화
사생활 중시

7. 교 육

'매트 타임'(Mat time)
통합교과 운영
생각하기를 강조하는 교육
옥스퍼드 대학과 케임브리지 대학의 입학시험 문제
'영국의 노벨상 제조공장'—분자생물학연구소
디자인과 테크놀로지(Design & Technology) 과목 운영

8. 상징 조형물

런던 아이(London Eye)
밀레니엄 돔
테이트 모던 갤러리
에덴 프로젝트

9. 스포츠

축구 - 평민의 스포츠, 노동계급 통제수단

크리켓 - 국민 스포츠, 느림의 스포츠

귀족스포츠 - 사냥, 폴로 경기

페어플레이 정신과 신사도 함양

10. 의회민주주의의 온상

국회의사당

커피하우스

탈권위주의

수상관저 Downing Street No. 10

장관은 *Secretary* of the State

공무원은 Civil *Servant*

11. 영국 속담

“햇볕이 날 때 건초를 말리라”(Make hay while the sun shines).

“침묵이 금이다”(Silence is golden).

“영국인의 집을 성과 같다”(The Englishman's home is his castle).

12. 영국식 유머 특징

칭찬인지 비판인지 구분이 어려울 정도로 애매한 표현을 쓴다.

긴장감을 완화시키고 청중들을 편안하게 만들기 위해 생활 속에서 유머의 소재를 찾는다.

자신의 상황을 우스꽝스럽게(humorous) 표현함으로써 상대방이 편안한 마음을 가질 수 있도록 한다.

자기비하적(self-deprecating) 표현을 사용한다.

- 상대방 이야기가 지루할 때

  Please keep talking. I always yawn when I am interested.

- 친구가 실수를 자주 할 때

  Are you always this stupid or are you making a special effort today?

13. 2012 런던올림픽 개막식 관련

- 오프닝

  "Be not afeard: The isle is full of noises." -Shakespeare's *The Tempest*

  -영화감독 Kenneth Branagh가 낭독

- 활용된 아이템

  Industrial Revolution의 중심지

  007 Daniel Craig 제임스 본드

  The Queen 여왕

  NHS(National Health Service) 무료 공공의료 서비스

  Harry Potter Series의 작가 J.K. Rowling

  Simon Rattle 작곡가

  Mr Bean 코미디언

  David Beckham 축구선수

  Paul McCartney 비틀스 멤버

- 특징

  1. 영국민으로서 자긍심 표현
  2. 문화컨텐츠 강국임을 과시
  3. 영국을 홍보하는 기회로 활용하는 실용성

미국문화 키워드

1. 새로운 제국

영어, 교육, 군사력, 경제력, 할리우드 영화, CNN방송, Microsoft
자민족 중심주의
세계질서의 수호자, '불량국가'(the rogue state)
다인종사회 - The Melting Pot(용광로), The Salad Bowl(샐러드그릇);
백인 83.5%; 흑인 12.4%; 아시아인 3.3%; 원주민 0.8%.

2. 영웅주의

할리우드 액션 영화(슈퍼맨, 스파이더맨, 캡틴 플래닛트, 배트맨)
카우보이 문화

3. 공간 확장의 욕망

팽창 제국주의(이라크 침공, 금, 석유 등 자원 확보 욕망)
서부 개척정신(The Frontier Spirit)
우주개발 참여(NASA)

4. 낙천주의(이상주의)

아메리칸 드림(The American Dream)
자수성가형 인물(개츠비), 갑부(빌 게이츠)

5. 청교도주의

자유의 여신상(The Statue of Liberty) - 성경과 횃불
미국적 가치(자유와 평등과 기회의 땅)
가족주의 및 법치주의(영화에 자주 등장하는 Christmas & Court)

6. 역동성과 개인의 성취 강조

미국식 스포츠(미식축구, 농구, 야구, 아이스하키는 역동성, 경쟁,

속도를 중시)

축구가 인기가 없는 이유 - 상업광고의 어려움, 지루함

7. 실용주의 및 대중문화

코카콜라, 맥도널드, 청바지(편리함, 시간절약)

제임스 딘, 재즈 등

8. 인권 및 민주주의

링컨 대통령; 마틴 루터 킹 목사; 케네디, 클린턴 대통령

9. 교육과 과학 강조

• 기부문화 활성화

존스 홉킨스 의대 - 카네기재단(철강왕)

록펠러재단(석유왕) - "Make the peak higher"(잘하는 사람에게 전폭적인 지원을 해주자).

10. 문화의 차이

미국 대사관 진입(점거농성)은 가택(관공서) 침입죄

여중생 미군 탱크 압사 사고는 '과실치사'(man-slaughter)로 처분

경찰의 총기소유 및 발사는 정당권리

11. 미국문화의 바람직한 수용

미국의 일방주의 경계, CNN에 의한 문화제국주의 우려

인권위축(9.11 테러 이후)

추천문헌

김동춘 지음. 『미국의 엔진, 전쟁과 시장』(창작과 비평사, 2004).

장석정 지음. 『미국의 문화지도』(살림, 2003).

김성곤 지음. 『영화로 보는 미국』(살림, 2003).

Introducing Great Britain

[Longman ELT Video] *Introducing Great Britain* by Nick Sawson

1. Edinburgh

— The capital of Scotland
— Scotland has its own distinct legal system, educational system and currency.
— The two-week Edinburgh International Arts Festival is held at the end of August each year.
— The Scottish kilt is made from tartan cloth.
— When trousers get wet it is very difficult to run or walk. So the Scots wear the kilt.

2. The Highlands

— The Loch Ness monster is famous.
— the Highlands is a mountainous region and the Highland Scots are tough mountain people.
— The Scottish language is known as 'Gaelic' is most widely spoken.
— Scotch whisky (the Irish drink is 'whisk*e*y') means 'the water of life.'

3. Hadrian's Wall and Durham

— Hadrian's Wall divided Scotland from England. It was built by the Romans. The Romans first came to Britain in 55 BC. In AD 43 they began to occupy the country. In AD 122, they built the more substantial Hadrian's Wall. It took more than six years to complete the 120km wall.
— The Roman occupation of Britain left an indelible mark on the country. They paved roads for the movement of troops and supplies.
— The Latin word for an army camp was *castra* and many of the names of British towns (such as Lan*caster*,

Win*chester* and Lei*cester*) are derived from this word.
— The Normans were tribes from northern France(Normandy) who invaded Britain in 1066. Under their leader, William the Conqueror (later King William I), they defeated the Saxon King Harold at the Battle of Hastings.
— The French-speaking Normans became a major influence on the development of Britain. This can be seen in the buildings they designed and in the English language.
— The Saxons, together with the Angles and Jutes, were Germanic tribes who had invaded and occupied Britain in the fifth century after the end of the Roman occupation.
— People from foreign countries, such as the Romans and the Normans, had a major influence on the culture and landscape of Great Britain.

4. The Lake District

— The English Lake District is particular famous for its beautiful countryside. It is always associated with the poet, William Wordsworth (1777-1850). He was one of the early 'Romantic' poets of English literature. Many of his most famous poems celebrated the beauty of nature.

5. York

— York was one the most important Roman garrison towns in the north of England. The Normans reached York about four years after their invasion in 1066. The local Saxons did their best to resist the Norman attack. But eventually the Nomans destroyed every house and conquered the area.
— The Wars of the Roses (1455-85) were a series of battles for power between the Houses of York(whose symbol was

a white rose) and Lancaster (red rose). The wars ended when Richard III (Duke of York) was defeated by Henry VII at the battle of Bosworth Field in 1485.
— York is well known for the development of steam engines. George Stephenson (1781-1848) is remembered as the builder of the first practical steam driven railway locomotive.

6. West Yorkshire

— This area is famous for the Yorkshire moors, the setting for Emily Brontë's *Wuthering Heights* (1847) and Charlotte Brontë's *Jane Eyre* (1847).
— The cotton mills were built in this part of Yorkshire because the local people were already skilled in weaving wool.

7. Hatfield House

— Great Britain is full of large aristocratic houses which are now open to the public.
— A visit to one of these large aristocratic houses makes a popular outing for British people. In order to collect money(pay inheritance tax) the houses are opened to the public.
— Hatfield House was built by Robert Cecil (1563-1612), the first earl of Salisbury.

8. Oxford and Stratford-upon-Avon

— Oxford University is the oldest university in England. Oxford University started in the early twelfth century. Students came to Oxford to study with academics who

gave their lessons in churches. The students usually lived in boarding houses (hostels) which were the origins of the system of Oxford colleges.
— Stratford-upon-Avon (Stratford on the banks of the river Avon) is the birthplace of William Shakespeare (1564-1616), a playwright, actor, and poet. It is an attractive town for tourists.

9. Wales

— By the eighth century most of the Celts in England had been driven to the western peninsula by the Anglo-Saxon invaders. These Celts, called Welsh (from the Anglo-Saxon word for 'foreigner') lived in the valleys between the high mountains of Wales. The English conquest of Wales was completed in 1282 by the English King Edward I. He started the tradition of giving the title 'Prince of Wales to the eldest son of the English king. Prince Charles is the present Prince of Wales.
— Wales has remained culturally distinct from England through its language. The Welsh language is now used for the Welsh television channel and is taught to all pupils in Welsh schools.
— Through the industrial revolution and later, the mineral wealth of Wales (chiefly coal and iron) was exploited. This wealth did not stay in Wales and the country remains even today one of the poorer areas of Great Britain.

10. Bath

— The city of hot spring located in the south west of England. The rich eighteenth-century English came to Bath to enjoy the health-giving properties of the warm water.

But later people became interested in the value of sea water and seaside resorts like Brighton were established.
— Tea was first introduced to Europe from the Orient in the seventeenth century. British people each consume about 3 kilos of tea per year.
— Stonehenge is a circle of enormous cut stones (up to 50 tonnes in weight) some of which were transported all the way from Wales. The purpose of this construction is not known but it probably had a religious and astronomical purposes.

11. Devon

— In 1620, a group of 102 Puritan objectors to the Church of England who wanted to escape from religious persecution in Britain sailed from Plymouth in a ship called the *Mayflower* to establish a settlement on the American continent where they could worship as they wished. The group called their settlement 'the Plymouth Colony.'
— At the end of their first year of the colony the settlers celebrated the successful harvest with a thanksgiving feast. This is remembered in the USA with a national holiday called 'Thanksgiving Day' on the 4th Thursday of November every year.
— The south west of Britain is warmer than the rest of the country, partly because it is further south and partly because of a current of warm water (called the 'North Atlantic Drift' or 'Gulf Stream') which comes from the Gulf of Mexico.

12. Cornwall

— It is said that after the Anglo-Saxon invasions most of the Celtic population moved westwards to Wales. Cornwall was another area which the Celts inhabited.
— Cornish, which belongs to the family of Celtic languages, is a dead language. None of the people who speak Cornish today learnt the language as a mother tongue.

13. Brighton

— Brighton is still one of the first popular seaside resorts for weekends and summer holidays. There are many English language schools for foreign students in Brighton.
— The rich enjoyed escaping from the dirt and crowds in London and visiting the seaside. Prince Regent(later King George IV, 1762-1830), constructed the Royal Pavilion. Beautiful piers would allow visitors to get even closer to the healthy sea air without getting wet.

단어설명

Fringe Festival: Edinburgh Festival.
Military Tatoo: 스코틀랜드 군악대 연주.
(Film) *The Brave Heart*: 잉글랜드와 스코틀랜드 간 싸움을 소재로 한 영화.
tug of war: 줄다리기.
sanctuary: 성소, 성역.
moors (moorland): 무어, 낮은 구릉지.
auctioneer: 경매인.
The city of spires and domes: 첨탑과 둥근 돔의 도시. Oxford.
don: (옥스퍼드) 대학교수, scholar; PhD (Oxen) 옥스퍼드대 박사; PhD(Cantab): 케임브리대 박사.
Blackwell: 옥스퍼드 대학가 서점이름.
punting: 강가에 너벅선 타기.

Maze: 미궁, 미로. labyrinth.
Sally Lunn: 영국 Bath 지역 bakery이름.
pier: 선창가.
The White Cliff: (석회질로 된) 흰 절벽, 도버해안(The Dover Beach).
Dolmen: 고인돌.

학습지

다음 영국 지명들의 특기사항을 간단히 적어보시오.

Greenwich
Glasgow
Nottingham
Dover
Liverpool
Manchester
Bath
Birmingham
Brighton
Belfast
Salisbury
Stratford-upon-Avon
Saint Andrews
Edinburgh
Aberdeen
Oxford
York
Inverness
Cardiff
Cambridge
Canterbury
Portsmouth
Hull
Glastonbury

멘트

1. "When in Rome, Do as the Romans Do."

There is a famous old saying : when in Rome, do as the Romans do. While people are talking about custom, the first thing appears in their mind is this sentence. Whereas some people hold the opposite opinion. They think they love their culture very much and faithful to their religion, so they should preserve the custom wherever they are. However, things are not so simple as people image, especially when it comes to the religion part.

2. Le CAF = Le ***C***itius ***A***ltius ***F***ortius. 즉, Faster Higher Stronger의 의미를 지니고 있다. '더 빨리, 더 높이, 더 강하게'라는 뜻으로 스포츠 정신을 가장 적절하게 표현한 것이다. 이를 패로디한 '더 낮게, 더 느리게, 더 부드럽게'는 영국문화의 특성을 잘 드러낸다.

> **[참조]** 박종성 지음. 『더 낮게, 더 느리게, 더 부드럽게—절충과 완만의 영국문화이야기』(한겨레신문사, 2001).

"Scarborough Fair" / by Simon & Garfunkel

Stop & Think

1. 구애의 감정이 어떤 식으로 표현되고 전달되는가?

"Scarborough Fair" / by Simon & Garfunkel

Are you going to Scarborough Fair?
Parsley, sage, rosemary, and thyme
Remember me to one who lives there
She once was a true love of mine

Tell her to make me a cambric shirt
Parsley, sage, rosemary, and thyme
Without no seams nor needlework
Then she'll be a true love of mine

Tell her to find me an acre of land
Parsley, sage, rosemary, and thyme
Between the salt water and the sea strand
Then she'll be a true love of mine

Tell her to reap it in a sickle of leather
Parsley, sage, rosemary and, thyme
And to gather it all in a bunch of heather
Then she'll be a true love of mine

Are you going to Scarborough Fair?
Parsley, sage, rosemary, and thyme
Remember me to one who lives there
She once was a true love of mine

번역

「스카버로우 시장」/ 사이먼 & 가펑클

스카버로우 시장으로 가거든
파슬리, 세이지, 로즈매리, 다임
그곳에 살고 있는 사람 중 한 사람에게
내 안부를 전해주세요
그녀는 전에 내가 진정 사랑했던 사람이라고

질 좋은 삼베옷을 만들어 달라고 그녀에게 전해주세요

파슬리, 세이지, 로즈매리, 다임
그 옷을 만드는 데 솔기도 필요 없고 자수도 필요 없어요
그때가 되면 그녀는 내 진실한 사랑이 되는 거야

그녀에게 한 에이커의 땅을 구해 달라고 전해주세요
파슬리, 세이지, 로즈매리, 다임
염수와 해안가라도 괜찮아요
그때가 되면 그녀는 내 진실한 사랑이 되는 거야

가죽 낫으로 꽃을 자르라고 그녀에게 전해주세요
파슬리, 세이지, 로즈매리, 다임
그 꽃을 모아 꽃다발을 만들어 달라고
그때가 되면 그녀는 내 진실한 사랑이 되는 거야

스카버로우 시장으로 가거든
파슬리, 세이지, 로즈매리, 다임
그곳에 살고 있는 사람 중 한 사람에게
내 안부를 전해주세요
그녀는 전에 내가 진정 사랑했던 사람이라고

멘트

1. '스카버로우 페어'(Scarborough Fair)는 현재 영국 노스요크셔 주의 북해 연안에 위치한 상인들의 교역시장이었다. 음유시인이 부르던 노래가사가 점차 변해왔는데, 사이먼 & 가펑클의 편곡으로 유명해졌다. 위 가사는 남자가 여자에게 옷과 땅과 꽃을 구해주면 사랑하겠다

는 소식을 그곳에 살고 있는 사람에게 전해달라는 내용이다.

2. 여기서 언급되고 있는 4종의 허브는 parsley, sage, rosemary, and thyme인데, 파슬리는 소화에 도움이 되고 쓴맛을 없애주는 온화함을, 세이지는 참을성을, 로즈마리는 정절을, 타임은 용기를 각각 상징한다. 허브 종류를 언급함으로써 사랑의 필수요소들을 무엇인지를 전달한다. "parsley, sage, rosemary, and thyme" 후렴구는 사랑의 필수요소들을 강조하기 위한 것이다.

3. 각운체계는 abab cbcd dbdb ebeb abab.

영국속담

A smooth sea never made a skillful mariner.
바다가 잔잔하면 노련한 뱃사람이 될 수 없다.

> 섬나라 영국과 관련된 속담으로 두운이 사용된 곳은 smooth sea ... skillful / made ... mariner.

An apple a day keeps the doctor away.
하루에 사과 한 개를 먹으면 의사를 찾지 않아도 된다.

Every cloud has a silver lining.
구름 속에도 한 줄기 빛은 있다.
(You should never feel hopeless because difficult times always lead to better days.)

Still waters run deep.
생각이 깊은 사람은 말이 없다.

> 영국인의 과묵함을 잘 나타낸다.

No man is an island.
그 누구도 고립된 섬은 아니다.

영국의 시인 존 던이 명상 제17번에서 쓴 구절이다. 영국이 섬나라이지만 유럽과 떨어져 살 수 없다는 뜻이다. 사람도 마찬가지다.

An Englandman's home is his castle.
영국인의 집은 그의 성(城)이다.

영국인이 집안에서 뭘하든 타인이 간섭하지 않는다.

The greatest talkers are always the least doers.
말이 많은 사람일수록 실천력이 미흡한 법이다.

말수가 적은(reserved) 영국인들의 특징을 반영한다.

영국인의 트레이드마크
Stiff upper lip(一자형으로 굳게 다문 윗입술), deathmask(무표정한 얼굴).

안전근육을 부탁해–영국의 사례

2014년 4월 16일 벌어진 세월호 참사가 한국사회의 적폐(積弊)의 축소판이라는 점에 이의를 제기하는 사람은 별로 없을 것이다. 안전불감증, 긴급구조실패, 과도한 이윤추구, 유착관계, 그리고 직업정신의 부족은 공분(公憤)을 자아내기에 충분했다. 세월호 참사 이후 한국사회는 어디로? 이 질문에 답하기 위해 영국에서 배울 점이 무엇인지를 살펴보고자 한다.

영국은 자타가 공인하는 '안전결벽증의 나라'이다. 선진국을 정의하는 기준이 무엇일까? 혹자는 국민총생산량(GDP)을 기준으로 삼는다. 하지만 천재(天災)는 어찌할 수 없다 하더라도 인재(人災)를 예방하려는 마음가짐, 즉 생명과 안전을 최우선으로 삼는 태도가 도 다른 기준이 될 수 있다고 생각한다. 안전중시 문화는 곧 그 사회의 품격을 드러낸다. 안전문제에 관한한 그 어떤 것과도 타협할 수 없다는 옹골찬 결기가 그간 '빨리빨리'로 특징 지워지는 한국사회에 결여되었거나 실종되었던 같다.

영국은 늘 '경우의 수'에 대비하여 안전책을 선제적으로 강구한다. "예방이 치료보다 낫다"는 영국속담은 준비성을 강조하는 말이다. 폴로사탕에 구멍을 낸 것은 질식사를 예방하기 위한 것이다. 독거노인들이 사고를 당할 경우에 대비해 구청에서 목걸이용 호출기를 제공한다. 건물에 슬라이딩 도어를 설치한 것은 유리창 밖으로 뛰어내리지 못하도록 안전조치이다. 주방에는 소화기와 방화용 모포(fire blanket)가 구비되어 있다. 붐비는 시장터나 사거리에는 졸음운전이나 과속으로 인한 교통사고를 방지하기 위해 철제 보호기둥인 볼라드(bollard)가 일정한 간격으로 박혀있다. 런던의 이층버스는 정원초과를 허용하지 않는다. 횡단보도에는 오렌지 점멸등이 작동하는 것은 보행자의 안전을 위한 것이다. 자전거를 타는 사람들은 안전모를 쓰고 야광 띠를 어깨에 두르거나 야광 밴드를 발목에 찬다. 그리고 섬나라인 탓에 초등학교부터 수영은 필수다. 사람의 목숨보다 더 소중한 것이 있을까? 세월호 참사를 보면서 많은 사람들이 던졌던 질문이다. 생활 속에서 위험을 예방하기 위한 창의적인 행정이 필요하다.

영국은 각종 사고에 대비하여 안전매뉴얼을 마련하고 정기훈련을 실시하여 실제 상황에 신속히 대처한다. 이른바 '골든타임'을 허비하지 않도록 치밀한 대책을 미리 강구한다. 2005년 7월 런던지하철 테러 당시, 안면화상으로 인한 피부보호용 마스크가 즉시 활용되었을 정도였다. 과거 IRA가 런던에 시한폭탄을 설치하자 런던지하철역에서 스테인리스 쓰레기통을 모두 철거했다. 치명적인 파편이 될 수 있기 때문이었다. 건물에서 화재가 발생했을 경우에 대비하여 대피지점을 정해두고, 이곳에 모여 안내를 받아 줄지어 차분하게 대피한다. 우리도 이런 안전근육을 길러야 한다.

사회안전시스템을 제대로 운영하는 것은 결국 사람의 몫이다. 자신의 본분을 다하는 직업정신은 안전한 시스템을 만드는 데 윤활유 구실을 한다. 영화 〈남아있는 나날〉에서 달링턴경 저택의 집사장 스티븐스 씨는 효도와 사랑을 희생하더라도 자신의 소임을 다한다. 그는 자신이 세상을 진보로 이끄는 수레바퀴의 한 축을 담당하고 있다는 자긍심을 먹고 산다. 2013년 개봉된 〈스틸라이프〉(*Still Life*)에서 런던 캐닝턴 구청직원 존 메이 씨는 고독사를 한 미천한 사람들의 장례를 치러주며 유족을 찾아 나선다. 예산삭감을 이유로 해고를 당한 그는 고인들을 예의를 갖추어 정성껏 보살핀다. 이런 인간적인 감성근육을 지닌 사람들이 넘쳐나는 사회가 되어야 한다.

마지막으로, 우리 모두가 공동선을 추구하고 공공성을 중시할 때, 보다 안전하고 인간미 넘치는 공동체가 만들어 질 수 있는 법이다. 세월호 참사 이후 한국사회는 돈보다는 안전, 경쟁보다는 동행, 나보다는 공동체를 생각하는 쪽으로 인식의 변화가 일었다. 자본을 종교로 숭배하는 신자유주의는 모두의 삶을 피폐하게 만들고 공동체 정신을 체계적으로 파괴할 뿐이다. 선박에 과적하여 이윤을 늘리고자 평형수를 빼내고, 긴급구조를 해야 할 시간에 허둥대거나 보고서를 작성하느라 골든타임을 허비한 것은 참으로 미안하고 부끄러운 일이다. 적어도 대중교통, 의료, 교육 및 주택 분야에서 공공성을 확보하는 지속적인 노력이 있어야 한다. 세금을 더 내더라도 안전한 곳에 살고 싶다는 건 필자 혼자만의 생각은 아닐 것이다.

세월호 참사 이후로 국가개조론이란 거창한 수사학이 난무한다.

결연한 의지가 나쁜 건 아니다. 그러나 안전시스템, 긴급구조, 직업정신, 유착척결, 공익추구는 구체적인 현장에서 제대로 작동해야 한다. 더 늦기 전에 안전근육을 길러야 한다.

글 박종성/『0416』(한겨레, 2014).

2005. 7. 7. 런던테러에 대한 단상

1. 영국의 버스와 지하철을 타본 사람들은 Bomb Alert! (Suspected Packages!) 신고 포스터를 접할 수 있다. 지하철 좌석 아래 상자도 플라스틱 띠로 봉인되어 있을 정도다. 런던의 지하철에는 스테인리스 쓰레기통은 이미 오래 전에 철거되었다. 테러리스트가 설치한 시한폭탄이 터질 경우 스테인리스가 파편이 되어 발생할 수 있는 피해를 줄이기 위한 조치이다. 또한 곳곳에 무수한 감시카메라(CCTV)가 설치되어 있다. 런던에서 한 사람이 하루에 평균 300번 정도 감시카메라에 잡힐 정도다.

2. 영국인들은 공포와 위기의 순간에 영국인들이 무표정하고 침착하다. 피를 흘리며 상처투성이인데도 눈물을 흘리지 않고 감정의 동요가 없다. 이번 지하철 테러순간에도 누군가가 "calm down"을 외쳤다고 한다. 어둠 속 지하철 통로를 빠져나오는 사람들의 질서정연한 모습도 인상적이다. 한 마디로 영국인들의 행동이 아주 쿨~하다. 슬픔과 공포 속에서도 '위엄'(dignity)을 잃지 않는다.

3. 영국인들은 독일군 비행기의 '런던공습'(London Blitz)과 IRA의 테러공격을 경험한 바가 있다. 이들은 좀처럼 동요되지 않는다. 섬나

라 사람들이라 자신들이 타고 있는 배가 전복될까 두려워 침착하게 행동한다.

4. 영국인의 준비성은 위기의 순간에 빛을 발한다. '재난대책'(contingency plan)이 잘 마련되어 있다. 노란색 야광 복을 입은 경찰, 흰 복장에 모자까지 쓴 법의학 전문가, 앰뷸런스와 소방대, 의료진, 비상대기 의료진, 자원봉사자들의 신속한 가동과 대응은 실로 놀랍다. 위기 대응 시스템이 체계적이고 신속하다. 화상방지용 안면보호용 마스크와 알루미늄 담요가 현장에서 지급된다.

5. 현장의 증거를 파괴하지 않고, 철저한 원인규명을 위해 출입을 통제한다. 법의학 전문가들(forensic experts)이 현장에 투입되어 활동한다.

6. 영국 언론과 방송의 보도자제 태도도 인상적이다. 지나치게 선정적인 장면을 시청자들에게 제시하지 않는다는 보도자체 규정을 잘 지킨다. 일단 취재진의 현장 접근이 차단되며, 보도자들도 개인 사생활 보호 차원에서 무리한 취재경쟁을 삼가한다. 사건에 대한 브리핑에서 추측을 삼가하며 사실 보도에 입각한다. 선정적인 장면과 발언이 국민의 분노와 동요와 공포를 야기할 수 있기에 가급적 사실에 근거하여 단계적으로 보도 자료를 낸다.

7. 영국정부는 슬픔 속에서 국민의 단결을 이끌어내는 기회로 활용한다.

영국 영어이야기

TIPS

Tea Insured Prompt Service의 첫 글자의 줄임말.
팁(스). 영국의 차(Tea) 문화에서 생겨남. 티테이블 위에 예약석임을 알리는 문구 상자(나무토막) 아래에 손님들이 감사의 뜻으로 동전을 남겨두고 간 데서 유래함. 티 신속 제공을 보장한다는 뜻이다.

Breakfast

break(깨다)+fast(금식하다)의 합성어.

Bank Holiday

영국에선 공휴일을 무조건 bank holiday로 통일했다. '은행 쉬는 날'이다.

Queen's English

엘리자베스 여왕이 사용하는 우아하고 올바른 영어를 의미한다.

Spam

'spam'은 손님이 음식 메뉴에서 원하지 않아도 강제로 먹어야 하는 상황을 의미했고 junk-mail이란 뜻으로도 사용된다.

Union Jack

Jack은 사람이름이 아니라 선박의 국적을 나타내는 뱃머리의 깃발을 의미한다.

Pub

'Public House'의 줄임말로 대중들이 출입하는 곳을 의미한다.

Boycott

영국의 귀족영지 관리인인 찰스 커닝햄 보이콧(Charles Cunnimgham Boycott)이 소작료를 체납한 아일랜드 소작인들을 추방하려다가 결국 자신이 배척을 당한 사건에서 유래했다.

Trench Coat

Trench란 '참호'란 뜻인데, 제1차 세계대전 때 참호 안에서 착용한 영국군의 장교용 방우(防雨) 외투를 의미한다. 버버리코트로 발전했다.

Derby

관심이 높은 빅 경기나 라이벌전 등을 가리킬 때 '더비'라는 말을 사용한다. 본래 경마에서 시작했다. 원래 '더비'란 1780년 영국의 귀족인 더비(Derby)경(卿)의 이름을 따 시작한 경마 경기를 말한다.

Hooligan

19세기 말 아일랜드 출신 불량배 Houlihan에서 유래한 말로 '극성 축구팬', '난동꾼'이라는 의미로 쓰이고 있다.

High tea

영국인들이 저녁부터 밤까지 편안하고 자유롭게 마시는 티타임을 말한다. High는 높은 탁자를 일컫는 말로서 격식을 갖추고 마시는 차라고 할 수 있다.

Cockney

런던 토박이가 사용하는 영어를 의미한다. 특징으로서 h음 탈락을 들 수 있다. 예를 들면, ham and egg을 /am an' hegg/로, Today투다이/ai/로 발음한다.

Hampton & United (for soccer team), -ham

Totten*ham*, Wolver*hampton*, West*ham* 등에 사용되는 ham과 hampton은 중세 영어로 '마을'을 뜻한다. Hamlet은 '작은 마을'이란 뜻이다. Manchester *United*, FC에서 유나이티드는 '노동조합'을 뜻한다.

WAGs

Wives And Girlfriends의 줄임말로 잉글랜드 축구 선수들의 아내와 여자 친구를 일컫는 말이다. 대표적인 예로는 David Beckham의 부인이자 Spice Girls의 멤버로 활동했던 Victoria Beckham이 있다.

Fringe (Festival)

'프린지 페스티벌'은 1947년 스코틀랜드의 '에든버러 국제페스티벌'(Edinburgh International Festival)이 처음 열렸을 때 초청받지 못한 작은 단체들이 축제의 '주변부'(fringe)에서 자생적으로 공연을 하며 시작됐다. 프린지 공연은 사전에 통일적으로 기획된 것도 아니고 조직적인 체계나 지원이 없었지만, 실험적이며 참신한 형식을 선보임으로써 관객들과 언론의 주목을 끌었다.

Quaker

하느님 앞에서 '떤다'는 뜻으로 창시자 조지 폭스(George Fox)의 말에서 유래했다.

Speak French

"프랑스어를 말하다"는 것은 "욕을 하다"라는 의미로 쓰인다. 영국인들이 예의는 없지만 좋은 날씨와 비옥한 영토 속에서 잘 살아가는 프랑스 사람들에 대한 미운 감정을 표현한 것이다.

Nosey Parker

꼬치꼬치 캐묻는 성향의 사람을 의미한다. Matthew Parker(1559~1575)사람에서 비롯되었다. Nosey(nosy)의 뜻은 코가 큰 사람을 일컫다가 19세기 후반부터 다른 사람 일에 지나친 관심을 보이는 뜻으로 사용되었다. Parker는 park-keeper(주차관리인)과도 연관이 있다.

빨강 공중전화 박스 The Famous Red Box

Stop & Think

1. 영국인들이 공중전화 박스를 애용하는 이유는?

The Famous Red Box

Before mobile phones made everything so easy, the public telephone box was an important focus for community life. People of all types and classes would form an orderly queue outside its red iron door, clutching their pennies and waiting patiently for their turn to be linked up to the great wide world. For a shy people like the British it was an opportunity to meet and exchange news and gossip with neighbours and to get some fresh air. And what's more, once you were inside that box everything you said was private. Everybody uses mobiles nowadays, but talking loudly in public places with unseen faces, about personal feelings or secret dealings. Brit feels comfortable about.

There is no doubt that these red boxes are well recognised and appreciated by all countries and they reflect England's historic development in both architectural achievements and communications. As far as many are concerned, the famous red phone box does play a vital role in English culture and heritage, and has done so for many past decades.

Fortunately enough, the charming red boxes can be found all over England. They have also appeared in countless films and while they are disappearing fast due to new communication technology, an increasing number of people are still preserving them.

빅벤 Big Ben

Stop and Think

1. 런던의 명물인 시계탑을 Big Ben으로 부르는 이유는?

2. 영국의 대표적인 상징물인 시계(탑)는 영국민의 어떤 특징을 대변하는가?

About Big Ben

The Big Ben symbolizing London is as high as 98 meters, hour hand is 2.9 meters long and minute hand 4.2 meters and its bell weighs 13.5 tons. To keep punctuality* of the clock, it is operated by the power from wind spring, which is still wound by hands, and the clock tower keeper is handed down to offspring* generation after generation. The Big Ben is said to be a combination of words Ben meaning "big" and Ben from "Benjamin Hall," the designer of the clock tower.

단어설명

punctuality: 정확성.
offspring: 자손, 후손.

멘트

웨스트민스터 다리 쪽에 빅벤으로 불리는 큰 시계탑이 15분마다 타종을 한다. 국회가 개원 중일 경우 낮에는 빅벤 반대편의 빅토리아 타워에 영국기가 게양되고 밤에는 빅벤에 전등불이 켜진다. 런던의 상징이라고 할 수 있는 빅벤은 높이가 98m, 시침의 길이가 2.9m, 분침의 길이가 4.2m로서 13.5톤의 커다란 종이다. 정확성을 유지하기 위해 아직도 손으로 태엽을 감아서 작동시킨다. '거구'(Big)와 시계탑의 설계자였던 벤자민 홀(Benjamin Hall)의 앞 자를 딴 벤(Ben)이 합쳐져 Big Ben이 되었다. 여왕 즉위 60년을 기념하기 위해 Elizabeth Tower로 새로이 명명되었다. 시계는 영국인의 규칙성과 정확성을 상징한다.

"The Embankment" / by T.E. Hulme

Stop and Think

1. 아래 시에서 흄이 생각하는 시의 소재와 시론은?

"The Embankment"* / T.E. Hulme (1883~1917)
(The fantasia of a fallen gentleman on a cold, bitter night)

Once, in finesse* of fiddles* found I ecstasy,
In a flash of gold heels on the hard pavement
Now see I
That warmth's the very stuff of poesy.

Oh, God, make small
The old star-eaten blanket of the sky.
That I may fold it round me and in comfort lie.

단어설명

Embankment: 템스 강 거리, 제방 둑.
finesse: 솜씨.
fiddles: 바이올린.

번역

「템스 강 둑길」/ T.E. 흄

(춥고 매서운 밤에 쓰러진 한 신사의 공상)

한때는 끊어질 듯 이어지는 바이올린의 솜씨에서,
단단한 보도 위에서 금빛 발꿈치가 번쩍이는 데서
황홀을 찾았던 것인데,
이제 나는
온기가 바로 시의 소재임을 안다.

아, 신이여, 별이 좀먹은
묵은 담요짝 하늘을 작게 접어주오.
몸에 감고 편안히 누울 수 있게. (이창배 역)

멘트

1. T.E. Hulme (1883-1917) was an English writer, who later was killed in action during World War I.

흄은 이미지즘의 선두주자로 감상주의를 배격하고 정확한 이미지와 비유 사용을 강조했다.

2. 절망적 상태의 시인이 삶의 온기를 애절하게 갈망하는 시다. 시의 소재는 '삶의 온기'이지, 번지르한 낭만(로망)이 아니라는, 즉 냉혹한 삶의 현실을 직시하게 만드는 인상적인 시다.

3. 시어 선택과 배열 및 표현의 특징

"별이 좀먹은 묵은 담요짝 하늘"(The old star-eaten blanket of the sky)이란 구체적인 이미지를 사용했다.

"in *f*inesse o*f* *f*iddles *f*ound"에서 f-두운을 연속적으로 사용하여 소리의 아름다움과 발음의 용이성을 고려했다.

런던, 익명의 섬 / V.S. Naipaul, *The Mimic Men*

Stop & Think

1. 식민지인의 눈에 비친 런던의 모습은?

It is with cities as it is with sex. We seek the physical city and find only a conglomeration* of private cells. In the city as nowhere else we are reminded that we are individuals, units. Yet the idea of the city remains; it is the god of the city that we pursue, in vain.

So quickly had London gone sour* on me. The great city, centre of the world, in which, fleeing disorder, I had hoped to find the beginning of order. [...]

Here was the city, the world. I waited for the flowering to come to me. But the god of the city was elusive. The tram was filled with individuals, each man returning to his own cell

- V.S. Naipaul. *The Mimic Men* (Penguin Edition, 1967), pp. 18-19.

단어설명

conglomeration: (잡다한 물건의) 집합.
sour: 불쾌한, 시큼한.

번역

도시도 섹스와 마찬가지다. 우리는 하나의 몸을 가진 도시를 구하나, 개별적인 세포들의 집괴를 볼 뿐이다. 우리는 다른 어느 곳에서보다 도시에서 우리가 개인들이고, 단위들이라는 것을 깨닫게 된다. 그러나 도시라는 관념은 남아있다. 우리가 추구하는 것은 도시의 신이다. 비록 헛된 추구이지만.

런던은 나를 못마땅하게 여겼다. 위대한 도시, 세계 중심에서, 나는 무질서를 피하고 질서의 단초를 찾을 수 있기를 바랐다.

그러나 도시의 신은 잘도 빠져나간다. 전차는 개인들로 가득 차 있었으며, 각 사람은 자신의 작은 방으로 돌아가고 있었다.

(정영목 옮김. V.S. 나이폴 지음. 『흉내』, 25-26쪽.)

멘트

1. 서인도제도 출신으로 2001년 노벨문학상을 받은 V.S. 나이폴은 자신의 소설 『흉내』(*The Mimic Men*, 1967)에서 '마법의 도시'로 여겨졌던 런던에서 '난파된'(shipwrecked) 경험을 하고, 환멸과 마취된 질서와 죽음을 확인한다.

2. All the landscapes eventually turn to land, the gold of the imagination to the lead of the reality. -From V.S. Naipaul. *The Mimic Men*, p. 15.

모든 풍경은 결국 땅이 되며, 상상이라는 황금은 결국 현실이라는 납이 되니까. -『흉내』

3. 제3세계 출신 식민지인의 시각을 통해 런던의 부정적인 측면을 들여다 볼 수 있다.

영국인 vs 프랑스인

Stop & Think

1. 영국인과 프랑스인의 기질적 차이는?

The Englishman appears to be cold and unemotional because he is really slow. When an event happens, he may understand it quickly enough with his mind, but he takes quite a while to feel it. Once upon a time a coach, containing some Englishmen and some Frenchmen, was driving over the Alps. The horses ran away, and as they were dashing across a bridge the coach caught on* the stone-work, tottered, and nearly fell into the ravine* below.

The Frenchmen were frantic with terror : they screamed and gesticulated and flung themselves about, as Frenchmen would. The Englishmen sat quite calm. An hour later the coach drew up* at an inn to change horses, and by that time, (1) the situations were exactly reversed. The Frenchmen had forgot all about the danger, and were chattering gaily; the Englishmen had just begun to feel it, and one had a nervous breakdown and was obliged to go to bed.

We have here a clear physical difference between the two races—a difference that goes deep into character. The Frenchmen responded at once; the Englishmen responded in time. (2) They were slow and they were also practical.* Their instinct forbade them to throw themselves about in the coach, because it was more likely to tip over* if they did.

-송성문, 『성문종합영어』 제9장 226쪽.

질문

1. (1) 밑줄 친 부분에 대해 누가 어떻게 했는지, 구체적으로 설명하여라.
2. (2) 영국인들이 practical 했던 점을 구체적으로 설명하여라.

단어설명

catch on : ~에 걸리다.
ravine : 계곡.
draw up : (마차가) 서다.
Practical: 실리를 중시하는, 실용적인.
tip over : 뒤집히다.

번역

영국인들은 냉정하고 감정이 없는 것처럼 보인다. 왜냐하면 영국인은 너무 느리기 때문에 그렇다. 어떤 사건이 일어날 때 그는 속으로 꽤 빨리 그 사건을 이해할 수 있다. 그러나 그것을 감정으로 느끼는 데에는 한참동안 걸린다. 옛날에 영국사람 몇 사람과 불란서 사람 몇 사람을 태운 마차 한 대가 알프스산맥을 넘어 가고 있었다. 그런데 말들이 마구 달려서 그들이 어떤 다리를 질주하여 횡단하고 있을 때 그 마차는 석조물에 걸려 기우뚱거리더니 하마터면 아래 계곡으로 떨어질 뻔했다.

프랑스인들은 두려움으로 미쳐 날뛰었다. 그들은 프랑스인들이 과거 흔히 그랬던 것처럼 비명을 지르고 몸짓을 하며 또 이리 몰리고 저리 몰렸다. 그러나 영국인들은 아주 조용히 앉아 있었다. 한 시간 후에 그 마차는 말을 바꾸기 위해 어떤 여인숙에 멈췄다. 그런데 그때 가서는 사정이 완전히 반대가 되었다. 프랑스인들은 그 위험에 관해 모든 것을 다 잊어버리고 유쾌하게 잡담을 주고받고 있었다. 영국인들은 이제야 막 그 위험을 느끼기 시작했다. 그리하여 한 사람은 신경쇠약에 걸려 부득이 누워야만 했었다.

우리는 여기서 두 민족 간의 명확한 체질상의 차이 즉 성격 깊이 뿌리박고 있는 차이점을 보게 된다. 프랑스인들은 즉시 반응을 했는데 영국인들은 시간이 좀 흐른 다음에 반응을 했다. 그들은 느렸고 또 역시 실용적이었다. 그들은 본능적으로 마차 안에서 이리 몰리고 저리 몰리지 않았다. 왜냐하면 만약 그들이 그렇게 했더라면 그 마차는 더 쉽게 뒤집혔을 것이기 때문이었다.

정답

1. (1) 프랑스인들은 그 위험에 관해 모든 것을 다 잊어버리고 유쾌하게 잡담을 주고받고 있었다. 영국인들은 이제야 막 그 위험을 느끼기 시작했다. 그리하여 한 사람은 신경쇠약에 걸려 부득이 누워야만 했었다.
2. (2) 그들은(영국인들은) 본능적으로 마차 안에서 이리 몰리고 저리 몰리지 않았다. 왜냐하면 만약 그들이 그렇게 했더라면 그 마차는 더 쉽게 뒤집혔을 것이기 때문이었다.

뉴욕의 영국인 **"Englishman In New York" / by Sting**

Stop & Think

1. 다음 노래에서 '영국성'(Englishness)과 '미국성'(Americanness)을 나타내는 단어와 문장들은?

I don't drink coffee I take tea my dear
I like my toast done on one side
And you can hear it in my accent when I talk
I'm an Englishman in New York

See me walking down Fifth Avenue
A walking cane here at my side
I take it everywhere I walk
I'm an Englishman in New York

I'm an alien I'm a legal alien
I'm an Englishman in New York
I'm an alien I'm a legal alien
I'm an Englishman in New York

If "Manners maketh man" as someone said
Then he's the hero of the day
It takes a man to suffer ignorance and smile
Be yourself no matter what they say

I'm an alien I'm a legal alien
I'm an Englishman in New York
I'm an alien I'm a legal alien
I'm an Englishman in New York

Modesty, propriety* can lead to notoriety
You could end up as the only one
Gentleness, sobriety are rare in this society
At night a candle's brighter than the sun

Takes more than combat gear to make a man
Takes more than a license for a gun
Confront your enemies, avoid them when you can
A gentleman will walk but never run

If, "Manners maketh man" as someone said
Then he's the hero of the day
It takes a man to suffer ignorance and smile
Be yourself* no matter what they say

I'm an alien I'm a legal alien
I'm an Englishman in New York
I'm an alien I'm a legal alien
I'm an Englishman in New York

단어설명

propriety : good manners.
By yourself : 남을 의식하지 말고 처신하라.

멘트

뉴요커가 되길 거부하고 타인의 눈을 의식하지 않고 '이방인'(alien)으로 살아가는 한 당당한(혹은 괴팍한) 영국인을 노래하고 있다. 그는 커피대신 차를 마시고, 주위 사람들과는 영어억양이 다르고, 한쪽 면에만 버터를 바른 토스트를 먹으며, 달리는 법이 없으며 지팡이를 들고 걷는 '기벽'(eccentricity)을 지닌다.

"An Englishman In New York"은 스팅의 1987년 앨범 〈Nothing Like the Sun〉에 수록된 곡이다. 그는 영국인 친구 Quentin Crisp를 위해 이 곡을 만들었다고 한다. 영국의 작가이자 배우였던 Quentin Crisp는 게이에 대한 거부감이 강했던 1940~50년대에 '커밍아웃'을 한 후 게이의 아이콘으로 되었다. Quentin은 70살이 넘어서 뉴욕으로 이주했지만, 뉴요커가 아닌 뉴욕의 영국인(이방인)이 되었다. 스팅이 Quentin이 살고 있던 뉴욕의 한 아파트를 방문했을 때 Quentin한테서 동성애를 혐오하는 영국에서의 그의 삶에 관해 듣고 충격과 매력을 동시에 느낀 스팅은 "An Englishman in New York"을 작곡하기로 결심했다고 한다. Quentin은 미국사회 내에서 영국식을 고수한다. 즉 미국문화에 동화되기를 거부한다. 한 영국인의 자국문화에 대한 긍지와 자부심이 느껴진다. 물론 자민족 우월주의의 덫에 갇힌다. 스팅의 또 다른 노래로는〈Shape of My Heart〉와 〈Fragile〉 등이 있다.

영화 〈킹스맨〉 인용구 분석

"Manners Maketh Man."

매너가 있어야 진정 남자(신사)라 할 수 있다.

1. 일반적으로 추상적으로 명사를 사용할 때는 관사를 사용하지 않는다. Man은 특정한 남자를 지칭하기보다는 추상적으로 "사람"이라는 의미를 내포한다.
2. maketh는 makes의 중세식 표현이다. 3인칭단수는 중세영어에서 s대신 th를 붙였다.
3. 〈킹스맨〉 배경이 슈트 입은 영국 귀족(갑옷 입은 기사)이기 때문에 옛날영어를 사용했다.
4. manners는 불가산명사이므로 단수로 취급한다.
5. 두운 M-으로 시작하는 단어 3개를 나열했다. 발음소리의 부드러움. M--s도 두 번 반복된다.
6. 3개의 단어가 점점 짧아지면서 호흡이 편하다.

"The Love Song of J. Alfred Prufrock" / by T.S. Eliot

Stop & Think

1. The cat-fog image를 사용한 이유는?
2. "I have measured out my life with coffee spoons"는 무슨 뜻인가?

"The Love Song of J. Alfred Prufrock" / T.S. Eliot(1888-1965)

The yellow fog that rubs its back upon the window-panes,
The yellow smoke that rubs its muzzle* on the window-panes
Licked its tongue into the corners of the evening,
Lingered upon the pools that stand in drains,
Let fall upon its back the soot* that falls from chimneys,
Slipped by the terrace, made a sudden leap,
And seeing that it was a soft October night,
Curled once about the house, and fell asleep.
[...]
For I have known them all already, known them all:—
Have known the evenings, mornings, afternoons,
I have measured out my life with coffee spoons;
I know the voices dying with a dying fall
Beneath the music from a farther room.
So how should I presume?

단어설명

muzzle: (고양이의) 코와 주둥이 부분.
soot: 검댕.

번역

등을 유리창에 비벼대는 노란 안개,
콧잔등을 유리창에 비벼대는 노란 연기가
그 혀로 저녁의 구석구석을 핥고,
하수구에 고인 웅덩이 위에 머뭇거리다가
그 등에 굴뚝에서 떨어지는 검댕을 맞고
테라스 옆을 빠져나가, 갑자기 한 번 뛰고는,
온화한 시월 밤인 것을 알고는
집 주변을 한 바퀴 돌고, 잠들어버렸다.

[...]

왜냐하면 나는 그들 모두를 이미 알고 있기에, 그들 모두를—
저녁, 아침, 오후를 알고 있기에,
나는 내 삶을 커피 숫갈로 측정해왔기에.
건넌방에서 음악소리에 섞여
갑자기 잦아드는 목소리를 나는 안다.
그러니 내가 어떻게 마음먹어 보겠는가?

멘트

소심한 성격의 중년남성인 프루프록 씨는 사창가를 거닐며 성매매를 해볼까 고민한다. 반복적인 일상에서 출구를 갈망한다. 배경으로 설정된 사창가는 노란 안개가 고양이처럼 살아서 꿈틀거린다. 유황과 검댕과 결합된 안개는 하수구를 핥고 돌아다닌다. '노란 안개'(yellow fog)는 유황과 안개가 결합된 물리적 산물인 동시에 퇴폐적(decadent) (성)욕망의 실체이기도 하다.

런던 스모그 London Smog 1952

Stop & Think

1. 1952년 발생한 런던 스모그 발생 원인은?

London Smog 1952

Early in December 1952, a cold fog descended upon London, causing Londoners to burn more coal for warmth than usual. The increased air pollution was trapped by the inversion layer formed by the dense mass of cold air, which caused a buildup in concentrations of pollutants, especially coal smoke. Due to postwar economic problems, higher-quality coals were mostly exported. As a result, Londoners often used lower quality coals that are high in sulphur, which exacerbated the problem. The resulting smog became so dense that driving became difficult or impossible. It also entered indoors easily, causing concerts and screenings of films to be canceled, as the audience could not see the stage or the screen.

멘트

런던은 자욱한 안개로 유명한 도시이다. 런던 중심부를 가로지르는 템스 강 때문이다. 템스 강은 진흙탕물이다. 과거에는 오물이 유입되어 악취가 풍겼다. 워털루 브리지에서 내려다보는 템스 강 물은 전혀 낭만적이지 않다. 영화 〈애수〉(원제: Waterloo Bridge)를 보면 안개가 자욱한 밤 워털루 브리지에서 여주인공이 군용 앰뷸런스에 치여 사랑하는 사람(군인) 품에 안겨 생을 마감한다. 인생의 잔인한 아이러니를 느끼게 된다. '안개'는 한 치의 앞을 내다볼 수 없는 인생을 상징하는 기표(signifier)이다.

런던포그 때문에 기관지 천식과 류머티즘 환자가 많고, 과거에는 스모그가 무척 심했다. 하루 종일 안개가 걷히지 않을 때도 있었다. 그래서 시계가 필요하다. 밤낮을 구분하고, 출퇴근 시간을 알기 위해서라도 말이다. 물리적 시간을 확인할 수 없다면 혼돈 그 자체이다. 게다가 런던포그는 움직인다. 기어 다니고 춤을 춘다. 지척을 분간하기 어려운 오리무중 상황에서 불쑥불쑥 나타나는 사람들은 마치 유령 같다. 런던은 이런 비현실이 현실이 되는 곳이다.

런던포그는 런던을 '유령의 도시'로, '신비의 도시'로, 때로는 '낭만의 도시'로 만들어준다. 셜록 홈즈의 탐정소설의 무대는 런던의 베이커 스트리트이다. 런던 지하철 '베이커 스트리트'역 주변에는 파이프 담배를 문 명탐정 셜록 홈즈가 여전히 활보하는 듯하다.

'비현실적' 도시 **Unreal City / "The Burial of the Dead" / by T.S. Eliot**

Stop & Think

1. 런던이 '비현실적' 도시인 이유는?

Unreal City,
Under the brown fog of a winter dawn,
A crowd flowed over London Bridge, so many,
I had not thought death had undone* so many.
Sighs, short and infrequent, were exhaled,*
And each man fixed his eyes before his feet.
Flowed up the hill and down King William Street,
To where Saint Mary Woolnoth* kept the hours*
With a dead sound* on the final stroke of nine.
- "The Burial of the Dead" / *The Waste Land* (1922)

단어설명

undo : 파멸시키다.
be exhaled : (한숨을) 내쉬다.
Saint Mary Woolnoth : 런던에 있는 한 교회.
keep the hours : 예배시간을 알리다.
dead sound : 둔탁한 종소리.

번역

"死者의 매장," 『황무지』(1922) 중에서/ T.S. 엘리엇

현실감이 없는 도시,
겨울 새벽의 갈색 안개 아래로
한 무리의 사람들이 런던브리지 위로 흘러갔다. 너무 많은 사람들이.
죽음이 그처럼 많은 사람을 파멸시켰다고
나는 생각도 못했었다.
이따금 짧은 한숨을 내쉬며
각자 발치에 시선을 고정시킨 채.
언덕을 넘어 킹 윌리엄 가를 흘러 내려갔다.
성 메어리 울로스 성당이 드디어 아홉시를 타종하면서 내는
꺼져가는 종소리로 예배시간을 알리는 곳으로.

멘트

T.S. 엘리엇은 미국인인데 영국으로 귀화했다. 한 때 런던에서 은행원으로 일했다. 장편의 시 『황무지』(1922)를 썼는데, 이 시는 1차 대전 후 서구문명의 황폐화, 구원이 없는 현실을 포착했다. 그의 눈에 비친 런던은 현실감이 없는 도시였고, 안개 속의 사람들은 다름 아닌 유령이었다. 죽음의 분위기는 단테의 지옥을 연상시킨다. 안개 속 사람들은 말없이, 자신의 발에 시선을 고정하고, 한숨을 내쉬며 걸어간다. 성당의 둔탁한 종소리는 구원이 없음을 암시하는 것 같다.

「메모리」(“Memory”) / 『캣츠』 삽입곡

Stop & Think

1. 아래 노래의 분위기와 화자의 어조(tone of voice)는?

“Memory” (from The Musical Cats)

Midnight, not a sound from the pavement.
Has the moon lost her memory?
She is smiling alone.
In the lamp light the withered leaves* collect at my feet
And the wind begins to moan.*
Memory. All alone in the moonlight
I can smile at the old days.
I was beautiful then.
I remember the time I knew what happiness was.
Let the memory live again.
Every street lamp seems to beat a fatalistic warning.*
Someone mutters and the street lamp gutters,*
And soon it will be morning.
Daylight. I must wait for the sunrise
I must think of a new life
And I mustn’t give in.
When the dawn comes tonight will be a memory, too
And a new day will begin.
Burnt-out ends of smoky days.*
The stale cold smell of morning.
The street lamp dies, another night is over.
Another day is dawning.
Touch me. It’s so easy to leave me
All alone with the memory
Of my days in the sun.

If you touch me you'll understand what happiness is.
Look, a new day has begun.

단어설명

withered leaves: 시든 낙엽들.
moan: 한탄하다, 슬퍼하다.
beat a fatalistic warning: (가로등이) 운명의 경고 빛을 계속 치는.
gutters: (가로등 불빛이) 나부끼다.
Burned-out ends of smoky days: 연기를 피운 후 타버린 담배꽁초 같은 나날을.

번역

「추억」

깊은 밤, 거리에는 적막만 감돌고
저 달은 추억을 잃었나요?
홀로 미소만 짓고 있네요.
가로등 아래 마른 나뭇잎들 발치에 쌓이고
바람은 신음하기 시작하네요.
추억이여, 달빛 속에서 홀로
나는 지난날을 꿈꾸어요.
그때의 삶은 아름다웠어요
행복이 뭔지 알던 때가 생각나요
추억이여 다시 돌아와 줘요
모든 가로등이 운명의 경고를 던지는 것 같아요.
누군가 웅얼거리고, 가로등 깜박거리네요.
이제 곧 아침이 될 거에요
낮의 빛, 동이 트기를 기다려야 해요

새 삶을 생각해야 해요, 포기할 순 없어요.
동이 트면 이 밤도 추억이 되고
새 날이 시작될 거예요.
연기 나는 일상의 타버린 꼬투리들
퀴퀴하고 차가운 아침의 냄새
가로등 꺼지고 또 한 밤이 지났어요.
또 다른 낮이 동트고 있어요.
날 어루만져 줘요, 아주 쉬워요
햇볕 속의 날들 기억만 남기고
날 홀로 두고 떠나기는
날 어루만져 주면 행복이 뭔지 알게 될 거예요
봐요, 새 날이 시작됐어요.

멘트

앤드류 로이드 웨버(Andrew Lloyd Webber)의 뮤지컬 〈캣츠〉(*The Cats*)의 삽입곡이다. 원작은 T. S. Eliot의 『지혜로운 고양이가 되기 위한 지침서』("Old Possum's Book of Practical Cats")다. 늙은 창녀 고양이 그리자벨라(Grizabella)는 절망 속에서 젊은 날의 아름다운 추억을 떠올리며 희망을 품는다.

쓰레기장(junkyard)을 배경으로 고양이들을 등장시켜 구원의 문제를 다루고 있다. 고양이들 중 단 한 명만이 구원을 받을 수 있는 상황에서 그리자벨라가 선택을 받는다. 하늘이 뻥 뚫리며 천국에 이르는 계단이 등장한다(실험적 무대장치로 주목을 받았다). 공연이 시작될 때 고양이들이 객석을 날렵하게 돌아다니며 원형무대 위로 돌진하면서 관객과 함께 호흡한다.

'우울증적인' 잉글랜드 / "The Beach" / by Ted Hughes

Stop & Think

1. 왜 '우울증적인' 잉글랜드인가?

테드 휴즈 시

England
Was so poor! Was black paint cheaper? Why
Were English cars all black—to hide the filth*?
Or to stay respectable, like bowlers*
And umbrellas? Every vehicle a hearse.*
The traffic procession a hushing leftover*
Of Victoria's perpetual funeral Sunday—
The funeral of colour and light and life!
London a morgue" of dinge*—English dinge.
Our sole indigenous* art-form—depressionist!*
And why were everybody's
Garments* so deliberately begrimed?*
Grubby-looking, like a camouflage?* Alas!
-"The Beach" by Ted Hughes, *Birthday Letters*

단어설명

filth: 불결함.
bowler: 중산모(자).
hearse: 영구차.
hushing: 고요한.
leftover: 시대착오적 구습.
morgue: (신원 불명 시체의) 공시장. mortuary.
dinge: 칙칙함.
indigenous: 토착의, 고유한.
depressionist: 우울증적인.
Garments: (~s) 옷, 의류.

begrimed: 먼지투성이.
camouflage: 보호색.

번역

잉글랜드는
너무나 불쌍해 보였거든! 검정색 페인트 가격이 싸서일까?
왜 영국 차들은 모조리 검정색일까—
더러움을 감추기 위한 것일까?
아니면, 중절모에 우산을 들고 다니는 것처럼
점잖아 보이기 위한 것일까? 모든 자동차들은 영구차 같지.
차동차 행렬은 장례식을 치르는 영원한 일요일.
침묵을 지키고 있는 빅토리아 시대의 잔재처럼 보이고—
색깔과 빛과 삶이 모두 장례식 모습!
런던은 영국의 칙칙함을 보관하는 칙칙함의 시체 보관소.
우리에게 유일하게 고유한 예술 형태는 우울증적이지!
왜 모든 사람들의 의복은
그렇게도 의도적으로 검정 때가 묻어 있는 것일까?
더럽게 보이는 것은 일종의 위장인가? 아이고!
-이철 옮김,「해변가」,『생일편지』, 210쪽.

멘트

런던의 하늘은 우중충하고 검정택시가 영구차의 장례식 행렬 같다. 검정 택시(블랙 캡), 검정 우산, 검정 양복은 영국적인 '우울증적인 분위기'를 만들어 낸다.

「슬픈 장례식」/ "Funeral Blues" / by W.H. Auden

Stop & Think

1. 이 시의 분위기와 어조(tone)는?

"Funeral Blues" / by W.H. Auden (1907-1973)

Stop all the clocks, cut off the telephone,
Prevent the dog from barking with a juicy bone,
Silence the pianos and with muffled* drum
Bring out the coffin, let the mourners come.

Let aeroplanes circle moaning* overhead
Scribbling on the sky the message
He is Dead.
Put crepe* bows round the white necks of the public doves,
Let the traffic policemen wear black cotton gloves.

He was my North, my South, my East and West,
My working week and my Sunday rest,
My noon, my midnight, my talk, my song;
I thought that love would last forever: I was wrong.

The stars are not wanted now; put out every one,
Pack up the moon and dismantle the sun,
Pour away the ocean and sweep up the wood;
For nothing now can ever come to any good.*
(1936)

단어설명

muffled: 소리를 죽인, 잘 안 들리는.
moaning: 신음 (소리).
crepe: 크레이프, 바탕이 오글오글한 직물.
nothing ~ any good: 소용없는.

번역

「슬픈 장례식」 혹은 「哀悼歌」/ W.H. 오든

시계를 멈추고 전화도 끊어라
군침 도는 뼈다귀로 개들의 울부짖음도 막아라
피아노도 치지 말고 드럼소리도 죽여라
관을 꺼내고 조문객을 오게 하라.

신음소릴 내는 비행기들을 머리 위에서 빙빙 돌게 하라
이런 메시지를 하늘에 갈겨쓰면서
그는 죽었다고
눈이 띄는 하얀 비둘기들의 흰 목 둘레에 크레이프 나비 리본을
　달아주어라
교통순경은 검정색 코튼 장갑을 끼게 하라

그는 나의 북쪽이며, 나의 남쪽, 나의 동쪽과 서쪽이었고
나의 일하는 주중이었으며 내 휴식의 일요일이었고
나의 정오, 나의 한밤중, 나의 이야기, 나의 노래였다
난 사랑이 영원할 줄 알았다. 그런데 내가 틀렸다

이제 별들은 필요 없다. 다 꺼버려라
달을 싸서 치우고 해를 철거하라
바다의 물을 다 쏟아 버리고 나무를 쓸어버려라
이제 그런 것들이 아무런 소용이 없기에
(1936)

멘트

1. 사랑하는 사람을 잃었을 때 엄습하는 절망과 헛됨을 담아낸 시다. 반전(反戰)시다.

2. W. H. Auden was an Anglo-American poet, born in England, later an American citizen, regarded by many as one of the greatest writers of the 20th century. His work is noted for its stylistic and technical achievements, its engagement with moral and political issues, and its variety of tone, form and content. The central themes of his poetry are love, politics and citizenship, religion and morals, and the relationship between unique human beings and the anonymous, impersonal world of nature.

3. John Hannah, playing Matthew, reads W.H. Auden's poem "Funeral Blues."

"Composed Upon Westminster Bridge" / by William Wordsworth

Composed Upon Westminster Bridge, September 3, 1802

William Wordsworth (1770-1850)

Stop & Think

1. 아래 소넷은 무엇을 예찬하고 있는가?

Earth hath not anything to show more fair:
Dull would he be of soul who could pass by
A sight so touching in its majesty:
This City now doth, like a garment,* wear
The beauty of the morning; silent, bare,

Ships, towers, domes, theatres and temples lie
Open unto the fields, and to the sky;
All bright and glittering in the smokeless air.
Never did sun more beautifully steep*
In his first splendor,* valley, rock, or hill;
Ne'er saw I, never felt, a calm so deep!
The river glideth at his own sweet will:
Dear God! The very houses seem asleep;
And all that* mighty heart is lying still!
(1802)

단어설명

garment: 옷. clothes.
steep: 적시다, 둘러싸다.
splendor: 광채. glory, brilliance.
And all that: 조차도.

번역

「웨스트민스터 다리에서 지은 시」/ 윌리엄 워즈워스

대지는 이보다 더 아름다운 것을 보여줄 게 없다.
이토록 감격스러운 장엄한 광경을
무심히 지나가는 사람은 둔하다.
이 도시는 지금 아름다운 아침의 옷을 입고
조용히 속살을 드러낸다.
배와 탑, 둥근 지붕들, 극장들, 사원들은
들판과 하늘을 향해 활짝 열려있다.
맑은 하늘에 환하게 반짝이고 있다.
태양은 첫 광채로 계곡과 바위와 언덕을

아름답게 적신다.
이처럼 깊은 고요를 본 적도, 느낀 적도 없다!
강물은 자발적 의지로 유유히 흐른다.
오, 주여! 집들은 잠들어 있는 듯하다.
그리고 이 힘찬 심장조차도 조용히 누워있다! (1802)

멘트

1. This is a sonnet by William Wordsworth describing London and the River Thames, viewed from Westminster Bridge in the early morning. It was first published in the collection *Poems in Two Volumes* in 1807.

2. The poem was written in 1802 when Wordsworth and his sister, Dorothy, were going to Calais, to meet with his former French mistress Annette Vallon and Caroline, his illegitimate daughter by her. A coach they were travelling on paused on Westminster Bridge, and the view of the city somewhat surprised Wordsworth. Despite the city being made totally of man, and not nature, Wordsworth was surprised at its beauty in the early sunlight.

3. When a man is tired of London, he is tired of life.
- Samuel Johnson
"런던에 지친 사람은 인생에 지친 사람이다." -사무엘 존슨.

4. 워즈워스의 시론은 "좋은 시는 강력한 감정의 자발적인 분출이다"(Poetry is the spontaneous overflow of powerful feelings")이다. 인간과 자연의 교감을 통해 생겨난 즐거움이 전해지는 시이다. 아침 햇살의 축복을 받은 아름다운 런던을 예찬한 시다.

이층 버스, Double Decker

Stop & Think

1. 신형 이층 버스의 특징은?

Routemaster or Double Decker

Showing off the bus at acton in West London, London Mayor Mr Johnson said he was looking forward to the first of the buses coming into service in 2012. The new bus is based on the old driver-and-conductor red Routemaster which was withdrawn from regular service in 2005 although some still run on popular tourist routes in London. The new bus is being designed by Thomas Heatherwick and built by Northern Ireland-based Wrightbus and will be 15% more fuel efficient than existing hybrid buses, 40% more efficient than conventional diesel double-deckers* and much quieter on the streets.

The pioneering design makes use of lightweight materials, with glass highlighting key features and producing a light and airy feel inside the bus.

As with the Routemaster, the new bus has an open platform to provide a hop-on, hop-off* service.

단어설명

double-deckers : 이층 버스.
hop-on, hop-off : 아무 곳에서나 타고 내리는.

런던 아이 / London Eye

Stop & Think

1. '런던 아이'의 특징은?

London Eye

London Eye (commonly Millennium Wheel) is a giant 135-metre (443 ft) tall Ferris wheel situated on the banks of the River Thames, in London, England. Since 20 January 2011, it has been officially known as the EDF Energy London Eye following a three-year sponsorship deal.

It is the tallest Ferris wheel in Europe, and the most popular paid tourist attraction in the United Kingdom, visited by over 3.5 million people annually. When erected in 1999, it was the tallest Ferris wheel in the world. The wheel is supported by an A-frame on one side only.

멘트

런던 템스강변 국회의사당 건너편 South Bank에 세워진 런던 아이(혹은 밀레니엄 휠)는 높이가 135m로 세계에서 가장 높은 회전 관람차이다. 무게는 1,600톤, 케이블 하나의 무게만도 1.5톤이며, 한 바퀴 도는데 30분이 소요되고, 캡슐 한 대에 25명씩 시간당 1,600명을 수용할 수 있다. 모두 32개의 캡슐로 이루어져 있는데 이것은 런던 32개 구(Borough)를 나타낸 것이다. 캡슐 하나를 빌려 가족 친구 단위의 특별한 행사를 가질 수도 있다. 연간 350만 명에서 400만 명이 '런던 아이'의 명소를 찾는다. 입장료가 비싸 황금알을 낳는 회전기계로 불린다.

런던 아이를 타면 평지인 런던의 파노라마를 한 눈에 조망할 수 있다. 날씨가 좋은 날에는 약 40km 떨어진 윈저 성까지 볼 수 있다. 런던 아이는 2000년 밀레니엄을 기념하기 위한 프로젝트였다. 2000년 3월 건축가 부부 David Marks and Julia Barfield의 회사인 Marks Barfield Architects에 의해 세워졌다.

런던 지하철 풍경 *London's Underground* / by Doris Lessing

Stop & Think

1. 도리스 레싱이 아래 글에서 런던 지하철에서 *The Iliad, Moby Dick, Wuthering Heights*를 읽고 있는 사람들은 언급한 이유는?

2. *The Iliad, Moby Dick, Wuthering Heights* 배경과 내용은?

Not long ago, at the height of the rush hour, I was strap-hanging, and in that half of the carriage, that is, among fourteen people, three people read books among all the newspapers. In the morning, off to work, people betray their allegiances:* *The Times, the Independent, the Guardian, the Telegraph, the Mail*. The bad papers some of us are ashamed of don't seem much in evidence, but then this is a classy* line, at least at some hours and in some stretches of it. At night *the Evening Standard* adds itself to the display. Three people. At my right elbow a man was reading *the Iliad*. Across the aisle a woman read *Moby Dick*. As I pushed out, a girl held up *Wuthering Heights* over the head of a new baby asleep on her chest. When people talk glumly* about our state of illiteracy* I tell them I saw this, and they are pleased, but sceptical.

- Doris Lessing, "In Defence of the Underground," *London Observed*, Harper Collins Edition, 92-93.

단어설명

allegiances : 충성.
classy : 멋진.
glumly : 침울하게.
illiteracy : 무교양, 무식.

번역

얼마 전 러시아워가 한창일 때 나는 [런던지하철 전동차의] 손잡이를 잡고 있었다. 열차의 한쪽 편에서는 열네 명의승객들 중에서 세 명이 책을 읽고 다른 사람들은 모두 신문을 읽고 있었다. 아침에 출근할 때 사람들은 자기가 선호하는 것을 읽는다. 《타임스》, 《인디펜던트》, 《가디언》, 《텔리그라프》, 《메일》, 어떤 사람들은 읽기를 부끄러워하는 저질 신문들은 별로 눈에 안 띄는 것 같다. 그래도 이 노선은 적어도 어떤 시간대에는 그리고 어떤 구간의 연장선에서는 점잖은 편이다. 밤에는 《이브닝 스탠더드》가 추가된다. 세 사람이 읽고 있다. 오른쪽 팔꿈치 옆에는 한 남자가 『일리아드』를 읽고 있었다. 통로 맞은편에서는 한 여자가 『모디딕』을 읽고 있었다. 내가 밀치고 나가는데 젊은 여자가 품속에서 잠든 어린아이의 머리 위로 『폭풍의 언덕』을 들고 있었다. 사람들이 우리의 문맹상태에 관해 우울하게 말할 때 나는 이런 사람들을 보았다고 말한다. 그러면 그들은 기뻐하면서도 믿지 않으려 한다. (도리스 레싱, 서숙 옮김. 「지하철을 변호하며」, 『런던 스케치』, 132쪽.)

멘트

1863년 처음 개통된 런던 지하철은 세상에서 가장 오래 된 것이다. 153년 전에 터널형태로 만들어져 내부도 각이 진 것이 아니라 둥근 튜브 형태이며 비좁다. 그런데도 여전히 하루에 3백만 명이 이용하는 대표적인 대중운송 수단이다.

런던 지하철은 Underground 혹은 Tube로 불린다. 뉴욕에서는 Subway, 프랑스에서는 Metro로 지하철을 각기 달리 부른다. 갑곤충 같은 전동차가 땅 아래를 뺑 돌아다닌다. 런던의 지하철은 비좁고, 쥐

들도 돌아다니는 비위생적인 공간이지만 동시에 문화공간이며 독서 공간이다.

영국인들은 버스, 지하철, 공원, 카페 등 어디서든지 읽기에 집착한다. 떠드는 사람은 '야만인'으로 취급을 당할 정도로 정숙하다. 다른 사람이 말을 걸어올까 두려운 것일까? 침묵을 미덕으로 여기기 때문일까? 너무 수줍어서 혹은 타인에 방해가 될까봐 입을 다물기로 작정을 한 것일까? 불쌍한 생각이 들기도 하지만 영국인은 대단히 지성적이다. 레싱이 "사람들이 우리의 문맹상태에 관해 우울하게 말할 때 나는 이런 사람들을 보았다고 말한다"라고 말하는 데서 알 수 있듯, 그녀는 영국인들의 교양인이라는 점을 자랑스럽게 생각한다.

Memo:

1. Doris Lessing received The Nobel Prize in Literature 2007.
2. London Underground was formed in 1985, but its history dates back to 1863 when the world's first underground railway opened.
3. Today, London Underground is a major business with three million passenger journeys made every day, serving 275 stations and over 408 km of railway.

「지루한 런던」/ "Dull London" / by D.H. Lawrence

Stop & Think

1. 로렌스는 런던의 어떤 점을 비판하고 있는가?

"Dull London"(1928) by D.H. Lawrence

And the first half-hour in London, after some years abroad, is really a plunge of misery.* The strange, the grey and uncanny, almost deathly sense of dulness is overwhelming. […] This life here is one vast complex of dulness! […]

Of course, England is the easiest country in the world, easy, easy and nice. Everybody is nice, and everybody is easy. The English people on the whole are surely the nicest people in the world, and everybody makes everything so easy for everybody else, that there is almost nothing to resist at all. But this very easiness and this very niceness become at last a nightmare. It is as if the whole air were impregnated* with chloroform* or some other pervasive anaesthetic,* that makes everything easy and nice, and takes the edge off everything, whether nice or nasty. As you inhale the drug of easiness and niceness, your vitality begins to sink. Perhaps not your physical vitality, but something else: the vivid flame of your individual life. England can afford to be so free and individual because no individual flame of life is sharp and vivid. It is just mildly warm and safe. You couldn't burn your fingers at it. Nice, safe, easy: the whole ideal. And yet under all the easiness is a gnawing* uneasiness, as in a drug-taker. (D.H. Lawrence, *Selected Essays*, Penguin edition, pp. 123-4.)

단어설명

a plunge of misery: 비참 속으로 돌진.
impregnated: 스며든.
chloroform: 클로로포름.
anaesthetic: 마취제.
gnawing: 갉아 먹는, 괴롭히는.

번역

「지루한 런던」, D.H. 로렌스

여러 해 외국에서 살다가 런던에 와서 보내는 첫 삼십분은 정말로 비참함 속으로 뛰어드는 것과 같다. 낯설고, 우중충하고, 괴기스러운, 거의 죽음과 같은 지루함이 압도한다. […] 런던에서의 삶은 아주 커

다란 지루함의 덩어리다. […]

물론 영국은 세계에서 살기에 가장 수월한 나라다. 수월하고 사람들도 친절하다. 누구나 다 친절하고 모든 사람이 다 수월하다. 대체로 영국인은 세계에서 가장 친절한 사람들이고 모든 사람들이 다른 사람들로 하여금 수월하게 지낼 수 있게 해준다. 그래서 저항할 것이 하나도 없다. 그러나 바로 이 수월함, 이 좋기만 한 것이 급기야 악몽이 된다. 그것은 마치 대기 전체가 클로로포름이나 만연된 마취제로 채워져서 모든 것을 수월하고 친절하게 만들어주고, 좋든 성가신 것이든, 모든 것에서 모난 것을 없애주는 것과 같다. 수월함과 친절함이란 약을 흡입하면서 당신의 생기는 꺾이기 시작한다. 아마도 육체적인 생기는 아니라고 하더라도 무언가 다른 생기, 즉 당신의 개인적인 삶의 생생한 불꽃이 꺾이기 시작한다. 어떤 개인적인 삶의 불꽃도 강렬하지도 생생하지 않기 때문에 영국은 사람들을 그토록 자유롭고 개인적이 되도록 내버려 둘 수 있다. 개인적인 삶의 불꽃은 아주 부드럽게 따뜻하고 안전하다. 그 불꽃으로 인해 손가락에 화상을 입을 염려는 없다. [런던은] 친절하고 안전하고 수월하다. 그것이 전체적인 이상이다. 그렇지만 그 수월함 아래에는 마약복용자에서 볼 수 있는 갉아먹는 불안감이 있다.

멘트

「런던은 흔히 '문명의 꽃', '제국의 중심'(metropolis) 등으로 불리면서 많은 사람들의 선망의 대상이 되기도 한다. 하지만, 이곳은 '익명의 섬', '회색 대리석 건물의 정글'이기도 하다. '마법의 도시'로 생각하는 사람들이 많을 텐데 '지루한 런던'이라니! 더구나 비가 자주 내려 옥외 활동도 힘든 형편이다. 고대 그리스 사람들은 행복의 조건으로 유명한 도시에서 태어나는 것을 꼽았다고 한다. 하지만 소설가 D.H. 로렌스(1885-1930)는 노팅햄 탄광촌에서 성장했으며 '삶의 불꽃'(the flame of life)을 찾아 지구촌을 방랑했던 영국 내 대표적인 아웃사이더였다. 런던의 '마취된 질서'에 염증을 느꼈던 그는 문명을 등지고 지구촌을 떠돌았다. 그래서 그의 삶을 '맹렬한 순례'(savage pilgrimage)라고 부른다. 그는 외설 논쟁을 촉발시킨 *Lady Chatterley's Lover*를 쓴 장본인이다. 지하막장(the pit)에서 일을 했던 광부의 아들이었던 그는 축축하고 어두운 삶을 혐오했다. 대신에 밝고 따뜻한 곳을, 태양신을 찾아 지구촌을 떠돌았다.

「잠자는 영국」/ *Homage to Catalonia* / by George Orwell

Stop & Think

1. 오웰은 영국의 어떤 면을 비판하고 있는가?
2. 오웰이 본 영국을 가장 잘 요약해주는 표현은?

And then England—southern England, probably the sleekest landscape in the world. [...] Earthquakes in Japan, famines in China, revolutions in Mexico? Don't worry, the milk will be on the doorstep tomorrow morning, the *New Statesman* will come out on Friday. The industrial towns were far away, a smudge* of smoke and misery hidden by the curve of the earth's surface. Down here it was still the England I had known in my childhood: the railway-cuttings* smothered* in wild flowers, the deep meadows where the great shining horses browse and meditate, the slow-moving streams bordered by willows, the green bosoms of the elms, the larkspurs in the cottage gardens; and then the huge peaceful wilderness of outer London, the barges on the miry* river, the familiar streets, the posters telling of cricket matches and Royal weddings, the men in bowler hats,* the pigeons in Trafalgar Square, the red buses, the blue policemen—all sleeping the deep, deep sleep of England, from which I sometimes fear that we shall never wake till we are jerked out of it by the roar of bombs.

-George Orwell's *Homage to Catalonia* (1938)

단어설명

smudge: 얼룩, 더러움.
cuttings: 깎아낸 길.
smothered: 파묻힌.
miry: 진흙창의.
bowler hats: 중산모(자). Derby hat.

번역

이어 다시 [마르크스주의 통일노동당 소개서를 갖고 스페인 내란에서(카탈로니아)에 자발적으로 참전한 후] 영국으로 왔다. 영국의 남부는 아마도 세상에서 가장 말쑥한 풍경일 것이다. [...] 일본의 지진, 중국의 기근? 멕시코의 혁명? 걱정 마라. [영국에는] 내일 아침이면 현관에 우유가 놓여 있을 것이고, 금요일에는 ≪뉴 스테이츠먼≫ 잡지가 나올 것이다. 산업도시는 저 멀리 떨어져있다. 연기와 궁핍의 얼룩은 지구 표면의 [저쪽] 완만한 곡선에 감추어져 있었다. 이곳은 내가 어린 시절에 알던 영국 그대로였다. 철도 때문에 깎아낸 길에는 야생화로 덮여있었다. 외진 목초지에서는 윤택한 빛을 발하는 말들이 풀을 뜯으며 생각에 잠겨있다. 천천히 흐르는 냇가에는 버드나무들이 우거져있다. 느릅나무의 녹색 가슴, 코티지 정원의 참제비고깔, 이윽고 런던 외곽의 드넓고 평화로운 손질하지 않은 공원, 진창 같은 강물 위의 짐배, 익숙한 길거리, 크리켓 경기와 왕족의 결혼을 알리는 포스터, 중산모를 쓴 남자들, [런던 중심가] 트라팔가 광장의 비둘기, 빨간 버스, 파란 제복의 경찰관, 모든 것이 영국의 깊고 깊은 잠을 자고 있다. 나는 이따금 우리가 폭탄의 굉음으로 인해 화들짝 놀라기 전에는 결코 그 잠에서 깨어나지 못할 것 같다는 두려움에 사로잡힌다.

-조지 오웰, 정영목 옮김.『카탈로니아 찬가』, 295-6쪽.

멘트

유럽대륙에서, 전 세계에서, 난리가 나도 섬나라 영국에서는 사람들이 정원을 가꾸며, 평온하고 질서 있는 일상생활을 한다. 오웰은 외부자의 시각에서 섬나라 영국의 편협성을 비판하고 있다.

Memo:

"영국인들에게 집은 견고한 성이고, 정원은 천국이다."
-문화인류학자, 케이트 폭스

"Every Englishman's castle has its miniature grounds." -Kate Fox
영국인들은 성과 같은 집 속에 작은 정원을 가꾼다. -케이트 폭스

"독일인은 독일에 살고, 로마인은 로마에 산다. 그러나 영국인은 집에 산다." -에드워드 왕 시대의 운문시

2장 지리적 특징 및 영국적 특성

'영국적인 것'(Englishness)

Stop & Think

1. 섬나라 영국의 특징은?

2. 타 민족의 눈에 비친 영국인의 모습은?

3. 영국인의 눈에 비친 타민족의 모습

1. Insular Country

The English population is 58 million as of 2001 (compared with 5 million Scots, 15 million Dutch, 39 million Spanish, 58 million French, 81 million Germans and 268 million Americans).

2. Xenophobia

Xenophobia is the English national sport—England's most enduring cultural expression. And there is a very good reason for that. The real English deal with foreigners, every other nation on earth (expecially the French) with polite but firm disdain.

3. How They See Others

The Irish are perceived as being wildly eccentric at best, completely mad at worst. The Welsh are dishonest and the Scots are dour* and mean.

For the rest of Europe, as far as the English are concerned, the Italians are hysterical and dishonest; the Spanish, lazy; the Russians, gloomy; and the Scandinavians, dutch, Belgians and Swiss, dull. Americans and Australians are vulgar, Canadians are boring, and all oriental peoples inscrutable and dangerous.

dour: 뚱한, sullen.

4. How Others See Them

To the outsiders the English are intellectually impenetrable. They express little emotion. They are not so much slow as stationary* to anger and the pleasures of life seem to pass them by as they revel* in discomfort and self-denial.

stationary: 정지된.
revel: indulge in, take great delight

5. How They See Themselves

The English don't just believe themselves superior to all other nations. They also believe that all other nations secretly know that they are.

They feel themselves to be natural leaders, the most obvious choice for 'top nation'. They are deeply aware of their responsibilities to others. These they take very seriously, which means that throughout life they act rather like head boys or head girls in school. They see it as their solemn duty to protect the weak, strengthen the faint-hearted and shame bullies into submission.

6. How the Irish See Themselves

"An Irishman's heart is nothing but his imagination."
- George Bernard Shaw (1856-1950)

Stop & Think

1. '영국적인 것'(Englishness)을 구성하는 것은?
2. 영국인들이 감정표현을 가장 편안하게 할 수 있는 방법은?
3. 영국 속담 "The Englishman's home is his castle"의 의미는?

1. Stiff Upper Lip

The characteristic English pose involves keeping the head held high, the upper lip stiff and the best foot forward. In this position, conversation is difficult and intimacy of any kind almost impossible. This in itself is a clue to the English character.

2. Puritanism

Puritanism has always found in the English its most fertile breeding ground. For hundreds of years their children have been brainwashed with trite little sayings—"silence is golden," "Empty vessels make the most noise" and, most telling, "You are not put on to this earth* to enjoy yourself."

put on to this earth: 이 세상에 태어나다.

3. Moderation

If there is one trait that absolutely singles out the English it is their shared dislike for anyone or anything that 'goes too far.'*

Going too far, as the English see it, covers displaying an excess of emotion, getting drunk, discussing money in public or cracking off-colour jokes and then laughing at them noisily. The only acceptable place to air* these is on an envelope.

goes too far: 정도가 지나치다.
air: 널리 알리다.

4. Self-doubt

It is the apparent colossal self-confidence and moral certainty of the English that is paradoxically stumbling blocks.* Whilst they may appear fearless and calm on the surface, deep down the English suffer from agonising self-doubt, feeling that in many areas of human activity they just cannot cut the mustard.*

stumbling blocks: 장애물.
cut the mustard: 기대에 부응하다. 겨자.

5. Sentiment

The English have a strong sense of history. Because their past was so infinitely more glamorous than their present, they cling to it tenaciously. Mix this love of bygone ages with an unrivalled sentimentality and you have a heady mixture which can be sensed in every aspect of the English life.

Antique shops clutter up every town and village. English homes are filled with old things not only because they please the eye but because there is a feeling that anything that has stood the test of time* must be better than its modern counterpart.

stood the test of time: 시간의 시련을 견딘.

5. Inventiveness

The English are endlessly resourceful and inventive, but rarely profit from their inventions. Occasionally, though, he will come up with something with real promise like the hovercraft* which will then be ignored by his countrymen and taken up by foreigners.

hovercraft: 수면 위를 나는 탈 것. air cushion vehicle.

6. Englishmen's disposition to enjoy their private life

It used to be said that the Englishman's home is his castle. In so far as this saying creates the impression that there is something defensive and inhospitable about the Englishman's home, it is quite misleading;* for there is no country where family life has been more readily thrown open to friends, and even to strangers, than England. It represents a certain truth, however, in the sense that the Englishman hates to be interfered with, and prefers to live without too close a contact with his neighbors. He likes to be able to keep himself to himself* if he wants to. He readily associates with those who are sympathetic to him, but has no love for the kind of communal life which brings him into constant touch with everybody and anybody. Hence his preference for living in a house to living in a flat.

- Philip Carr, *The English Are Like That*

단어설명

misleading: 그릇된 인상을 주는.

keep himself to himself: 남들과 어울리지 않는.

영국의 자연풍광/ 가즈오 이시구로,『남아 있는 나날』

Stop & Think

1. 영국을 Great Britain으로 불러도 손색이 없는 이유는?
2. 영국의 경치는 아프리카와 미국의 경치와 어떻게 다른가?
3. "this lofty adjective"가 지시하는 단어는?

It is, I believe, a quality that will mark out the English landscape to any objective observer as the most deeply satisfying in the world, and this quality is probably best summed up by the term 'greatness'. For it is true, when I stood on that high ledge* this morning and viewed the land before me, I distinctly felt that rare, yet unmistakable feeling—the feeling that one is in the presence of greatness. We call this land of ours *Great* Britain, and there may be those who believe this a somewhat immodest practice*. Yet I would venture that the landscape of our country alone would justify the use of this lofty* adjective.

And yet what precisely is this 'greatness'? Just where, or in what, does it lie? I am quite aware it would take a far wiser head than mine to answer such a question, but if I were forced to hazard a guess,* I would say that it is the very *lack* of obvious drama or spectacle that sets the beauty of our land apart.* What is pertinent* is the calmness* of that beauty, its sense of restraint. It is as though the land knows of its own beauty, of its own greatness, and feels no need to shout it. In comparison, the sorts of sights offered in such places as Africa and America, though undoubtedly very exciting, would, I am sure, strike the objective viewer as inferior on account of their unseemly demonstrativeness*.

-Kazuo Ishiguro's *The Remains of the Day* (1989), pp. 28-29.

단어설명

ledge: 튀어나온 부분.
immodest practice: 뻔뻔스런 짓.
lofty: 고상한. noble, sublime.
hazard a guess: 멋대로 짐작해서 말하다.
sets ~ apart: ~를 떼어놓다.
What is pertinent: 연관된 것.
calmness: 차분함.
unseemly demonstrativeness: 꼴사나운 과시 (때문에).

번역

영국의 자연풍경을 어느 객관적인 관찰자에게든 세상에서 가장 깊이 만족스런 것으로 구별 짓는 것은 이런 특질이라고 믿는다. 그리고 이런 특질은 '위대함'이란 용어로 아마도 가장 잘 요약될 수 있을 것이다. 오늘 아침 그곳 높은 돌출부에 서서 내 앞에 펼쳐진 땅을 보았을 때 내가 분명히 그런 드물지만 분명한 느낌, 즉 위대함 앞에 있다는 느낌을 가졌던 것은 사실이다. 우리는 우리 땅을 '위대한' 영국이라 부른다. 이것을 몹시 주제넘은 짓이라고 믿는 사람들도 있을지도 모른다. 그러나 우리나라의 풍광만으로도 이런 고상한 형용사를 정당하게 사용할 수 있을 거라고 나는 감히 말하고 싶다.

그렇지만 이 '위대함'이란 정확히 무엇인가? 정확히 어디서, 어떤 점에서 그걸 찾을 수 있을까? 나보다 훨씬 현명한 사람이 그런 질문에 대답을 할 수 있을 거라는 걸 난 아주 잘 안다. 하지만 만약 내가 어쩔 수 없이 멋대로 짐작해서 말해야 한다면, 나는 우리 땅을 (다른 나라의 땅과) 구분짓는 것은 바로 분명한 드라마 혹은 경관의 결여라고 말하고 싶다. 연관이 있는 것은 그런 미의 조용함, 절제감이다. 마치 땅은 그 자신의 미, 그 자신의 위대함을 알고 있어 땅에 관해 소리를 지를 필요가 없다고 느끼는 것 같다. 비교하자면, 아프리카와 미국 같은 장소들이 제공하는 그런 종류들의 경관들은, 의심할 바 없이 아주 흥미진진할지라도 꼴사나운 과시성 때문에 객관적인 관찰자에게는 열등한 것이란 느낌을 줄 것이라고 난 확신한다.

멘트

19세기 영국은 산업혁명(Industrial revolution)의 본고장, 전 세계에서 필요한 물건을 제조하는 공장이었다. 도시화도 급속도로 진행되었다. 동시에 녹지가 잘 보존되어 있다. 그래서 녹색혁명(Green revolution)이란 말도 등장했다. 사철 푸른 잔디가 유지되는 습한 날씨와 자연 친화적인 심성 때문이기도 하다. 그런데 굴뚝산업을 대신한 것이 관광산업이다. 그리고 영국 전역을 돌아다녀도 늘 아름다운 자연풍광을 접하게 된다. 차분한 분위기 속에서 차분한 심성이 형성되는 것 같다.

위 글에서 화자는 영국(Great Britain)이 '위대한'(Great) 이유가 자연풍광의 차분함과 절제美때문이라고 생각한다. 자국에 대한 자부심이 대단한 것 같다. 그런데 애국적 서사라는 느낌이 든다.

영국인 집사장

Stop & Think

1. 영국인을 특징짓는 키워드 2개를 찾으시오.
2. manservants와 butlers의 의미상의 차이는?
3. Butler에게 요구되는 주된 덕목은?

It is sometimes said that butlers* only truly exist in England. Other countries, whatever title is actually used, have only manservants.* I tend to believe this is true. Continentals are unable to be butlers because they are as a breed* incapable of the emotional restraint which only the English race is capable of. Continentals—and by and large* the Celts, as you will no doubt agree—are as a rule unable to control themselves in moments of strong emotion, and are thus unable to maintain a professional demeanour* other than in the least challenging of situations. If I may return to my earlier metaphor—you will excuse my putting it so coarsely—they are like a man who will, at the slightest provocation,* tear off his suit and his shirt and run about screaming. In a word, 'dignity' is beyond such persons.* We English have an important advantage over foreigners in this respect* and it is for this reason that when you think of a great butler, he is bound, almost by definition, to be an Englishman.

-Kazuo Ishiguro's *The Remains of the Day* (1989), pp. 28-29.

단어설명

butler: 귀족 저택의 집사장.
manservant: 허드렛일을 하는 사람, 하인.
breed: 종족, 혈통.
by and large: 전반적으로, in all respects.
demeanour: 품행.
putting ~ so coarsely: ~을 너무 거칠게 말하는 것에 대해.
at the slightest provocation: 아무 이유 없이, 사소한 일로.
is beyond such persons: (dignity)란 단어가 그런 사람들에게 어울리지 않는다.
in this respect: 이점에 있어서.

번역

진정한 의미의 집사가 존재하는 곳은 영국밖에 없으며 그외의 나라들에는, 실제로 사용되는 칭호가 무엇이든, 오직 하인들만이 있을 뿐이라는 말을 이따금 듣게 된다. 나는 이 이야기가 진실이라고 믿는

편이다. 대륙사람들은 감정을 절제하지 못하는 혈통들이기 때문에 집사가 될 수 없다. 오직 영국 민족만이 할 수 있다. 대륙 사람들, 물론 여러분도 동의하겠지만 켈트족도 대체로 마찬가지인데, 그 사람들은 일반적으로 격한 순간에 자기 자신을 통제하지 못하며 따라서 최소한의 도전적 상황 외에는 전문가다운 품행을 유지하지 못한다. 좀 전의 비유로 돌아가 말하자면(표현이 다소 거칠더라도 이해해 주기 바란다.) 그들은 지극히 사소한 자극에도 자신의 양복과 셔츠를 찢어 버리고 비명을 지르며 사방으로 뛰어다니는 사람과 흡사하다. 한마디로 말해 '품위'는 그런 사람들이 닿을 수 없는 곳에 있다. 이 점에서 우리 영국인들에게는 외국인들에 비해 중요한 강점이 있으며, 여러분이 위대한 집사를 떠올릴 때 거의 당연히 영국인이 떠오를 수밖에 없는 이유도 바로 그 때문이다.

-송은경. 『남아 있는 나날』(민음사, 2009), 58-59쪽.

포커페이스 영국인

Stop & Think

1. 아버지의 죽음 소식을 접한 아들의 태도는?

2. 죽음의 소식을 전하는 Miss Kenton이 집사장을 바라보는 시각은?

Miss Kenton was still standing out in the hall where I had first spotted* her. As I emerged, she walked silently towards the staircase, a curious lack of urgency in her manner.* Then she turned and said: 'Mr Stevens, I'm very sorry. Your father passed away about four minutes ago.'

'I see.'

She looked at her hands, then up at my face. 'Mr Stevens, I'm very sorry,' she said. Then she added: 'I wish there was something I could say.'

'There's no need, Miss Kenton.'

'Dr Meredith has not yet arrived.' Then for a moment she bowed her head and a sob escaped her. But almost immediately, she resumed her composure* and asked in a steady voice: 'Will you come up and see him?'

'I'm very busy just now, Miss Kenton. In a little while perhaps.'

'In that case, Mr Stevens, will you permit me to close his eyes?'

'I would be most grateful if you would, Miss Kenton.'

She began to climb the staircase, but I stopped her, saying: 'Miss Kenton, please don't think me unduly improper* in not ascending to see my father in his deceased condition* just at this moment. You see, I know my father would have wished me to carry on just now.'

'Of course, Mr Stevens.'

'To do otherwise,* I feel, would be to let him down.'*

'Of course, Mr Stevens.'

-Kazuo Ishiguro's *The Remains of the Day,* p. 106.

단어설명

spotted: 알아차리다.
lack of urgency: 다급하지 않은.
resumed her composure: 마음의 평정을 되찾다.
unduly improper: 과도하게 부적절한.
in his deceased condition: 그가 죽어있는 상태.
To do otherwise: 이와 달리 행동하는 것은.
let him down: 그를 낙담시키다. depressed.

번역

켄튼 양은 내가 그녀를 처음 발견했던 홀 밖에 여전히 서 있었다. 내가 밖으로 나왔을 때 그녀가 계단 쪽으로 말없이 걸어왔는데, 이상하게도 다급하지 않은 태도를 지녔다. 그러더니 그녀가 등을 돌려 말했다. 스티븐스 씨. 참 안 됐군요. 당신 아버님께서 약 4분 전에 운명하셨습니다.

'알겠소.'

그녀가 자신을 손을 바라보더니 내 얼굴을 쳐다보았다. '스티븐스 씨, 참 안 됐군요.' 그녀가 말했다. 그리고 말을 덧붙였다. '뭔가 위로의 말씀을 드리고 싶군요.'

'그러실 필요가 없습니다, 켄튼 양.'

'메리디스 의사께서는 아직 도착하시지 않았습니다.' 그러더니 잠시 동안 그녀는 머릴 숙여 흐느껴 울었다. 하지만 즉시 침착해지더니 차분한 목소리로 물었다. '올라가서 그 분을 보시겠습니까?'

'바로 지금은 매우 바쁘오, 켄튼 양. 아마도 좀 있다가요.'

'그러시다면, 스티븐스 씨, 제가 그 분의 두 눈을 감겨드릴까요?'

'그렇게 해주신다면 매우 고맙고요, 캔튼 양.'

그녀가 층계를 오르기 시작했지만 나는 그녀를 멈추게 하여 이렇게 말했다. '켄튼 양, 제가 지금 이 순간 돌아가신 상태에 있는 제 아버지를 보러 올라가지 않는다고 저를 과도하게 부적절하게 생각하지 말아주시오. 당신도 아시다시피, 아버지께서는 제가 지금 제 책무(옮긴이: 중요한 국제회의 만찬장에서 집사장으로서 직업적 임무를 수행하는 것)를 수행하길 바라셨을 거라는 걸 저는 압니다.

'물론입니다, 스티븐스 씨.'

'이와 달리 행동하는 것은 그 분을 낙담시켜드리는 것이라고 저는 생각합니다.'

'물론입니다, 스티븐스 씨.'

멘트

자신의 직분(집사장)에 너무 충실하여 사랑의 기회를 잡지 못하고 아버지의 임종도 지켜보지 못하는 집사의 모습이 잘 드러난다. 그는 본분(일), 사랑, 효도 중에서 자신의 본분을 택한다. 한편으로는 주인이 읽을 신문을 다림질해서 주름을 펴고, 와인 잔의 위치를 자로 정확히 재고, 줄 시계를 일정을 오차 없이 챙기는 프로다운 집사장이다. 다른 한편으로는 공(公)과 사(私) 구별, 절제와 냉정심이 돋보인다. 그는 데스마스크(포커페이스)를 연상시키는 '냉혈인간'처럼 보인다.

3장 차(茶)문화

영국적 습성

Stop & Think

1. 영국인의 성(性)에 대한 태도는?

2. 영어로 'French letter', 'French leave'란 무엇이며, 영국인이 이런 표현을 사용하는 이유는?

1. The weather

Should it hail and snow, should hurricane uproot the trees from the side of the road, and should someone remark to you: 'Nice day, isn't it?'—answer without hesitation: 'Isn't it lovely!'

2. Queueing

An Englishman, even if he is alone, forms an orderly queue of one.* At weekends an Englishman queues up at the bus stop, travels out to Richmond, queues up for a boat, then queues up for tea, then queues up for ice cream, then joins a few odd queues just for the fun of it, then queues up at the bus stop and has the time of his life.

For the English, queuing is a way of life. There were queues for everything. People would join one and then ask the person in front what the queue was for. And that is the secret of English queue-mania. Aliens [Foreigners] often fail to recognise a queue when they see one ("There is a queue, you know!"), or to join in and play the queue game nicely. -*Xenophobe's Guide*, p. 28.

*forms an orderly queue of one: 한 줄로 서다. stand in a row.

3. Pets

If you go out for a walk with a friend, don't say a word for hours; if you go out for a walk with your dog, keep chatting to him.

4. Sex

Continental people have a sex life; the English have hot-water bottles.

영국인의 티 브레이크 문화

영국 전역에서 오후 3시 반이면 무슨 일이 벌어질까요? 주전자에 물 끓는 합창소리로 요란하다고 말씀드리면 좀 의아해하실 겁니다. 티 브레이크, 즉 티타임을 챙기기 위한 범국민적 행동이 벌어지는 셈이지요. 부부싸움을 하다가도 심지어는 포탄이 떨어지는 전투 중에도 영국인은 티 브레이크를 갖기 위해 하던 일을 잠시 중단한다는 말이 있습니다. 왜 영국인은 차를 마시는 일에 그토록 집착할까요?

춥고 습한 날씨 속에서 몸을 따뜻하게 하기 위해 영국인은 차를 즐겨 마시기 시작했을 겁니다. 물론 전 세계의 많은 민족이 차를 즐겨 마십니다. 그러나 정해진 시간에 아주 규칙적으로 차를 마신다는 점에서 영국인은 유별나다고 할 수 있습니다. 필자가 살았던 영국집 주인 할머니께 "지금 뭘 하세요?"라고 물었더니, 그녀는 "나는 지금 차를 마시고 있지. 영국인이니까."라고 말씀하시더군요. 영국인과 만날 약속을 정할 때마다 제가 자주 듣던 말은 "티타임 때 만나는 것이 어떨까?"하는 말이었습니다.

이런 티 브레이크 문화는 조급증과 (울)화병을 앓고 있는 한국인에게 신선한 충격으로 다가옵니다. 흔히 한국적 현상으로 조급증과

(울)화병(火病)을 꼽습니다. 베트남 승려 틱낫한의『화』가 한국에서 베스트셀러가 될 정도로 한국인은 화를 다스리는데 관심이 많습니다. 옥스퍼드 영영 사전에도 빨리빨리(ppalli ppalli)가 온돌(Ondol)과 김치(Kimchi)와 함께 한국문화를 대표하는 단어로 등장했습니다. 또한 미국 정신과협회는 (울)화병을 한국적 현상으로 분류해오고 있지요. 틱낫한은 "의식적으로 호흡·보행하라"고 조언하고, 영국인은 티 브레이크를 갖으라고 권할 것 같습니다.

영국인은 브레이크 문화를 통해 여유와 인내력을 키워나가며 명품을 만들어냅니다. 스카치위스키가 만들어지는데 10년 이상의 숙성기간이 필요하며, 버버리 코트는 비바람에 강한 내구성을 지니지요. 말수가 적고 참을성이 있는 영국인은 속도지상주의와 인스턴트 상품을 비웃습니다.

필자가 영국에 사는 동안 자주 들었던 단어는 wet, cut, break이었습니다. 영국은 비가 자주 내려 늘 축축합니다. 그래서 wet! 합리주의자인 영국인은 돈벌이가 안 되는 기업과 공장을 감원하거나 매각하거나 문을 닫습니다. 그래서 (job) cut! 영국인은 아무리 바빠도 반드시 티 브레이크를 챙깁니다. 그래서 (Let's have a) break! 비가 내리거나 실직을 당해서 우울할 때, 일단 따뜻한 차 한 잔을 마시고 나면 세상이 놀랍게도 긍정적으로 보일 수 있습니다.

한 템포 느리게 호흡을 고르며 살면 삶이 행복해질 수 있습니다. 브레이크가 제대로 작동하지 않는 자전거나 자동차가 사고로 이어질 수 있는 것처럼, 브레이크 없는 인생은 쉽게 망가질 수 있으니까요.

글 박종성 님(충남대 영문과 교수).『좋은생각』, 2003.02.

Stop & Think

1. 차를 권하거나 거절할 때 사용하는 인사 표현은?

Tea became the national drink of Great Britain and Ireland. There are some occasions when you must not refuse a cup of tea. If you are invited to an English home at early morning, you have to declare* with your best smile: 'Thank you so much. I do adore a cup of early morning tea, especially early in the morning.' If you are left alone with liquid*, you may pour it down the washbasin. Then you have tea for breakfast; then you have tea at eleven o'clock in the morning; then after lunch; then you have tea for tea; then after supper; and again at eleven o' clock at night.

단어설명

declare: 분명하게 밝히다.
liquid: 액체. tea.

영국의 초대문화

누군가와 친밀감을 형성하고 싶다면

행복한 사람은 분명 좋은 추억을 많이 간직하고 있다. 특히 서양인들은 아름다운 추억을 만들기 위해 노력한다. 일상생활에서 손님초대는 추억거리를 만들고 상호 친밀감을 형성하기 위한 의식이며, 주인 입장에서 보면 연출이다. 사생활을 중시하는 영국인들은 좀처럼 친한 사이가 아니면 손님을 초대하지 않는다. "영국인의 집은 성과 같다"란 속담이 말해주듯, 영국인의 집은 견고한 요새처럼 내부로 들어가기가 쉽지 않다. 하지만 일단 초대를 받은 사람은 안락한 분위기 속에서 가족처럼 대접을 받는다. 서양의 '초대문화'의 특징 몇 가지를 들여다보면 재미있는 사실을 알 수 있다.

영국뿐만 아니라 서양에서 손님초대는 잘 짜인 계획에 따라 이루어진다. 최소 2주일 전에 초대장을 보내며, 손님이 채식주의자인지 그리고 아이들이 함께 참석해도 좋은지 아닌지에 대해 미리 알아본 후 준비한다. 초대를 받은 사람 쪽에서는 와인이나 초콜릿 등 간단한 나눔의 선물을 준비하는 것이 예의다. 떠날 무렵 손님은 방명록에 언제 누가 머물다가 갔는지 그리고 어떤 인상을 받았는지에 대해 기록한다. 집주인은 매년 방명록을 보면서 초대할 사람과 시기를 정한다. 방문 후 집에 돌아오면 감사의 카드를 집주인에게 보내는 것을 잊지 않는다. 전화나 이메일로 감사표시를 하는 것과는 차원이 다른 정성을 담아 전하기 위함이다. 집주인은 그 그림카드를 집안의 유리창가나 테이블 위에 놓아두어 머물다 간 사람의 향기와 마음을 음미한다. 이처럼 서양인들은 초대를 통해 작은 것을 주고받는 나눔의 삶을 실천한다.

집주인은 초대한 사람과 가족을 위해 세심한 배려를 한다. 손님이 도착하면 집주인은 집안의 이곳저곳을 먼저 소개한다. 벽에 걸린 초상화와 풍경화의 의미도 설명해주고, 손님이 묶게 될 방과 심지어는 가장 사적인 공간인 욕실도 소개한다. 파리 중심부에 위치한 집에 초대받아 간 적이 있다. 다락방에서 자게 되었는데 경사진 지붕에 운치 있는 유리창을 통해 도회지에서 밤하늘의 별을 바라보는 색다른 경험을 할 수 있었다. 또 한 번은 영국 윌처 지역의 코티지에 초대를 받아 간 적이 있다. 집주인은 저희 가족이 묶을 침실과 화장실 한쪽 구석에 손님의 취향을 고려한 꽃과 책과 잡지를 놓아두었다. 서양에서 초대는 단순히 먹고, 마시고, 노는 난장으로 끝나는 것이 아니라 대화가 있고 남에 대한 배려심이 녹아있는 일종의 삶의 예술이다.

서양인은 대화를 즐긴다는 점에서 우리와는 사뭇 다르다. 식사 전에 가벼운 술을 한잔 할 때, 식사 중에, 식사 후 커피를 마실 때마다 매번 장소를 옮겨가며 담소를 나눈다. 어른들의 대화에 방해가 될 경우 아이들을 다른 방으로 내보낸다. 물론 텔레비전을 켜놓지 않고 상대방과 대화에 집중한다. 대화를 통해 서로의 생각과 지식을 공유하며 이해의 폭을 넓혀간다. 초대란 드레스 코드, 테이블 매너, 대화의 기술이 모두 요구되는 종합예술인 것이다.

누군가와 친밀감을 형성하고 싶다면 그 사람을 자신의 집으로 초대하기를 권한다. 심리적 거리감이 좁혀지면서 상호이해의 장이 마련되니까. 이제 우리도 서양인의 품격 있는 초대문화를 배워서 실천해야할 때이다.

글 박종성(충남대 영문과 교수). 〈라비도르〉 2003년 7월호.

영국의 노벨상 제조공장, 케임브리지 분자생물학연구소(LMB)

Laboratory of Molecular Biology, Cambridge, England.

Stop & Think

1. 분자생물학연구소(LMB)가 '영국의 노벨상 제조공장'이라는 명성을 얻게 된 비결은?

The Independent
October 8, 2009
Cambridge Laboratory of Molecular Biology : The Nobel Prize

factory

By Steve Connor, Science Editor

For the 14th time, the judges have honoured a member of the same lab

As the test tubes continued to bubble downstairs, champagne corks flew. A party was in full swing* to celebrate yet another Nobel Prize success for Britain's most successful research lab. At the centre of festivities was a man who symbolises the international spirit of science —an Indian-born physicist who became an American citizen but has made Britain his professional home.

Venkatraman Ramakrishnan, known as "Venki" to his friends and colleagues, yesterday became the recipient of the laboratory's 14th Nobel Prize. The LMB, often described as Britain's factory for Nobel gold medals, can trace its biological roots back to the discovery of the DNA double helix in 1953 by Francis Crick and Jim Watson, two of the lab's previous prize-winners.

[...]

The mid-morning and afternoon tea breaks at the LMB, which is funded directly by the Medical Research Council, are a tradition dating back to the great, late Max Perutz, another Nobel laureate* and former laboratory director whose wife, Gisela, managed the canteen more than half a century ago.

It is a time when the scientists can look up from their microscopes, emerge from their fume cupboards and engage in scholarly, or not-so-scholarly, banter with* their colleagues. Yesterday, as so often when the lab wins a Nobel, it turned into a riotous celebration.

[...]

Dr Ramakrishnan issued a short statement acknowledging his colleagues and the LMB, which has given its many distinguished scientists the freedom to pursue curiosity-driven research. "The collegiate atmosphere there made it all possible," he said. "The idea of supporting long-term basic research like that at LMB does lead to breakthroughs.

The ribosome is already starting to show its medical importance."

출처

http ://www.independent.co.uk/news/science/cambridge-laboratory-of-molecular-biology-the-nobel-prize-factory-1799273.html

단어설명

in full swing: 한창인.
Nobel laureate: 노벨상 수상자.
banter with: ~와 농담을 주고받다.

멘트

이 연구소의 벤카트라만 라마크리슈난 박사가 노벨 화학상 공동 수상자로 선정됐다. 이로써 1947년 설립 이래 LMB는 14명의 노벨상 수상자를 배출했다. 그 비결은 아래와 같다.

1. Tea breaks

재충전 효과 및 의견교환을 통한 시너지 효과 창출

2. The international spirit of science

국적을 따지지 않고 필요한 인재를 받아들임

3. The freedom to pursue curiosity-driven research / the idea of supporting long-term basic research

장기적 안목에서 기초학문 지원 및 최대한 자율성 보장

"Afternoon Tea" / by George Gissing

Stop & Think

1. 조지 기싱이 차(茶)를 예찬하는 이유는?

Afternoon Tea

One of the shining moments of my day is that when, having returned a little weary from an afternoon walk, I exchange boots for slippers, out-of-doors coat for easy, familiar, shabby jacket, and, in my deep, soft-elbowed chair, await the tea-tray. Perhaps it is while drinking tea that I most of all enjoy the sense of leisure.

In days gone by I could but gulp down* the refreshment, hurried, often harassed by the thought of the work I had before me; often I was quite insensible of the aroma, the flavour of what I drank. Now how delicious is the soft yet penetrating odour which floats into my study with the appearance of the tea-pot! What solace in the first cup, what deliberate sipping of that which follows! What a glow* does it bring after a walk in chilly rain! [···]

And never, surely, is tobacco more soothing, more suggestive of humane thoughts, than when it comes just after tea—itself a bland inspirer.

-George Gissing, *The Private Papers of Henry Ryecroft* (1903)

단어설명

gulp down: 단숨에 삼키다.
glow: 화끈거림, 달아오름.

Afternoon Tea

나의 하루 생활에서 가장 즐거운 순간 중 하나는 오후에 산책을 마치고 다소 지친 몸으로 돌아와서는 구두를 슬리퍼로 갈아 신고, 외출복을 초라하지만 몸에 편하고 익숙한 저고리로 갈아입고, 팔꿈치를 편하게 놓을 수 있는 푹신한 안락의자에 앉아서 찻잔을 담은 쟁반이 들어오길 기다릴 때다. 아마 내가 여가를 가장 즐길 수 있는 때도 바로 차를 마시는 동안이 아닌가 한다.

예전에는 해야 할 일을 생각하느라 마음이 급하고, 때로는 괴로워서 차를 꿀꺽꿀꺽 삼킬 뿐이었다. 그래서 차의 향기라든가 풍미를 전혀 느끼질 못했다. 그러나 지금은 찻주전자가 나타날 때 서재 쪽으로 풍겨와 코에 스미는 부드러운 냄새가 얼마나 향기로운지! 첫 잔에서 얻을 수 있는 위안이며, 다음 잔을 조금씩 마시는 즐거움을 어디에 비할 것인가! 싸늘한 비속에서 산책을 마치고 돌아오면 한 잔의 차가 몸을 얼마나 후끈하게 해주는가! […]

한 잔의 차도 우리에게 상쾌한 영감을 고취해줄 수 있지만, 차를 마신 후 피우는 담배는 어느 때보다도 마음을 어루만져주고 인간적인 생각에 젖게 한다.

-조지 기싱 지음, 이상옥 역. 『헨리 라이크로프트 수상록』(효형출판, 2002), 333-4쪽.

멘트

조지 기싱(1857-1903)은 불행한 삶을 살았으며 일생동안 은둔생활을 했다. 촉망받는 고전 학자였으나 대학 재학 중 평판 나쁜 여인에게 매료되어 그녀를 구하려다 사소한 절도를 범하게 되어 퇴학을 당했고 교도소 생활을 했다. 그는 허구의 인물 헨리 라이트크로프트를 화자로 등장시켜 그의 소소한 생각을 적은 책 『헨리 라이크로프트 수상록』을 출간했다. 돈에 쪼들리며 글을 써서 생계를 꾸려갈 수밖에 없었다. 이 책은 그가 죽기 바로 직전 7주 동안 썼던 회고록이다. 가난 때문에 고통을 받았지만, 그가 일상생활에서 즐거움을 전혀 느끼지 못했던 건 아니었다. 자연 속에서 생명력 넘치는 아름다움을 본다든지, 차와 담배가 사색과 창작을 위한 영감을 불어넣어주는 기쁨도 누렸다. 기호품, 즉 한 잔의 차와 한 대의 담배가 삶을 얼마나 윤택하게 해주는지를 알 수 있다.

멘트

1. 다음은 기싱의 차사랑과 여유로움이 묻어나는 문장이다.

"The mere chink of cups and saucers tunes the mind to happy repose."
"Perhaps it is while drinking tea that I most of all enjoy the sense of leisure."
"What a glow does it bring after a walk in chilly rain."

2. 영국에서 티타임의 종류로는 Breakfast, Elevenses, Middy tea break, Afternoon tea, High tea, After dinner tea, Night tea가 있다. Elevenses는 오전 11시경 먹는 간단한 식사이고, high tea는 오후 늦게나 이른 저녁에 음식, 빵, 버터, 케이크를 차와 함께 먹는 것이다. '다반사'(茶飯事)란 밥을 먹듯, 차를 마시기를 일상적(日常的)으로 한다는 뜻이다.

내용정리

1. 영국인들의 (아침)인사는 "It's a lovely day, isn't it?" 이것은 영국의 '형편없는 날씨'(foul weather)와 관련이 있다.
2. 영국인의 주특기는 줄서기 문화다. 은행, 버스정류장, 우체국, 거의 모든 곳에서 줄서기는 기본 예절이다. 혼자 있어도 줄 서 있는 것으로 생각해야 한다.
3. 영국인들이 잠자리에 챙기는 것은 애인보다는 보온용 고무물병이라는 농담이 있다.
4. 팝송 「뉴욕의 영국인」은 영국인이 뉴욕에서도 차를 마시고, 지팡이를 끼고 걸으며, 모욕을 참고, 절대로 뛰지 않으며, 쉽게 화를 내지 않고, 정숙과 예의를 지키는 합법적인 이방인이라는 점을 노래한다.

4장 귀족마인드

귀족마인드

1. 영국 귀족 Never Die

영국 귀족문화는 내구성이 강한 브랜드가 되었다. 이것은 하루아침에 만들어진 것도 사라지는 것도 아니다. 프랑스에서는 1848년 대혁명 후에 그리고 러시아에서는 1917-1918년 볼셰비키 혁명 후에 각각 귀족제도가 폐지되었다. 미국의 경우에도 1776년 독립혁명으로 인하여 시민의 자유와 평등의 권리가 존중되면서 귀족제도가 들어서질 못했다.

이와는 달리 영국에는 21세기에 낡은 전통으로 보이는 군주제와 귀족제도가 여전히 존속한다. 물론, 여왕에 예속된 '신민'(subject)이 아니라 자유로운 '시민'(citizen; citoyen)이 되기를 원하는 영국인들도 상당수 있다. 하지만 산업혁명을 제외하곤 화끈한 혁명이 한번 없었던 나라에서 귀족제도를 철폐하는 급진적 변화가 일어날 가능성은 아주 적어 보인다. 더구나 영국 귀족이 대중의 눈에 눈엣가시 존재가 아니라 존경의 대상이 되기도 한다. 그렇다면 영국 귀족의 마인드와 라이프스타일 및 문화의 특징은 무엇인가.

이해를 돕기 위해 귀족의 종류와 호칭에 대한 간단히 설명하는 것이 필요할 것 같다. 귀족에는 세습귀족과 종신귀족(자신이 살아있는 당대에만 한정됨)이 있다. 세습귀족은 조상을 잘 만나 운 좋게 귀족의 지위를 이어받았지만, 종신귀족은 자신의 노력과 공적으로 귀족이 된 사람으로서 자신이 죽을 때까지만 한시적으로 귀족 신분을 유지한다. 세습귀족에는 공작(Duke), 후작(Marquess), 백작(Earl), 자작(Viscount), 남작(Baron or Lord)의 지위가 있으며, 이런 지위는 지역 이름 앞에 붙여서 사용한다. 예를 들면, 바스 지역의 남작은 Lord of Bath로 불린다. 현재 영국에는 1,200여명 정도의 세습귀족이 존재한다. 공작의 칭호는 여왕의 남편 및 왕과 아주 가까운 혈족에 수여된다. 예를 들면 여왕의 남편은 에든버러 공작(Duke of Edinburgh)으로 불린다. 대처 전 수상은 여남작(Baroness)이란 칭호를 받았다.

종신귀족에는 준 남작(Baronet), 기사(Knight), 경(Sir)란 칭호가 부여되는데, 이런 칭호는 왕이나 세습귀족을 잘 보필하거나 자신의 직업분야에서 '두드러진(distinguished)' 업적을 이룬 사람들에게 수여된다. 예를 들면, 아서왕 이야기에 등장하는 '가윈 경과 녹색 기사'(Sir Gawain and the Green Knight)는 종신귀족이다. 처칠 전 영국수상, 레이건 전 미국대통령, 배우 로렌스 올리비에, 가수 폴 메카트니는 여왕으로부터 경(Sir)라는 칭호를 받았다 (여자의 경우에는 데임Dame이란 칭호가 수여된다). 종신귀족은 엄밀히 말해서 정통귀족 (세습귀족)이 아니지만, 세습이 아닌 자신의 노력으로 칭호를 얻었다는 사실에 대해 대단한 자부심을 지닌다.

영국 귀족의 의식주와 마인드를 이해하는 데 영화『남아있는 나날』(*The Remains of the Day*)은 좋은 길잡이가 되어준다. 귀족문화를 엿보고 싶은 사람에게는 이 영화가 적격이다. 누구든 일단 부를 획득하고 나면 품격 있는 귀족적인 삶을 누리고 싶어 한다. 레스토랑이 생겨난 이유도 베르사이유 궁전 풍에서 식사를 하고 싶은 사람들의 욕망을 충족시키기 위한 것이었다. 영국의 신흥자본가들도 부를 축척한 후 시골에 넓은 땅을 소유하여 젠트리 계층으로 발 빠르게 변신했고 귀족들의 의식주를 모방했다.

그런데 진정한 귀족은 부를 소유하는 것 이외에도 품격이란 무형 자산을 지녀야 한다. 품격이란 번지르한 외양도 신이 내려준 선물도 아닌, 자신의 노력에 의해 본분을 다하려는 마음가짐의 총체적 표현이다. 전형적인 영국신사란 "고결하고, 정직하고, 심성이 곧은 사람"을 의미한다. 귀족의 진정한 자산은 음모와 배신이 아닌 선함과 정의로 무장된 '고매한 천성'이다. 미국인 갑부 개츠비가 중시했던 시간과 돈의 절약, 금연, 독서, 목욕, 효도의 덕목은 개인과 가족을 중시하는 미국식 가치관을 잘 반영하고 있지만, 영국 귀족의 '고매한 천성'은 찾아보기 어렵다. 그렇다면 영국 귀족 그들만의 가치관과 색깔이 무엇인지 궁금해진다. 이 점을 짚어보자.

첫째, 귀족은 평민들이 갖지 못한 부와 재산과 혈통을 소유한 특권계층이다. 이들의 필수품은 저택(장원Manor 혹은 城), 말(馬), 책(冊)이었다. 의식주 차원에서만 보더라도, 귀족은 평민과 확연히 다르다. 귀족은 실용성과 품위를 겸비한 옷을 입고, 식사 테이블에서 은제품을 사용하며, 공원과 정원이 딸린 곳에서 승마와 여우사냥을 즐긴다.

둘째, 귀족은 육체노동을 하지 않으면서도 악착같이 재산을 지켜낼 줄 아는 사람이다. 귀족은 노동을 하지 않아 흰 피부에 푸른 혈관이 돋보여 이른바 '푸른 피'라는 별명을 갖고 있지만, 재산을 보호하고 이를 세습하는데 아주 철저하다. 귀족은 한 순간의 실수로 인해 상속받은 부를 모두 날려버려서는 안 된다는 두려움과 이를 지켜내야 한다는 의무감에 사로잡혀있다. 이런 점에서 결코 자유롭지 않은 사람이다. 귀족의 부인은 남편의 외도를 크게 문제 삼기보다는 집안의 부를 지키는 일에 더 관심을 기울이는데, 이것이 오히려 미덕으로 여겨진다. 귀족 남성은 절제를 그리고 귀족 부인은 관용을 덕목으로 삼을 정도로 실리적이며 계산에 밝다.

셋째, 귀족은 대중 앞에서 감정 표현을 자제하는 능력이 뛰어난 사람이다. 감정의 완벽한 통제와 슬픔 속에서도 '위엄'을 지니는 것은 영국 왕족, 귀족, 하이클래스의 공통점이다. 다이애나가 죽었을 때, 어린 두 아들 윌리엄과 해리는 대중들 앞에서 눈물을 자제했다. 아니 그렇게 하도록 어려서부터 교육과 훈련을 받아왔다. 퍼블릭 스쿨의 학생들은 어려서부터 기숙사 생활을 통해 홀로서기를 배운다. 이들은 고독 속에서 인내심과 결단력을 기르며 지배계층으로 성장한다. 영국이 해외 식민지를 경영하던 시절에 영국인 식민지 통치관은 타인종 앞에서 결코 냉정함과 침착성을 잃지 않는 정말 쿨한 모습을 보였다.

넷째, 귀족은 자선사업과 사회봉사에 적극적으로 관여하며, 국왕과 국가가 위기에 처했을 때는 생명의 위험을 무릅쓰고 솔선수범하는 사람이다. 이들은 이른바 '후원제도'와 '노블레스 오블리주'를 적극 실천하여 대중으로부터 존경을 받는다. 모름지기 귀족이란 위로는 왕과 국가에 대한 충성심으로 그리고 아래로는 사회적 약자를 보호하려는 구휼정신으로 똘똘 무장된 사람이다. 아르헨티나 최남단 섬인 포클랜드 전쟁 때 귀하신 몸인 앤드류 왕자는 헬리콥터 조정사로 참전했다. 1차 세계대전 때 영국 귀족의 20% 이상이 전쟁터에서 죽었다. 사회 지도층 양성의 요람인 이튼 칼리지와 옥스브리지 대학은 많은 학생들을 잃어 '거대한 무덤' 혹은 '유령 학교'로 변했을 정도였으니까. 이튼 칼리지가 학생들에게 강조하는 덕목에는 페어플레이 정신을 실천할 것, 남의 약점을 건드리지 말 것, 배신하지 말 것, 약자를 배려할 것, 솔선수범할 것이 포함되어 있다.

다섯째, 귀족은 선과 정의를 지향하는 '고매한 천성'을 지닌 사람이다. 중세시대 기사도 전통에서 발전되어온 신사도의 핵심적 가치에는 정의를 실천하고, 패자에게 자비와 온정을 베풀고, 어려운 처지에 있는 사람을 도와주는 것이 포함되어 있다. 신사도(gentlemanship)는 기사도(chivalry)에서 발전되어 왔다.

영국 귀족은 충성과 선행을 실천하고 자부심과 기품을 지켜온 사람이다. 이런 귀족 마인드가 영국을 신사와 숙녀의 나라로 만든 것이다. 귀족적인 삶이란 번지르한 외관보다는 품격 있는 삶과 아름다운 마인드를 유지하면서 살아가는 것을 의미한다.

글 박종성(충남대 영문과 교수). 〈라비도르〉 2003년 10월호 영국특집호.

고매한 천성 **On Noble Instincts / *The Remains of the Day***

Stop & Think

1. 영국 귀족 Lord Darlington이 지닌 '고매한 천성'(noble instincts)이란 무엇인가?

2. 미국인 Mr Lewis와 영국 귀족 Lord Darlington의 태도와 관점의 차이는?

You gentlemen here, forgive me, but you are just a bunch of naive dreamers*. And if you didn't insist on meddling in* large affairs that affect the globe, you would actually be charming. Let's take our good host here. What is he? He is a gentleman. No one here, I trust, would care to disagree. A classic English gentleman*. Decent, honest, well-meaning*. But his lordship here is *an amateur.'* He paused at the word and looked around the table. 'He is an amateur and international affairs today are no longer for gentlemen amateurs. The sooner you here in

Europe realize that the better. All you decent, well-meaning gentlemen, let me ask you, have you any idea what sort of place the world is becoming all around you? The days when you could act out of your noble instincts* are over. Except of course, you here in Europe don't yet seem to know it. Gentlemen like our good host still believe it's their business to meddle in matters they don't understand. So much hog-wash* has been spoken here these past two days. Well-meaning, naive hog-wash. You here in Europe need professionals to run your affairs. If you don't realize that soon you're headed for disaster. A toast, gentlemen. Let me make a toast.* To professionalism.'

There was a stunned silence* and no one moved. Mr Lewis shrugged, raised his glass to all the company,* drank and sat back down. Almost immediately, Lord Darlington stood up.

'1 have no wish,' his lordship said, 'to enter into a quarrel on this our last evening together which we all deserve to enjoy as a happy and triumphant occasion. But it is out of respect for your view, Mr Lewis, that I feel one should not simply cast them to one side as though they were uttered by some soap-box eccentric.* Let me say this. What you describe as "amateurism", sir, is what I think most of us here still prefer to call "honour".'

This brought a loud murmur of assent* with several 'hear, hears and some applause.*

'What is more, sir,' his lordship went on, 'I believe I have a good idea of what you mean by "professionalism". It appears to mean getting one's way by cheating and manipulating.* It means ordering one's priorities* according to greed and advantage rather than the desire to see goodness and justice prevail* in the world. If that is the "professionalism" you refer to, sir, I don't much care for it and have no wish to acquire it.'

This was met by the loudest burst of approval* yet, followed by warm and sustained applause. I could see Mr Lewis smiling at his wine glass and shaking his head wearily.

-Kazuo Ishiguro, *The Remains of the Day*, p. 102.

단어설명

a bunch of naive dreamers: 한 무리의 순진한 몽상가들.
meddling in ~: ~에 간섭하는.
A classic English gentleman: 전형적인 영국신사.
well-meaning: 선한, 마음씨 좋은
noble instincts: 고매한 천성
hog-wash: 탁상공론
Let me make a toast.: 건배합시다.
stunned silence: 어안이 벙벙한 침묵.
all the company: 모인 사람들.
his lordship: 주인.
some soap-box eccentric: 연속극에 등장하는 괴짜.
a loud murmur of assent: 동의하는 커다란 웅성거림.
applause: 박수갈채.
getting ... cheating and manipulating: 속이고 조정함으로써 마음대로 하는.
ordering one's priorities: 우선순위를 정하는 것.
prevail: 우세하다.
the loudest burst of approval: 동의하는 아주 시끌벅적한 소리.

The Code of Chivalry

Stop & Think

1. 기사도의 '덕목'(virtues)은?
2. 기사도와 스포츠의 페어플레이 정신 사이의 연관성은?

I wanted to put these here because I think that there are some good ideals within the code of chivalry. Plus it's interesting to see how our ideas about chivalry and/or honor have changed with time. Sure, some of this is obviously outdated and probably not very useful, but some of it is still good advice; I'm sure you'll recognize which points are useful even today.

The Code of Chivalry
Live to serve King and Country.
Live to defend Crown and Country and all it holds dear.
Live one's life so that it is worthy of respect and honor.
Live for freedom, justice and all that is good.
Never attack an unarmed foe.
Never use a weapon on an opponent not equal to the attack.
Never attack from behind.
Avoid lying to your fellow man.
Avoid cheating.
Avoid torture.
Obey the law of king, country, and chivalry.
Administer justice.
Protect the innocent.
Exhibit self control.
Show respect to authority.
Respect women.
Exhibit courage in word and deed.
Defend the weak and innocent.
Destroy evil in all of its monstrous forms.
Crush the monsters that steal our land and rob our people.
Fight with honor.
Avenge the wronged.
Never abandon a friend, ally, or noble cause.
Fight for the ideals of king, country, and chivalry.
Die with valor.
Always keep one's word of honor.
Always maintain one's principles.
Never betray a confidence or comrade.
Avoid deception.
Respect life and freedom.
Die with honor.
Exhibit manners.

Be polite and attentive.
Be respectful of host, women, and honor.
Loyalty to country, King, honor, freedom, and the code of chivalry.
Loyalty to one's friends and those who lay their trust in thee.

멘트

기사도는 기사들 사이에서 성립한 이상적인 규범의식 또는 행동양식을 의미한다. 여기에는 용맹, 성실, 명예, 예의, 경건, 겸양, 약자보호 등이 포함된다.

메디치 가문의 예술인 후원제도

서양에는 하이클래스에 속하는 왕, 귀족, 자본가가 예술인을 후원하는 제도(patronage)가 14세기부터 존재해오고 있다. 경제자본을 소유했어도 문화자본을 갖추지 못하면 진정한 하이클래스 혹은 명문가라고 할 수 없을 정도다. 이태리인 비아지올리(Biagioli)는 "후원제는 선택이 아니라 사회적 지위에 이르는데 필요한 열쇠였다."라고 말했다. 후원제 덕분에 가난하지만 재능 있는 예술가들이 문학, 음악, 그림, 조각, 건축 등 다양한 분야에서 위대한 작품을 창조하여 이를 인류의 문화유산으로 남길 수 있었다.

'물의 도시' 베네치아와 '꽃의 도시' 피렌체에서 인본주의가 번성할 수 있었던 비결은 다름 아닌 예술가의 자유정신과 하이클래스의 예술가 후원제도의 상호 협력적 관계 덕분이었다. 이태리의 메디치 가문(The Medicis)은 단테, 갈릴레오, 다빈치, 미켈란젤로, 마키아벨리 등을 적극적으로 후원하여 피렌체를 아마도 세상에서 가장 아름답고, 화려하고, 위대한 도시로 만들 수 있었다. 평민출신으로 환전상을 통해 부를 축적했던 로렌조 메디치는 축적한 부를 피렌체의 문인, 과학자, 조각가, 화가, 정치인을 적극 후원하여 명문가로서 위신을 세울 수 있었다. 메디치 가문은 돈을 개처럼 벌어서 정승처럼 썼던 대표적인 예이다.

서양에서는 예술인을 후원하는 일이 하이클래스의 중요한 권리이자 의무로 여겨져 왔다. 그렇다면 예술인을 후원하는 주된 이유는 무엇일까? 우리는 그 답을 3 Ps, 즉 (종교적) '경건함(piety)', (가문의) '위신(prestige)', (미적) '즐거움(pleasure)'에서 찾을 수 있다. 메디치 가문은 예술가에게 작품의 제작을 위탁하거나 저술 작업을 지원했다. 그 결과 피렌체는 "사람의 손으로 지어진 것이 아니라 하늘에서 떨어진 것처럼 보인다."라는 찬사를 받게 되었다. 몇 년 전 피렌체에 갔을 때, 완벽한 육체의 미소년 다비드의 조각상이 세워진 언덕에서 바라본 피렌체의 모습은 정말로 아름다웠다. 하늘로 치솟은 교회 첨탑과 거대한 돔 그리고 (마치 인간의 피부색처럼 따뜻하고 편안한 느낌을 주는) 연주황 지붕색은 탄성을 자아내기에 충분했다.

이런 아름다움에 정의와 형평과 관용이란 피렌체 시민들의 덕성이 더해져 피렌체는 위대한 도시로 자리매김을 할 수 있었다. 역사학자 레오나르도 브루니(Leonardo Bruni)는 도시국가 "피렌체는 성공의 순간에 절제를, 역경의 순간에는 끈기를, 그리고 모든 행동에는 정의와 분별력을 보여주었다."라고 예찬했다. 만약 한 도시를 여행하고 싶다면, 美와 德이 조화를 이룬 공간, 피렌체를 권하고 싶다.

후원제도는 후원자(patron)의 예술적 취향을 충족시키고 가족주의를 탈피하여 공동선을 지향하기 위해서 고안된 것이다. 사람은 돈이 있는 친구보다 예술적 취향과 재능이 있는 친구에게 더 끌린다는 말이 있다. 이것은 우리 인간에게 문화적·예술적·미적 취향이 잠재되어 있음을 말해준다.

14세기와 17세기에 걸쳐 유럽에서 성행했던 후원제도는 오늘날 '기업체 후원(corporate patronage)'제도라는 형태로 여전히 존속한다. 이런 후원전통은 가톨릭 종교 내의 '관대한 정신'의 실천과 깊은 연관이 있다. 또한, 이런 후원전통은 부를 사회에 환원해야 한다는 윤리의식의 발현이었다.

많은 사람들이 부를 꿈꾼다. 한국의 경우만 보더라도『위대한 개츠비』,『위대한 유산』,『메디치가의 이야기 : 부, 패션, 권력의 제국』이 인기도서와 비디오 목록에 올라있다. 그 이유는 아마도 많은 한국 독자들이 개츠비의 성공신화와 메디치 가문의 처세술을 알고자 하는 호기심 때문일 것이다. 하지만, 가난하지만 재능 있는 예술가를 적극 후원하는 실천의 문제에도 관심을 가져야 한다. 귀족은 돈을 제일로 생각하여 그것을 움켜쥔 사람들이다. 예를 들면, 영국의 귀족(nobility)은 혈통의 순수성을 지키고 가문의 재산을 대물림하기 위해서 사촌간의 결혼도 서슴지 않았다. 또한, 영국인은 국익에 도움이 된다면 형수와도 결혼할 수 있다고 생각할 정도로 실리에 밝은 민족이다. 메디치 가문도 부가 피렌체에서 유출되는 것을 금지시켰다 (그러나 부를 모두 사회에 환원했다).

하이클래스는 지독하게 부를 모으고 예술을 관대하게 후원하는 양면전술을 구사해왔다. 경제자본과 문화자본, 실리추구와 명분 쌓기란 두 마리의 토끼를 잡아, 존경을 받고 위신을 세울 수 있다. 이제 한국의 하이클래스가 후원제도에 관심을 갖고 실천할 때이다.

글 박종성(충남대 영문과 교수). 〈라비도르〉 2003년 10월호.

추천문헌

레오나르도 브루니 지음. 임병철 옮김.『피렌체 찬가』(책세상, 2002).
서정복 지음.『살롱문화』(살림, 2003).

A Brief History of Patronage

Stop & Think

1. 후원 여부를 결정하는 두 요소들은?

A Brief History of Patronage

Patronage is most commonly associated with artists and the arts in general,* but, as with the case of Galileo, it extended to acadaemia* and the sciences. *Notability** and *credibility** went hand-in-hand, particularly for the scientist. Working under an increasingly prominent noble made one an increasingly credible thinker, or respectable craftsman. Perhaps the best example of this patron-reputation linkage is Michaelangelo, whose patron was the Pope himself (Julius II). By the time of his death, he had been practically raised to a level of divinity* among Florentine artists.

링크

http ://es.rice.edu/ES/humsoc/Galileo/Student_Work/Florence96/jessdave/patronage.html

단어설명

the arts in general : 예술 전반.
acadaemia : 대학, 학계.
notability : 명성.
credibility : 신용도.
craftsman : 장인. skilled artist.
practically raised to a level of divinity : 사실상 신(神)의 경지에 올랐다.

The Role of Patrons in the Renaissance

Stop & Think

1. 후원자와 후원받는 예술가 간의 힘의 우위와 종속의 관계는?

The Role of Patrons in the Renaissance

There are three main motives for the patronage of art—piety*, prestige and pleasure. Art patronage was good public relations for rulers. It became firmly institutionalized* in Florentine life. As Biagioli describes it, patronage was not an "option." It was the key to social status,* and, in Florence, there was an absolute social hierarchy. A career and social mobility* were impossible apart from being involved in a network of patronage relationships. Patronage is most commonly associated with artists and the arts in general. In the medieval times, most patronage came from the Church but the ruling classes, the kings, princes and nobles, made up a second group of patrons. These two systems of patronage continued during the Renaissance, along with the newer systems.

Once the patron had chosen an artist, it was usual for the two of them to draw up a formal contract*, setting out the specifications* in some detail. Conflicts between artists and patrons were generally about money but sometimes they argued over the work itself. In the Early Renaissance, the patron had had the upper hand* in such arguments, but as the status of artists rose they became less willing to be dictated to in matters of art. Of course the more powerful patron was, the more he was able to impose his will on an artist.

링크

http ://www.geocities.com/rr17bb/patronage.html

단어설명

piety: 신에 대한 경건함.
institutionalized : 제도화되다.
the key to social status: 사회적 지위를 얻는데 중요한.
social mobility: 사회적 (계급)의 이동.
draw up a formal contract: 정식 계약서를 작성하다.
specifications: 상세한 내용.
had the upper hand: 우세했다.

Lady Godiva

Stop & Think

Lady Godiva, 1898/ John Collier, Courtesy of the Herbert Art Gallery

Countess Godiva

The legend of Godiva, who dates from the first half of the eleventh century, has been valuable to Coventry ever since the earliest version of the tax-lifting ride was written down at the turn of the thirteenth century. In common with many figures from myth, very little is known about the real eleventh century woman who gave her name to the legend, and in common with other legendary figures very little evidence can be assembled that can substantiate* the legend.

Godiva is the Latin form of the Saxon name Godgifu or Godgyfu, meaning God's gift; it was a popular female name of the time. She was a highborn Anglo Saxon woman, who lived in the eleventh century. She became the wife of Earl Leofric of Mercia one of the most powerful men in England.

Peeping Tom is a much later embellishment* of the story dating from the 17th century. Paul de Rapin first recorded Tom in a version of the Godiva story in his 'History of England'. Burbidge suggests from his investigations that Peeping Tom was invented or introduced just prior to the Restoration, suggesting from evidence he discovered, that for many years after his introduction the character of Tom was dressed in the style of Charles II. This may have been intended originally as a political mockery, or it may have been intended as an insult to the monarchy as being lewd* and disrespectful to pious women.

By the beginning of the 18th century the character of peeping Tom was firmly established and referred to by several visitors to Coventry including Daniel Defoe. Many of these visitors included a mention of the carved figure of Peeping Tom. The figure appears to have originally been the carving of a knight wearing armour and a close fitting helmet and possibly dates to the c14th century.

단어설명

substantiate: 입증하다.
embellishment: 윤색.
lewd: 외설스러운, 추잡한.

멘트

전설에 따르면, 고디바 부인의 나신을 훔쳐본 톰(Tom)은 시종이 쏜 화살에 맞아 눈이 멀었다고 한다. 당시 고디바의 나이 겨우16세였고, 그녀의 남편이자 Coventry의 영주 레오프릭은 70대의 늙은 악덕 영주였다. Godivaism이란 용어는 '관습과 상식을 깨는 대담한 논리의 직접적 정치행동'을 말하며 현재 '행동시위'의 대명사가 되었다. 고디바 부인은 '상류층의 솔선수범'(noblesse oblige: 노블레스 오블리주) 정신의 표상이다.

이 고디바 부인은 오늘날 명품 초콜릿(초콜릿의 귀족) 브랜드로 재탄생했다. 라틴어 Godiva는 God's gift란 뜻이다. 신화와 전설은 문화콘텐츠의 바탕이 되며, 상품(명)으로 유통된다. 이것이 부분적으로는 인문학의 힘이다.

여성의 나신을 훔쳐보는 관음증 남성을 '피핑톰'(Peeping Tom)이라고 부른다. 관음증에 해당하는 영어단어는 voyeurism('보이어'~리즘)이다.

조앤 롤링의 기부

Stop & Think

1. 조앤 롤링이 노동당에 큰돈을 기부한 이유는?

J.K. Rowling gives £1 million to Labour

By John Joseph Reuters—Saturday, September 2008 LONDON (Reuters)

Harry Potter author J.K. Rowling has donated 1 million pounds to the Labour Party to provide a much-needed boost to Prime Minister Gordon Brown as he fights for political survival.

A single mother when she wrote the first Potter book, Rowling said she believed Labour would protect poor families much better than David Cameron's Conservative Party.

"The Labour government has reversed* the long-term trend in child poverty, and is one of the leading EU countries in combating child poverty," said the nation's richest author, whose fortune was recently estimated at 560 million pounds.

"David Cameron's promise of tax perks* for the married, on the other hand, is reminiscent of the Conservative government I experienced as a lone parent.

"It sends the message that the Conservatives still believe a childless, dual-income, but married couple is more deserving of a financial pat on the head* than those struggling, as I once was, to keep their families afloat* in difficult times."

Brown is facing the political fight of his life as Labour gathers for its annual conference this weekend in Manchester with several lawmakers openly calling for a new leader. The Conservatives lead by some 20 points in opinion polls as the economy teeters on* the brink of its first recession in 16 years.

"Harry Potter and the Deathly Hallows," the seventh and last story from Rowling about the boy wizard* and his friends at Hogwarts School, was published in July 2007.

The series has sold an estimated 400 million copies, and the books have been translated into more than 60 languages.

(Reporting by John Joseph; Editing by Mark Trevelyan)

단어설명

1 million pounds: 1파운드를 2,000원으로 산출 시 약 20억 원.
reverse: 역으로 돌리다.
perks: 특전. benefit.
pat on the head: 칭찬하다.
keep[stay] ~ afloat: ~를 빚지지 않고 살아가다.
teeter on: ~에서 비틀거리다.

내용요약

해리포터 시리즈의 작가 조앤 롤링이 노동당에 백만 파운드 기부를 결정했다. 그녀의 재산은 대략 5억 6천만 파운드이다. 싱글 맘이었던 그녀는 노동당이 보수당 보다는 가난한 가정을 보호해줄 것이라고 믿기 때문에 기부를 결정했다. 노동당이 영국 내에서 오래 지속되어 온 아동의 가난 문제를 해결하기 위해 노력해온 점을 그녀가 인정한 것이다.

그녀는 보수당 당수인 데이비드 카메론은 애가 없고, 수입이 두 배인 부부들을 배려하는 특전을 약속하는데 이것은 그녀가 싱글 맘으로서 경험했던 보수당을 상기시킨다고 말한다. 즉, 보수당이 어려운 시기를 맞이한 가족들이 빚지지 않고 살아가려고 허덕이는 사람들을 배려하지 않는 다는 점을 지적한다.

한편 노동당 당수 겸 수상인 고든 브라운은 사퇴 압력을 받고 있다. 16년 만에 처음으로 영국 경기가 침체의 위험을 맞이하고, 여론조사에서 보수당에 20%를 뒤지고 있다.

멘트

아름다운 기부문화 사례이다. 조앤 롤링은 싱글 맘이었고, 정부 생활보조금으로 근근이 살았으며, 에든버러의 한 카페에 앉아 해리포터 시리즈를 써서 일약 유명한 작가가 되었다. 출판사에 보냈던 원고가 퇴짜 맞기를 거듭하다가 마지막이라고 생각했던 출판사를 찾아가 책을 출간하게 된다. 복사비가 없어 타자기로 원고를 다시 쳤다고 한다. 그녀의 삶의 과정은 순탄치 않았다. 해리포터 시리즈는 대략 4억만 부가 팔렸고 전 세계 60개 이상의 언어로 번역되었다.

'개구리가 올챙이 적 생각 못한다'란 속담은 그녀에게 해당되지 않는다. 자신의 어려운 시절을 떠올리며 기부하는 그녀가 멋지다. 개인적으로 그녀가 멋진 이유는 다음 4가지다. (1) 아이들에게 상상의 날개를 달아주었다. (2) 1백만 파운드를 노동당에 기부했다. (3) 싱글 맘으로 어려움을 극복하고 성공했다. (4) 지지정당과 기부이유가 분명하다.

BP & 메세나(mécénat)

Stop & Think

1. 갤러리는 불명예스런 기업의 후원금을 받아야 하는가?

Tate is right to take BP's* money (2010)
Despite disasters such as the Deepwater Horizon oil spill, cultural institutions must be prepared to deal with companies such as BP—not least if they're to survive arts cuts

Jonathan Jones guardian.co.uk, Tuesday 29 June 2010 11.57 BST Article history

Stark choices ... galleries such as Tate Modern face their biggest challenge yet. Photograph: Gary Calton

It's an easy enough observation to make with the Gulf of Mexico blackened and burning. I did it myself the other day, referring in a Guardian article to the controversy surrounding BP's sponsorship of the National Portrait Gallery's portrait prize. It's always seemed strange to me that BP's name was so prominently associated with an artistically conservative prize, as if big business were imposing its own aesthetic on the arts—British oil for British oil painting.

What I didn't know, had literally never noticed, was that BP also sponsors the anything-but-conservative Tate. Nor did I anticipate the holier-than-thou missive in yesterday's Guardian, or last night's protest outside the Tate Britain summer party. There are demands that Tate sever its ties with this capitalist behemoth.*

But what is BP getting for its dosh?* In all the years I've been seeing exhibitions at Tate's galleries, I have never once encountered anything that could conceivably have been construed as an advertisement for this or any other corporation, or for capital itself. Very much the opposite. Just yesterday at Tate Britain I was looking at a portrait by Joseph Wright of Derby of the children of Richard Arkwright. The lovely clothes and kite in the painting, points out the caption beside it, in case you have forgotten your Engels, contrast with the miserable childhoods of young workers in the Arkwright mills. Go to any Tate museum and the only ideology you will encounter is anti-capitalist.

So if BP doesn't get pro-oil, pro-business propaganda for its money, what does it get? Good PR, presumably … but as I confessed above, I wasn't even aware of its Tate sponsorship—until now. If supporting Tate is meant to associate BP with cool art, it is a failure. I must have seen the BP logo a thousand times on press releases and it never lodged in my mind. I have never thought Tate=BP, let alone Tate=BP=oil is good.

Let's drop the liberal self-deception (the same liberal self-deception that can dress a Thatcherite budget as "progressive"). The arts are about to be savagely cut by the state. Museums are going to feel the chill. They will be under pressure to charge, for starters. Do we want our museums to flourish? Do we want them to buy art, to put on good exhibitions, to support artists as Tate does?

Old Marxists such as Hans Haacke, a prominent signatory* of the Guardian letter, can get stuffed.* The reality is that our museums need to stay strong and stay free, and are about to face the hardest challenge in their history. If they can get money from Satan himself, they should take it.

링크

http ://www.guardian.co.uk/culture/jonathanjonesblog/2010/jun/29/tate-bp-sponsorship

단어설명

BP: British Petroleum의 약자. 영국석유회사.
behemoth: 거대 기업.
dosh: (비격식) 돈.
signatory: (공식 합의서의) 서명인.
get stuffed: 빌어먹을, 뒈져라.

멘트

런던에 대표적인 화랑은 '테이트 갤러리'와 '테이트 모던 갤러리'다. 후자는 주로 'Modern'이란 딱지가 붙었듯이 '동시대'(contemporary)의 작품들을 전시한다. 그런데 템스 강변(성 바오로 성당 맞은편)에 위치한 이곳은 전에 거대한 화력발전소의 자리였다. 고철덩어리 터빈을 들어내고 벽돌건물외관은 그냥 두고 내부수리만 해서 탄생한 것이 바로 테이트 모던 갤러리다. 발상의 전환이 돋보이는 도시재생 프로젝트다. 후원사는 영국석유회사인 BP(British Petroleum)다. BP가 메세나(mécénat)이다. 메세나는 기업이 행하는 예술문화 지원활동을 의미한다. 당연히 입장료는 무료다.

그런데 2010년 남아공 월드컵 기간 중 우리의 관심에서 밀려난 중대한 사건 중 하나가 멕시코 만 원유유출이다. 최대의 해안 환경오염 사례로 꼽힌다. BP사가 기름유출의 책임이 있고 지금은 파산 일보 직전상태다. 이 갤러리가 관심의 대상이 된 것은, BP가 후원사이고, 최근 이곳 내부에서 원유를 뿌리며 항의하는 기습 퍼포먼스가 있었기 때문이다. BP는 테이트 모던 갤러리에 일체 간섭하지 않고 독립성을 부여해왔다고는 하지만, 일부 대중들의 정서는 무료입장이라 해도 좀 다른 것 같다. 해양오염의 주범인 BP의 '검은 돈'(기름 묻은 돈)을 받지 말아야 한다는 것이다. 펼침 막에 'Art Is Not Oil'이란 문구가 등장했다.

'모던 테이트 갤러리'가 BP의 돈은 받는 것이 옳은가 아니면 그른가? 많은 대중들이 무료로 동시대의 수준 높은 그림을 감상할 수 있는 혜택을 누릴 수 있다면 어떤 돈이든 받아야 하는가? 이런 질문들은 후원을 둘러싸고 벌어지는 윤리의 문제, 공익의 문제에 대해 생각을 하게끔 만든다. 원유(oil)와 그림(oil painting)은 서로 관련성 있어 보이기도 하지만, 환경오염의 주범이 예술의 후원자라면 이것은 일종의 기만일 수도 있다. 또 다른 예로 원유회사 Shell은 환경 친화적 이미지를 강조하기 위해 '조개껍질'을 엠블럼으로 사용하고 있다. 그러나 shell은 기름유출이 발생하면 hell을 초래할 수 있는 회사이다. Shell 엠블럼은 회사의 부정적인 이미지를 미리 제거하기 위한 고도의 홍보 전략으로 보인다.

내용정리

1. 신사도(gentlemanship)의 개념은 중세 기사도(Chivalry) 정신에서 발전되어 왔다. 귀족의 고매한 천성과 우리사회의 '모럴 해저드'(moral hazard)에 관해 생각해보자.

2. 귀족의 별명은 '푸른 피'(Blue Blood). 힘든 노동일 하지 않고 흰 피부에 푸른 혈관이 유난히 돋보이기 때문이다.

3. 인본주의 본산인 피렌체(Florence)의 애칭은 '꽃의 도시'이다. 피렌체의 지붕색은 인간의 피부색에 가장 가까운 '연주황'색을 선택했다. 이것은 인본주의 정신과도 연결된다.

4. 자선단체인 Oxfam은 1942년 가난과 기아로 어려움을 겪고 있

는 나라들을 비정치적 차원에서 돕기 위해 설립되었다. Oxfam은 The Oxford Committee for Famine Relief의 약자이다.

5. mécénat(메세나)는 기업이 행하는 예술문화 지원활동을 의미한다. 로마 황제 Augustus Maecenas가 시인과 예술가를 옹호하고 지원했던 것에서 유래했다.

5장 군주제 및 정당제도

Stop & Think

1. 영국 (헌)법은 어떻게 구성되어 있으며 그 특징은?

The Monarchy

The British people look to the Queen not only as their head of State*, but also as the symbol of their nation's unity. The monarchy is the most ancient secular institution* in Britain.

단어설명

their head of State: 국가의 우두머리.
secular institution: (성스런 종교기관이 아닌) 세속 기관.

The Queen personifies* the State. In law, she is head of the executive, an integral part of the legislature, head of the judiciary, the commander-in-chief of all armed forces of the Crown* and the 'supreme governor' of the established Church of England*. As a long process of evolution, during which the monarchy's absolute power has been progressively reduced, the Queen acts on the advice of her ministers. Britain is governed by Her Majesty's Government in the name of the Queen.

단어설명

personifies: 구현하다. embody.
the Crown: 왕권.
judiciary branch: 사법(부); legislature (입법부); executive (행정부).

군주제와 공화정의 차이점

입헌군주제는 왕은 있으나 통치는 헌법이 정한 기준에 따라 나라를 다스린다. 나라의 실질적 통치자는 수상이나 총리라는 이름으로 의회에서 선출이 되고, 그 수상이나 총리가 내각의 수장으로서 내각을 이끌고 정치적으로 책임을 지고 실권을 가진다. 반면 공화정은 군주(왕)가 없고 의회가 모든 법이나 권한, 또는 정부 관료 선출을 결정한다.

영국 국가 The British National Anthem

Stop & Think

1. 영국 국가가 시대착오적으로 보이는 이유는?

Royal anthem "God Save The Queen [or The King]"

God save our gracious Queen
Long live our noble Queen,
God save the Queen:
Send her victorious,
Happy and glorious,
Long to reign over us:
God save the Queen.

O Lord, our God, arise,
Scatter thine enemies,
And make them fall:
Confound their politics,

Frustrate their knavish* tricks,
On thee our hopes we fix:
God save us all.

Thy choicest gifts in store,
On her be pleased to pour;
Long may she reign:
May she defend our laws,
And ever give us cause
To sing with heart and voice
God save the Queen.

단어설명

knavish: 악랄한, 장난치는.

The Declaration of Accession to the Throne

Stop & Think

1. 여왕의 자리에 오르며 어떤 각오를 보이는가?

By the sudden death of my dear father* I am called to assume the duties and responsibility of sovereignty*. My heart is too full for me to say more to you today* than I shall always work, as my father did throughout his reign, to uphold constitutional government and to advance the happiness and prosperity of my peoples, spread as they are the world over. I know that in my resolve to follow his shining example of service and devotion I shall be inspired by the loyalty and affection of those whose Queen I have been called to be, and by the counsel of* their elected Parliaments. I pray that God will help me to discharge* worthily this heavy task that has been laid upon me so early in my life.

-The Declaration of Accession to the Throne, Feb. 1952.

단어설명

my dear father: George VI.
sovereignty: 군주.
My heart is too full ~: 너무 가슴이 벅차서 오늘은 ~ 이상으로는 말씀드릴 수 없습니다.
in my resolve to ~: ~하고자 굳게 결심하다.
by the counsel of ~: ~ 의 협의에 의해서.
discharge: (책임, 약속을) 이행하다. perform.

Christmas Message

In the old days the monarch led his soldiers on the battlefield and his leadership at all times was close and personal. Today things are very different. I cannot lead you into battle. I do not give you laws or administer justice.* But I can do something else. I can give you my heart and devotion to these old islands and to all the people of our brotherhood of nations.

-In her Christmas message delivered at Guildhall in 1957.

단어설명

administer justice: 정의를 집행하다.

Parliament

Parliament is the supreme legislative authority. Its three elements, the Queen, the House of Lords* and the elected House of Commons,* are outwardly separate and are constituted on different principles.

단어설명

House of Lords: 상원. 미국에서는 the Senate라고 부른다.
The elected House of Commons: 국민투표로 선출된 하원. 미국에서는 The House of Representative라고 부른다. 귀족(Lords)이 아닌 평민이란 의미에서 Commons를 사용한다.

영국 하원

Stop & Think

1. 영국 하원과 국회의원들의 특징은?

As there are no legal restraints imposed by a written constitution*, Parliament is able to legislate as it pleases. It can make, abolish or change any law; and can destroy established conventions* or turn a convention into law.

단어설명

a written constitution : 성문법.
established conventions : 존재하는 관습법.

하원의 특징

1. 지정석과 명패와 금배지가 없다. 그냥 초록색 소파에 앉는다. 여당과 야당이 양쪽으로 나뉘어 앉는다. 단 장관들(각료들)은 맨 앞줄에 앉는다. 그래서 이들을 front benchers라고 부르고, 보직이 없는 뒷좌석에 앉는 의원들을 back benchers라고 부른다.

2. 야당은 '그림자 내각'(shadow cabinet)을 구성하여, 여당의 각각의 장관들에 맞서 질의 및 정책 대결을 할 수 있는 사람을 그림자 내각진 중에서 정한다. 야당이 수권정당이 되면 shadow(그림자)에서 나오게 된다. 국정운영의 공백을 최소화하고 효율을 기하려는 준비성일 엿볼 수 있다.

3. 질의응답에서는 국회의원들의 날카로운 질문과 비난 그리고 재담과 위트가 빛을 발한다. 긴장 속에서도 웃을 일이 많다. 그래서 하

원은 '서커스 공연장' 같은 분위기다. 국회의원들은 자신들의 업무 수행능력으로 평가를 받는다. 상대방에게 말을 할 때는 화가 나도 흥분하는 일이 드물며 항상 My Right and Honourable gentleman(나의 올곧고 훌륭한 신사분)이라는 호칭을 사용하여 감정을 자제한다.

4. 중앙에는 국회의장(남성일 경우 Mr speaker, 여성일 경우에는 Madame speaker)이 자리하며, 분위기가 과열되면 order, order, order(질서)를 외친다. 토의 장면은 생중계된다.

영국 상원

The House of Lords consists of the Lord of Spiritual* and the Lords Temporal*. The Archbishop of Canterbury belongs to The Lords of Spiritual, for example. The Lords Temporal consist of (1) all hereditary peers and peeresses*, (2) life peers*, and (3) all other life peers. Hereditary peerages carry a right to sit in the House, provided* the holder establishes his or her claim and is aged over 21 years or over.

단어설명

the Lord of Spiritual: 성직관련의 상원의원. 주로 성공회 주교.
the Lords Temporal: 성직관련 이외의 상원의원.
hereditary peers and peeresses: 세습귀족.
life peers: 당대에만 지위를 유지하는 종신귀족.
provided: If.

왕실결혼 Royal Wedding — 윌리엄과 케이트

1. 영국왕실의 전통적 역할

영국 왕실은 국가 통합과 안보를 위해 존재한다. 왕실 가족들은 이 점을 잘 알고 실천한다. 군복무 및 노블레스 오블리주(상류층의 솔선수범)는 당연지사다. 윌리엄과 해리 두 왕자는 모두 현재 군복무 중이다. 해리는 군인을 아예 직업으로 선택했다. 윌리엄 왕자는 신혼여행 후 군복무 중인 웨일스에 신혼살림을 차린다. 그래서 상당수 영국민들은 왕실 유지와 왕실 행사를 치르는 데 자신들의 세금이 사용되는 것에 암묵적으로 동의한다.

이번 자신의 결혼식에서 윌리엄 왕자는 영국 육군의 진홍색 코트 제복을 선택했다. 이 제복은 영국 육군 '아이리시 가드'(Irish Guards) 보병연대의 명예 대령 계급에 해당하는 복장이다. 이 부대는 현재 아프가니스탄 전쟁에 참전 중이다. 윌리엄이 이 제복을 선택한 이유는 해당 부대에 대한 경의를 표하고, 사기를 진작시키며, 군복무에 헌신하는 청년으로서의 자신의 이미지를 굳히려는 계산이다. 물론 아일랜드(인)가 영국(왕실)에 속한다는 정서적 안도감과 소속감을 갖게 하려는 의도도 있었다.

그리고 헬기조종사인 윌리엄은 자신이 속한 공군부대의 파란 띠를 어깨에 둘렀다. 윌리엄과 케이트 커플이 버킹엄궁 발코니에 모습을 드러내어 환호하는 국민들에게 답례하고 키스신을 연출 할 때, 버킹검 궁전 상공에서는 2차 세계대전 때 맹활약했던 랭커스터 폭격기, 스핏파이어(Spitfire: 독일로부터 영국을 끝까지 사수한 기종) 단발전투기 등이 축하 비행을 하여 영국식 전통을 재현했다. 영국이 과거 제국의 이미지를 재현하여 국민들에게 영국(민)의 위대함을 환기 시키는 향수를 자극하기 위한 것으로 보인다. 결혼식이 무슨 전승기념일이나 국군의 날도 아닐 텐데 말이다. 영화 〈킹스 스피치〉(*King's Speech*)에서 엘리자베스 2세 여왕의 아버지 조지 6세는 말더듬 증을 극복한 후 국왕의 책무, 말하자면 독일에 맞서 국민적 결속과 저항의지를 다지는 중요한 연설을 해낸다. 국왕의 무거운 책무와 역할을 느끼게 해주는 영화다.

이날 '세기의 결혼식'이 끝난 뒤 신부는 전통에 따라 국가를 위해 몸을 바친 무명용사비에 부케를 바쳤다. 이어 신랑과 신부는 기병대의 에스코트 속에 18마리의 말이 이끄는 1902년에 제작된 덮개가 없는 마차를 타고 버킹검 궁으로 향했다.

영국은 4개의 부족(잉글랜드, 웨일즈, 스코틀랜드, 북아일랜드)으로 이루어진 통합왕국(UK : United Kingdom)이다. 왕실은 통합왕국의 해체를 막기 위해 존재한다고 해도 과언이 아니다. 윌리엄의 할아버지(여왕의 남편)는 에든버러 공작(Duke of Edinburgh)이고, 아버지 찰스 황태자는 웨일즈 왕자(Prince of Wales)이다. 이번에 윌리엄 왕자는 케임브리지 공작(Duke of Cambridge) 작위를 받았다. 이런 칭호를 수여하는 것은 왕실 가족들이 잉글랜드에만 살고 있다는 인식을 불식시키기 위한 것으로도 보인다. 게다가 왕실은 영연방 국가들과도 돈독한 유대관계를 유지한다.

그리고 왕실 결혼식을 통해 성공회(국교회)의 권위와 전통을 확실하게 세운다. 개인-공동체-국가-교회-신으로 이어지는 위계질서를 확립한다. 여왕과 왕실도 신의 지배하에 놓이게 한다. 성공회의 수장인 캔터베리 주교가 결혼식 예배를 집전한다. 왕실 결혼식이라 해서 기독교 국가의 일반인의 결혼식 예배와 크게 다르지 않다. 개인 국가 왕실 교회로 이어지는 질서가 재확인 된다.

윌리엄과 케이트 미들턴(Kate Middleton) 결혼은 영국의 이미지를 전 세계에 홍보할 수 있는 좋은 기회이다. 전문가들은 이번 결혼식으로 인한 영국의 경기부양 효과가 최대 10억 파운드(약 1조7천억 원)에 달할 것으로 전망하고 있다. 영국 정부와 왕실이 결혼식을 통해 돈벌이가 되는 국가적 이벤트를 치른 것이다. 2011년 4월 29일 오전 11시(한국시각 29일 저녁 7시) 치러진 영국 왕위계승서열 2위 윌리엄 왕자와 케이트 미들턴의 결혼식은 전 세계 20억 명이 TV를 통해 지켜보는 가운데 75분 동안 성대하게 거행됐다. 영국은 결혼식을 영국적인 것을 전 세계에 과시하는 기회로 삼았다. 결혼식장은 런던의 웨스트민스터 성당(이곳은 지난 1997년 모친인 고 다이애나비의 장례식을 치렀던 아픈 기억이 남아있는 곳이다)이었다. 주례는 영국 성공회 수장 로완 윌리엄스 캔터베리 대주교가 맡았다. 하객은 공식 초청장을 받은 1900명(여기에는 베컴 부부와 엘튼 존과 그의 파트너가 포함됨). 결혼식 비용은 1000억 원. 케이트 미들턴이 입었던 웨딩드레스는 영국의 디자이너 고(故) 알렉산더 맥퀸의 수제자인 디자이너 사라 버튼이 만들었다. 아이보리색에 수제 레이스로 장식된 이 드레스는 V형의 네크라인, 어깨와 팔 부분은 레이스로 장식돼 우아함과 단아함을 풍겼다. 드레스가 더럽혀지지 않게 30분 간격으로 손을 씻고 바늘을 자주 바꿔가면서 바느질 작업을 했다고 한다. 결혼식에서 연주된 곡으로는 영국출신 작곡가 엘가의 '위풍당당 행진곡,' 본 윌리엄스의 'Rhosymedre Prelude' 등이다. 신부 케이트 미들턴이 직접 고른 곡으로는 커플이 만나서 사랑에 빠지게 된 세인트 앤드류 대학에서 지난해 초연된 바 있는, 35살의 영국 출신 합창곡 작곡가 폴 밀러(Paul Mealer)의 작품 'Ubi caritas'도 포함됐다.

2. 영국왕실의 현대적 변모

왕실은 평민 출신 미들턴을 며느리로 맞이했다. 영국 역사상 왕위 계승권자와 평민 여성간의 결혼은 1660년 이후 350년 만이다. 동갑내기(29살)인 이들은 스코틀랜드 세인트 앤드류대학의 동창으로 10년 동안 교제하다 결혼하게 되었다. 부모인 찰스와 고 다이애나의 불행한 결혼생활 때문이었는지 왕실은 윌리엄의 선택을 존중했다. 엄마 없는 윌리엄이 아픔을 이겨내고 훌쩍 커서 결혼에 이르게 된 '성장담'과 케이트의 '현대판 신데렐라' 이야기는 많은 사람들의 관심과 애정의 대상이었다.

이들 커플은 젊고, 현대적이며, 대중적이며, 발랄하다. 결혼식은 이들의 현대적 스타일을 반영하기도 했다. 신부는 식장까지 마차를 타고 가던 전통 대신 영국의 자부심인 검은 색 롤스로이스(1977년산 모델명은 '팬텀')를 타고 이동했다. 호텔로 이동할 때 신랑은 아버지의 애스턴 마틴 차량에 자동차 번호판 JU5T WED(We've just married의 약자)를 부착했다. 운전초보 L(Learner의 약자) 스티커와 풍선도 부착했다. 젊은 세대답게 센스가 돋보였다. 전투헬기 조정사이며 운전광인 신랑이 당일 운전한 차량에는 영국식 위트와 센스가 돋보였다.

두 사람의 혼인 서약문에는 '순종한다'(obey)는 단어가 빠졌다. 케이트 미들턴은 혼인서약 때 '순종'이라는 단어 대신 "아플 때나 건강할 때나 사랑하고 위로하고 존경하고 지킬 것"이라고 말했다. 윌리엄 왕자도 "나는 캐서린 엘리자베스를 아내로 맞아 좋을 때나 나쁠 때나, 부자일 때나 가난할 때나, 병들었을 때나 건강할 때나, 죽음이 우리를 갈라놓을 때까지 사랑하고 아낄 것"이라고 맹세했다. 왕실은 이미 1966년에 '순종한다(obey)' 부분이 제외될 수 있도록 규칙을 개정했다. 고 다이애나 비도 1981년 찰스 왕세자와 결혼할 당시 순종 서약을 하지 않았다. 왕실의 현대화 노력으로 보인다.

3. 한국의 주류언론들의 보도 내용

한국의 주류언론들은 영국 상류층(왕실)의 라이프, 복식, 장식 스타일 엿보기에 치중했다. 그저 동화 속에나 존재할법한 화려한 볼거리를 취재하고 보도했다. 예를 들면, 결혼반지는 3.5g 정도의 무게로 금이 75% 함유된 핑크 골드 반지다. 미들턴의 머리 위 티아라는 다이아몬드로 만들어졌으며 엘리자베스 여왕이 18세 때 선물 받았던 것을 미들턴에게 빌려준 것이다. 케이트가 착용한 귀걸이는 미들턴 집안의 상징인 떡갈나무를 형상화했으며 1,000만 원 상당이다. 케이트가 어떤 스펙과 인맥을 통해 '현대판 신데렐라'로 변신할 수 있었는지, 신혼여행지는 인도양의 한 열대섬(세이셸 군도)이라는 기사가 나왔다. 한국에서는 당분간 영국 상류층 웨딩스타일 '엿보기'와 '따라 하기'가 이어질 것 같다. 영국은 하나의 웅장하고 격조 있고 아름다운 결혼식을 국가 브랜드 제고, 상업적 기획, 책무와 위트, 영국적인 가치 홍보의 기회로 이용했다. 장남의 결혼식 날 무덤 속에서 혼자 울고(웃고?) 있을 다이애나의 얼굴이 떠오른다. 오늘 같은 날은 신부의 날이다.

글 박종성 2011.05.07.

The Royal Wedding Ceremony of Prince William and Catherine Middleton took place at Westminster Abbey on April 29, 2011.

내용정리

1. 영국법은 하나의 성문법으로 구성된 것이 아니라, 판례법과 관습법에다가 새로 제정된 법까지 고려하여 운영된다. 경험을 통해 축적

된 노하우와 판례를 중시하는 민족임을 알 수 있습니다.

2. 영국의 여왕은 군림을 하지만, 실제로 통치하지 않는다. 의회가 개원할 때, 여왕은 아동복지, 연금, 교육, 의료, 외교 등 다방면에 걸쳐 국정의 기본방향(guideline)을 제시하지만, 내각진에 일일이 간섭하지 않는다. 주 1회 총리를 불러 주요 국정현안에 대해 이야기를 듣는다. 여왕은 국가통합의 구심점이다. 영국의 국가는 (여)왕을 찬양한다. 시대착오적이라서 바뀌어야 한다는 여론도 있다.

3. 하원을 House of Commons라고 부르는데 Commons는 세습귀족이 아닌 평범한 사람들(Ordinary people)이란 뜻이다.

4. 영국 노동당의 상징은 장미다. 붉은 장미는 인간에 대한 존엄성(존경; 뜨거운 열정)의 의미를 지닌다. 이념상 큰 차이가 있는데도, 집권을 위해서라면 한 정당이 다른 정당의 옷(정책)으로 갈아입기(political transvestism)라고 부른다. 영국 보수당의 상징은 푸른색 바탕에 횃불로 진취성을 나타낸다.

5. 영국의 모든 공공기관은 여왕정부를 위해 봉사한다. 그래서 우체국, 경찰, 소방서, 감옥소에 근무하는 사람들의 모자와 문서에는 HM Government란 표찰(문구)가 따라 붙는다. HM은 여왕폐하(Her Majesty)의 줄임말이다.

6. 영국에서 공무원은 civil servants이라 부른다. 군림하지 않고 봉사하는 사람들이란 의미가 강하다. 수권 정권이 바뀌어도 관계부처의 공무원들은 바뀌지 않는다. 즉, 정치적 중립 원칙이 지켜진다.

6장 창조적 교육, Creative UK

영국 교실 풍경과 초등학교 개혁

참여정부의 교육혁신위 출범을 맞아 우리 초등교육이 어떻게 달라져야 하는지에 대해 몇 가지 제안을 하고자 한다. 영국에서 두 아이를 유아원과 초등학교를 보냈던 학부모로서 영국과 한국의 초등교육을 비교함으로써 우리가 배울 점을 언급하고자 한다. 물론, 일류대 강박증과 부모의 이기심이 사라지지 않는 한 한국의 교육개혁은 불가능하다는 회의론도 있지만, 새로운 교육체제 짜기는 시대적 요청이다.

첫째, 현행 한국 초등학교 교육과정의 내용을 대폭 줄여야 한다. 이것은 현직 교사들의 공통된 의견이다. 많은 양의 지식을 습득하는 것보다 적은 양이라도 심도 있게 파고드는 것이 필요하다. 영국 초등학교에서 교과과정의 기본 틀은 있으나 정해진 교재와 전과가 없는 까닭은 창의성과 자유로움을 추구하기 위한 배려다. 당연히 영국 어린이의 책가방은 가볍고 생각이 자유롭고 창의적이다. 비틀스와 해리포터의 성공신화가 가능했던 바탕도 바로 개성과 창의성을 강조하는 교육방식 덕분이었다.

선택과 집중에 따라 교과과정의 핵심영역과 내용을 대폭 간추려내는 방법을 시도해볼 수 있다. 이럴 경우 교재에서 생략하고 넘어간 부분을 발견하고서 교사의 태만을 질타하는 한국 학부모의 잘못된 시각도 교정되어야 한다. 아울러 객관식 평가 방식을 탈피해야 한다. 영국에서 객관식 문제집과 시험이 거의 존재하지 않는 이유는 객관식 문제가 학습자의 유연한 사고 가능성을 제한하기 때문이다. 영국에서는 수업운영의 재량권을 지닌 담임교사가 통합교과와 수준별 방식을 병행하여 창의적이고 재미있게 어린이들의 학습 활동을 지도하고, 다양한 방식으로 평가한다. 우리가 이런 방식을 도입하려면 우선 교사에게 교안과 학습 활동지를 만드는 데 필요한 교육 자료와 교재 연구실을 제공해야 한다. 이렇게 되면 선행학습으로 인한 공교육 붕괴와 교사의 권위가 떨어지는 문제를 상당부분 줄일 수 있다.

둘째, 학교에서 절대 다수를 이루는 것은 바로 학생들이다. 이들이 많은 시간을 보내는 교실이 편안하고 민주적인 공간이어야 학생들이 자유롭게 자신의 생각을 표현할 수 있다. 영국 초등학교 교실에는 어린이용 화장실과 세면대와 옷걸이와 소파가 갖추어져 있다. 이처럼 어린이를 하나의 인격체로 배려한다. 당연히 교사도 지식 전달자에서 학습 보조자 구실로 바뀌어야 한다. 학습이 즐거움으로 시작해서 토론과 협업을 통해 지혜의 습득으로 끝날 수 있을 때 보람이 있다.

셋째, 교사와 학부모 사이에 소통하는 창을 마련해야 한다. 영국에서는 어린이의 독서일지와 일기장에 교사와 부모가 어린이의 학습 진행 상태와 의견을 간단하게 적어 보내는 방식으로 상호소통을 시도한다. 그 결과 교사의 권위가 올라가고, 학부모는 어린이의 활동사항을 잘 알 수 있으며, 학교일에 적극 참여하게 된다. 이런 협업체제를 구축하는 일이 시급하다.

넷째, 성적표 내용을 좀 더 구체적으로 적어서 인재의 조기발견 자료로 활용해야 한다. 영국의 학년말 평가보고서는 평균 3~4장 분량이다. 한국의 교사는 통지표에 좋은 말만 나열하여 학부모를 만족시키려 하지 말고, 솔직하고 객관적인 평가를 적을 수 있어야 한다. 교사가 다양한 평가와 세밀한 관찰을 바탕으로 평가 보고서를 작성하면 교사의 권위도 올라가고, 개개인의 장단점이 드러나고, 인재의 조기 발견이 가능해진다. 이렇게 되면 불필요한 각종 경시대회의 열풍을 막을 수 있다.

마지막으로, 서로 협력하는 기본 마인드를 가르치는 것이 중요하다. 영국의 학교는 기본적으로 팀워크의 중요성을 가르친다. 대화와 토론을 통해 다른 사람의 생각을 존중하는 여유와 관용 정신을 배우는 곳이 바로 학교다. 곧, 무게중심이 '자신'에서 '우리'에 놓인 시스템이 구축되어 있다. 하지만 한국은 1등만이 살아남을 수 있는 경쟁이 심한 곳이다.

한 초등학교 선생님은, 외국에서 학교를 다니다가 귀국한 어린이(5학년)가 "선생님, 여기 아이들 너무 무서워요" 하고 말하더란다. 과도한 경쟁과 자녀의 기를 살리려는 한국식 문화에 충격을 받았기 때문인 것 같다. 학교는 지식의 공장이 아니라, 더불어 사는 방법을 가르치는 곳이어야 한다. 새로 출범한 참여정부의 교육개혁팀이 이런 제안을 귀담아들어 한국의 초등교육에 희망과 꿈을 심어주길 바란다.

글 박종성(충남대 영문과 교수). 2003.08.07 〈한겨레신문〉 여론칼럼, 〈왜냐면〉.

링크

http ://www.hani.co.kr/section-001062000/2003/08/
001062000200308062327121.html

공리주의(utilitarianism) / *Hard Times* / by Charles Dickens

Stop & Think

1. 공리주의(utilitarianism)란 무엇이며, 그 문제점은?

From Charles Dickens's *Hard Times*

'NOW, what I want is, Facts. Teach these boys and girls nothing but Facts. Facts alone are wanted in life. Plant nothing else, and root out everything else. You can only form the minds of reasoning animals upon Facts: nothing else will ever be of any service to them. This is the principle on which I bring up my own children, and this is the principle on which I bring up these children. Stick to Facts*, sir!'

[...]

'In this life, we want nothing but Facts, sir; nothing but Facts!' The speaker, and the schoolmaster, and the third grown person present,* all backed a little, and swept with their eyes the inclined plane of little vessels* then and there arranged in order, ready to have imperial gallons of facts* poured into them until they were full to the brim.*

THOMAS GRADGRIND, sir. A man of realities. A man of fact and calculations*. A man who proceeds upon the principle that two and two are four, and nothing over, and who is not to be talked into allowing for anything over.

-Charles Dickens, *Hard Times*, Chapter 1&2.

단어설명

Stick to Facts: 사실만 고수하다. Fancy와 imagination을 무시하는 문제점이 있다.
the third grown person present: 참석한 제3자.
the inclined plane of little vessels: 작은 용기(그릇)들의 기우는 면.
imperial gallons of facts: 엄청나게 많은 양의 사실.

were full to the brim: 가장자리까지 넘치는.
calculations: 계산.

멘트

이튼 칼리지(Eton College)

이튼 칼리지는 영국의 남학생 전용 명문사립학교다. '귀족학교'이며 엘리트의 산실이다. 영국에서는 '사립학교'를 이상하게도 public school이라고 부른다. 공립학교는 state school이라고 부른다. 애당초부터 사립학교가 이미 널리 확산 운영되어 왔기 때문이다. 하지만 이 학교의 교훈은 엘리트 지상주의가 아니다. 학생들의 '재능발견'을 우선시하며 관용, 열정, 인내심, 여가활동 등의 가치를 강조한다. 즉, 전인(the whole man)을 만드는 것을 목표로 삼는다.

서울 강남의 모 고등학교 교문을 들어서면 네모난 전광판에 수능 D-00일이란 적색경보가 학생들을 긴장시킨다. 버스에 붙은 신문광고 중 '1등 (신문), 조선일보, chosun.com'이 있었다. 광고 카피가 마치 '선택받은'(chosen) 신문 같다. 한국의 초등학교 운동회 때 단골메뉴가 달리기다. 1등, 2등, 3등 인증 도장 팔목에 찍고 공책을 받는다. 등외는 상품이 없다. 최근 흙수저와 금수저로 나뉘는 수저론이 등장했다. 과도한 경쟁이 삶을 팍팍하게 만든다.

Stop & Think

1. 영국에서 공립학교와 사립학교에 해당하는 표현은?
2. 영국에서 공립학교와 사립학교의 장단점은?

About Eton College

Eton College is the top public school for boys in the United Kingdom. The unusual title 'public' means exactly the opposite of what it says, for most children cannot go to this type of school. The fees* for public schools are so high that only very few people can afford to* send their children there. Private education of this kind exists in no other country on the same scale.

Stop and Think

1. 경쟁과 성적 위주의 한국의 학교 현실과 비교할 때, 영국의 명문 사립 기숙학교인 이튼 칼리지가 강조하는 교육의 이념은?

Eton College is a full boarding school committed to:

- ○ promoting the best habits of independent thought, learning, and research in its boys;
- ○ providing a broadly-based* education designed to enable all boys to discover their strengths, and to make the most of their talents within Eton and beyond;
- ○ engendering respect for* individuality, difference, and the contribution that each boy makes to the life of the school and the community;
- ○ supporting systems of pastoral care that nurture* physical health, emotional maturity and spiritual richness; and fostering* self-confidence, enthusiasm, perseverance, tolerance and integrity.

단어설명

broadly-based: 폭넓게 기반을 둔.
engendering: 생겨나게 하는.
nurture: 지탱해주는.
fostering: 길러주는.

A Good Education

Stop and Think

1. 사립학교에 다니는 장단점은?

A Good Education

For English children whose parents can afford it*, school often means a public (which really means private) school* and frequently means boarding*. The English approve of boarding schools. They believe that children develop better away from home. Although there are some mixed public schools, many are single-sex establishments, where pupils have the opportunity of experiencing some aspects of their monastic or prison existence* at an early stage in their lives.

The alternative is the state system with its free public (which really means public) day schools. But whether state or private, the emphasis is still on 'a good education', for the feeling is that life and all its glories will thereafter be yours for the asking*.

단어설명

can afford it: 경제적으로 여유가 있는.
a public school: 사립학교 vs state school (공립학교).
boarding: (먹고 자며) 기숙하는. half-board, full-board.
their monastic or prison existence: 수도원 혹은 감옥소 생활.
for the asking: 요구하기만 하면, 공짜로. for nothing.

The Tutorial System

Stop & Think

1. 튜토리얼 제도란 무엇이며, 그 특징은?

The Tutorial System

The foundation of undergraduate teaching at Oxford is the tutorial system. The essence of the tutorial system is the personal dialogue and exchange of ideas between the undergraduate and the tutor*.

We consider your freedom to specialise in your own area of interest, to read widely and independently and to exchange ideas independently with a large number of staff and fellow students to be an important part of the educational experience we are providing. Of course, we are here to assist and support you, not only through lectures and seminars, but also through a tutorial system.

Undergraduates* pursue a course of independent study under the personal guidance of tutors. They attend tutorials at least once a week, singly or in pairs*, to present and discuss completed work.

Your Tutor will normally be a Fellow* of the College, and may be assisted by one or more College Lecturers.

Undergraduates will also attend university lectures, and will participate in class or group teaching in their faculty or department, but the College-based tutorial is the core* of the system.

단어설명

tutor: (영국대학의) 개별 지도교수.
Undergraduates: 학부생들. 대학원생들은 postgraduates 줄여서 PG 혹은 postgrads로 부른다.
singly or in pairs: 혼자 혹은 그룹으로.
Fellow: (영국대학의) 평의원. a senior member of some colleges or universities.
영국대학의 전임교수 직급순: Lecturer, Senior Lecturer, Reader, Professor.

멘트

1. 튜토리얼 : 교수와 학생간의 개별 혹은 그룹별로 토론과 대화를 통해 진행된다. 특정 주제에 대해 발표하고 토론한 후 교수의 논평을

듣거나 심화학습을 위해 관련 책을 소개받는다. 쌍방 간의 대화와 토론을 통해 학생(들)은 자신의 지식과 관점과 생각을 피력하고, 교수는 잘못된 점을 바로 잡아주거나 학생(들)의 신선한 생각에 자극을 받기도 한다. 튜토리얼은 자기주도적 학습이며 자아 발견식 영국식 교수법이다.

2. 옥스브리지(Oxbridge) : 흔히 대학을 상아탑(象牙塔 : tour d'ivoire)으로 부른다. 원래 구약성경 아가 7장 4절 "너의 목은 상아로 만든 탑 같고"라는 구절에서 온 것으로 여성의 아름다움을 기린 말이다. 현대적 의미로 상아탑은 학문이나 예술지상주의를 뜻한다. 문예비평가 C.A. 생트뵈브가 시인 A.V. 비니의 예술자세를 비평한 말이다. "상아탑에 틀어박히다"라는 표현은 예술가 학자가 현실 도피적 태도로 자기이상만을 추구하며 예술 또는 학문에 몰두함을 의미한다. 오늘날에는 대학 또는 대학 연구실을 지칭하는 말로 쓰이기도 한다. 한국에서는 가난한 농촌에서 소를 팔아 학자금을 마련해야 했던 1960~70년대에 대학을 '우골탑'(牛骨塔)으로 불렸다. 경쟁지상주의와 실용주의에 고상한 빛을 잃은 지금의 대학은 '진리의 전당'이라는 말이 무색해졌다. 교과부의 국립대 법인화 추진(안)으로 교육의 '공공성'이 사라질 위기에 처해있다. 앞으로 등록금이 싼 국립대학이란 말이 무색해질 것 같다. 옥스브리지(Oxbridge : Oxford + Cambridge)대학의 구술면접고사 시험문제를 소개한다.

2007 옥스퍼드 대학 면접시험 문제

당신이 문학작품이라면, 소설인가 시인가? (영어 전공)

만일 문학에 '형태'(form)가 있다면, 버지니아 울프의 소설 '등대로'

는 어떤 모습이겠는가? (영어 전공)

(시를 낭송해주고) 이 시가 당신에게 무엇을 떠올리게 하는가? 스파이더맨이 생각나진 않는가? (영어 전공)

2007 케임브리지 대학 면접 문제

작가 샬롯 브론테가 제인 오스틴을 싫어한 이유는 무엇이라고 생각하나? (영어)

연극에서 리듬이 중요한 이유는? (불문학, 독문학)

자네가 포도라면 말일세. 씨 있는 포도이고 싶은가, 씨 없는 포도이고 싶은가? 그 이유는?

출처 http ://kr.blog.yahoo.com/eg_blog/folder/214.html

멘트

면접문제가 교과서와 문제집을 중심으로 개인과외와 사설학원을 거쳐 준비할 수 있는 내용들이 아니다. 평소에 다양한 책을 많이 읽고 스스로 생각하는 습관을 가진 학생에게, 자신이 선택한 전공 분야에 진심으로 관심을 쏟아온 학생들에게 유리한 질문들이다. 현재 지닌 '지식'보다는 앞으로의 '가능성'에 중점을 두겠다는 의도가 느껴진다. 옥스퍼드와 케임브리지의 면접은 각 칼리지별로 3~4일에 걸쳐 실시된다. 자신이 선택한 단과대학 교수들과 3회 정도의 심층 면접(매회 1시간가량)을 거쳐야 하는데, 많은 시간과 인력을 투자하는 만큼 입학 사정에서 면접 점수가 매우 높은 비중을 차지한다.

사실, 이 두 대학에 지원할 정도인 학생들은 대부분 우리의 수학능력시험에 해당하는 A레벨 테스트에서 선택(3과목) 전 과목 A를 받기 때문에 학업성적만으로는 학생들의 실력 차이를 가늠하기 어렵다.

옥스퍼드대 입학처장인 마이크 니콜슨은 영국 <가디언지>와의 인터뷰에서 “지원자들이 익숙하지 않은 대상과 상황에 대해 어떻게 이해하고 대처하느냐를 보기 위한 문제들”이라며 “심층면접을 통해 탁월한 조건을 갖춘 지원자들을 ‘차별화’할 수 있다”고 설명했다.

존 버닝햄 & 헬렌 옥센베리/ *We're going on a Bear Hunt*

Stop & Think

1. 영어문장 배열의 특징과 스토리텔링의 방식은?

We're going on a Bear Hunt (『곰 사냥을 떠나자』)

(풀밭을 가로지른다.)
We're going on a bear hunt.
We're going to catch a big one.
What a beautiful day!
We're not scared.

Uh-uh! Grass!
Long wavy grass.
We can't go over it.
We can't go under it.

Oh no!
We've got to go through it!

Swishy swashy!
Swishy swashy!
Swishy swashy! (풀에 스치는 소리)

(강물을 건넌다.)
We're going on a bear hunt.
We're going to catch a big one.
What a beautiful day!
We're not scared.

Uh-uh! A River!
A deep cold river.
We can't go over it.
We can't go under it.

Oh no!
We've got to go through it!

Splash splosh!
Splash splosh!
Splash splosh! (첨벙첨벙)

(진흙을 건넌다.)
Uh-uh! Mud!
Thick oozy mud.

Squelch squerch!
Squelch squerch!
Squelch squerch! (질퍽질퍽)

(숲을 가로지른다.)
Uh-uh! A forest!
A big dark forest.

Stumble trip!
Stumble trip!
Stumble trip! (힘든 걸음)

(눈보라를 헤치고 나아간다.)
Uh-uh! A snowstorm!
A swirling whirling snowstorm

Hoooo woooo!
Hoooo woooo!
Hoooo woooo! (추위에 떠는 소리)

(마침내 동굴에 도달했다.)
Uh-uh! A cave!
A narrow gloomy cave.

Tiptoe!
Tiptoe!
Tiptoe! (살금살금 걷는 소리)
WHAT'S THAT?

One shiny wet nose!
Two big furry ears!
Two big goggly eyes!
IT'S A BEAR!!!!

We're not going on a bear hunt again.

멘트

존 버닝햄은 *Oi! Get Off Our Train, Granpa, Would You Rather* 등의 그림책 작가다. 헬렌 옥센베리는 그의 부인으로 *We're going on a Bear Hunt* 책의 저자이다. 곰사냥을 갔다가 집으로 되돌아와 문을 잠그고 침실로 들어가 이불 속에 숨는다는 내용이다.

상상력을 키우고, 재미를 느끼고, 소리의 아름다움을 접하고, 의성어와 이미지리를 접할 수 있다. 같은 영어문장을 반복하고 변주를 통해 자연스레 글을 접할 수 있도록 학습자를 배려하고 있다. 매번 새로운 장애물을 등장시켜 호기심을 자극하며 기대를 반전시키는 놀라움을 준다.

존 버닝햄은 “자신의 정신 연령이 5살에 멈춘 것 같다”며 “어느 한 곳에 정착하지 않고 늘 떠돌아다녔던 유년 시절, 대안 학교인 서머힐에서 보낸 시간이 나를 다른 사람들에 비해 자유롭게 생각할 수 있도록 만든 것 같다”고 말했다.

팝아티스트, 줄리언 오피 Julian Opie

서울역 맞은편 서울스퀘어 미디어아트(구 대우빌딩 / 현 Morgan Stanly 사옥 초대형 LED 외벽)는 야간에 오피의 작품 ‘군중(Crowd)’을 선보인다. 도시인들의 익명성과 걷는 모습(움직임)이 잘 드러난다. ‘픽토그램’처럼 동그라미와 선만으로 인체를 그린 후 경쾌한 색을 입혀 움직임을 강조하는 것이 특징이다. 그는 2012년 런던올림픽 개최 기념우표 디자인했다.

평면에서 시작된 오피의 작업은 입체, 발광 다이오드를 거쳐 액정 표시 장치(LCD)를 이용한 움직이는 그림, ‘렌티큘러’로 확대된다. 예를 들면, 무릎 관절 등의 꺾이는 부분을 20~30개의 점으로 찍어 선으로 연결한 그림을 1초에 25컷을 보여주면서 움직이는 효과를 자아낸다.

사진을 스캔한 다음 컴퓨터로 생략과 단순화 과정을 거쳐 회화, 조각, 벽지, 애니메이션 등 다양한 매체로 출력하는 방식을 취한다. 기계로 뽑아낸 것처럼 일정한 두께의 선으로 표준화하고 더욱 단순화시켜 윤곽 안에 색을 다듬는다.

다음은 줄리언 오피의 말이다.

1. "작가는 체계나 철학을 세우는 사람이 아니라 세상의 흥미로운 것을 취해 요리하는 사람이다. 나는 '떠다닌다'(드리프팅)는 단어를 좋아한다."

2. "인간에게 있어 움직임은 항상 중요하다. 살아 있는 동안 인간은 항상 움직이고 움직임으로 인해 살아가는 것을 알 수 있다."

패션 디자이너, 알렉산더 맥퀸 Alexander McQueen

보수와 혁신 속에서 성장한 '앙팡 테러블'

영국의 디자이너들은 "혁신이야말로 영국의 전통이다"라고 말한다. 이들은 영국인의 혁신성(Innovation)은 '창의적인 반대(creative dissent)'에서 온다고 말한다. 이런 '창의적인 반대'가 공학, 과학, 탐험, 항해, 문학, 음악, 패션 등의 분야에서 영국이 혁신적인 인물과 작품을 낳을 수 있었던 원동력이다. 프리스트만 구드(일회용 전화기 산업 디자인 회사)의 폴 프리스트만은 "영국에서 보수와 혁신의 긴장감은 늘 역동적인 창조력을 낳았다"고 말한다.

맥퀸은 장엄한 스코틀랜드, 잉글랜드의 귀족성, 파격적인 런던 스트리트 패션을 모두 믹스매치하면서 전통과 혁신, 전위의 예술을 탄생시켰다. 그는 늘 새로운 것을 모색했고, 평범함을 거부했지만, 사실 지독히도 평범한 인간적 번뇌와 동요 속에서 살았다. 그는 우울증이라는 무서운 '검은 개'에 시달리다 자살로 생을 마감했다.

낙서(그라피티) 화가, 뱅크시 Graffiti Artist, Banksy

Anonymous Graffiti Artist, Banksy, Britain's most powerful man

The guerrilla graffiti artist, whose politically-themed work has appeared on walls all over the world, still cuts a mysterious figure.

Stop & Think

1. 뱅크시가 그라피티 예술을 택한 이유는?
2. 뱅크시가 다루는 소재는?

Banksy

Banksy is an England-based graffiti artist, political activist and film director of unverified identity. His satirical street art and subversive epigrams combine dark humour with graffiti executed in a distinctive stenciling technique. His works of political and social commentary have been featured on streets, walls, and bridges of cities throughout the world. Banksy's work grew out of the Bristol underground scene, which involved collaborations between artists and musicians.

Political and social themes

Banksy once characterised graffiti as a form of underclass "revenge", or guerilla warfare that allows an individual to snatch away power, territory and glory from a bigger and better equipped enemy. Banksy sees a social class component to this struggle, remarking "If you don't own a train company then you go and paint on one instead." Banksy's work has also shown a desire to mock centralised power, hoping that his work will show the public that although power does exist and works against you, that power is not terribly efficient and it can and should be deceived.

Banksy's works have dealt with various political and social themes, including anti-war, anti-consumerism, anti-fascism, anti-imperialism, anti-authoritarianism, anarchism, nihilism, and existentialism. Additionally, the components of the human condition that his works commonly critique are greed, poverty, hypocrisy, boredom, despair, absurdity, and alienation. Although Banksy's works usually rely on visual imagery and iconography* to put forth his message, he has made several politically related comments in his various books. In summarising his list of "people who should be shot," he listed "Fascist thugs, religious fundamentalists, (and) people who write lists telling you who should be shot." While facetiously* describing his political nature, Banksy declared that "Sometimes I feel so sick at the state of the world, I can't even finish my second apple pie."

-Wiki Wikipedia, the free encyclopedia

단어설명

iconography : 도상, 초상화집.
facetiously : 익살맞게.

멘트

"나는 그저 반체제순응주의자가 되고 싶을 뿐이다. 다른 모든 사람들처럼." -뱅크시(Banksy)

영국의 그라피티 아티스트 뱅크시는 철저히 자신의 신분을 감춘 채 작품 활동을 하는 예술가로, 익명성을 무기로 인기 작가의 반열에 오른 사람이다. 사람들은 그를 얼굴 없는 테러리스트, 게릴라 예술가 등으로 부르는데 이는 그가 길거리 작품을 이용해 전쟁, 제도, 자본주의 등 다양한 동시대의 문제들을 들춰내고, 미술의 진정한 의미에 대해 끊임없이 질문하기 때문이다.

영국에서 낙서화(Graffiti)는 일종의 범법행위로 간주된다. 그의 그림은 그를 유명인으로 만드는 동시에 범법자로 만들 수 있기 때문에 뱅크시는 이를 피하기 위한 수단으로 익명성을 유지하려 노력하는 것이다. 뱅크시는 형식적으로 스프레이 페인트로 벽에 그림을 그리는 낙서화가이자 공공미술작가에 속한다. 그러나 뱅크시의 작품은 단순한 낙서에 지나지 않는데, 주로 정치, 사회, 환경, 자본주의, 반전과 평화 등의 주제를 통해 부조리한 세상을 고발하고 풍자한다. 그가 매우 단순한 기법의 스텐실을 주로 사용하는 이유는 재빠르게 원하는 그림을 그린 후 역시 빨리 도망칠 수 있다는 장점 때문이다.

영국의 디자이너, 폴 스미스 **Paul Smith**

가장 영국적인 디자이너

1. 트레이드 마크는 멀티 스트라이프 패턴'(multi stripe pattern)
2. Savile Row 스타일(새빌로는 영국의 고급양복점 밀집지역)
3. Black Suit(정장 스타일)

철학

"To me, I'm more interested in human beings and what's inside people's heads, like their conversation and emotion." -Paul Smith

폴스미스는 원래 운동선수였는데 사고로 병상에 있는 동안 인생의 변화가 시작되었다. 병원에서 디자인 등 여러 분야의 친구들을 사귀게 되었고 이들과 소통하면서 새로운 일에 대한 호기심을 갖게 되었다. 이때 만난 아내 폴린의 가르침으로 그는 품질의 중요성, 아름다움, 심플하게 하기, 유머감각을 배웠다고 한다.

그는 블레어 전 총리에서부터 비틀스의 멤버였던 폴 매카트니, 록 가수인 데이비드 보위(Bowie)까지 팬으로 둔 사람이다. 그는 맨체스터 유나이티드 축구구단 선수들의 정장 슈트 디자이너다.

영국의 건축가, 토머스 헤더윅 Thomas Heatherwick

영국 런던의 명물 이층버스를 새롭게 디자인한 장본인이다. 그의 헤더윅 스튜디오는 루트마스터의 전통에 기반을 두어 버스에 미래적인 외관을 선사했다. 새 버스는 친환경과 미래적 디자인이라는 두 가지 목표에 초점을 맞추었다.

왕립예술대학(RCA)은 1837년 '정부 디자인 학교'(Government School of Design)라는 이름으로 출발해 우수 디자이너와 예술가들을 수없이 배출해냈다. 그 비결은 무엇인가?

1. 사고력 훈련
2. 많은 리서치 수행
3. 프로젝트 실행
4. 다양한 문화적 배경의 학생들과 교류

내용정리

1. 영국교육의 특징은 개인의 창의성(creativity) 개발에 중점을 두는 데 있다. 개성의 발현, 잠재력 끌어내기, 학습동기 부여 등이 특징이다. 다양한 사고의 가능성을 제한한다는 이유로 객관식 평가는 하지 않는다. 교사의 보고서 작성이 귀중한 자료로 활용된다.

2. 선택과 심화의 방식에 의해 대입학력고사(A-level : Advanced)용 3과목을 준비한다. 지식의 축적보다는 지혜의 발견과 탐구를 중시한다.

3. 영국의 학생들은 I think... 라고 말을 시작한다. 자신의 입장과 생각을 당당하게 표현하는 법을 배운다. 논리적 일관성을 확보하는 것이 중요하다.

4. 사립 기숙학교는 선망의 대상이 되기도 하지만, 비난의 대상이 되기도 한다. 비유적으로 말해 수도원과 감옥소 같은 공간에서 부모와 떨어져 일정 기간을 보내야 한다는 것은 어린 아이들에게 심리적 상처를 줄 수 있다. 하지만 이들은 이곳에서 자기 선택과 결정 및 인내심을 배운다. 반면 공립학교를 선호하는 부모들은 자신들이 집에서 등교하면 심리적 안정감을 제공할 수 있는 이점을 활용한다.

5. 찰스 디킨즈는 효용성(실용성)에 치중하는 이른바 공리주의의 폐해, 즉 인간성과 도덕성의 상실을 비판했다. '사실과 수치'(facts and figures)를 강조하는 교육이 '상상력과 인간성'(imagination and humanity)의 결여라는 부작용을 초래한다고 보았다.

6. 영국의 사립명문고 이튼의 칼리지는 독자적인 사고, 배움, 연구, 잠재력의 개발, 타인의 존중, 학교와 공동체에 공헌, 지덕체의 연마, 자신감과 열성과 인내심 배양 등의 가치를 추구한다.

7. 튜토리얼

학생(들)은 발표능력, 표현능력, 논리적 전개, 어휘선택, 말투와 어법 및 발음의 훈련, 논쟁의 기술 등을 종합적으로 훈련할 수 있는 교육방식이다.

7장 사법제도 및 정의구현

The English Policeman

Stop & Think

1. 영국 경찰의 특징은?

The English policeman

The English policeman (or woman) on the beat* who can be asked the way or the time and who will always give a civil answer* really does exist. Unlike their European and transatlantic counterparts, they will never fine you on the spot* and will seldom use unnecessary violence. They will just caution or arrest you and turn up in court* to tell the judge and to give full supporting cast* exactly why you should be fined, imprisoned or deported.*

단어설명

on the beat: 순찰 중인.
give a civil answer: 공손한 대답을 주는.
fine you on the spot: 즉석에서 벌금을 물리다.
turn up in court: 법정에 출두하다.
to give full supporting cast: 전체 상황을 말하기 위해서.
deported: 추방하다.

영국 경찰

1. 증거확보를 위해 사건현장 주변에 police line 띠를 두른다.
2. 사건 현장을 목격한 증인(witness)의 제보와 진술을 중시한다.

3. 특별한 상황이 아니면 미국처럼 총기를 휴대하는 대신에 경찰봉(truncheon)을 휴대한다.

범죄의 종류

1. 공공건물, 공중화장실, 지하철 벽면에 스프레이로 낙서를 하는 범죄행위를 graffiti라고 부른다.

2. 전화상자, 버스정류장 등의 유리를 깨뜨리거나 문화재를 파괴하는 행위를 Vandalism이라 부른다. 반달인(족)은 5세기에 로마를 침략하고 예술 및 문화를 파괴한 게르만족의 한 족속으로 예술 및 문화의 파괴자로 알려져 있다.

3. Squatters는 무권리 거주자이다.

4. 등 뒤에서 습격하여 목을 조르고 돈을 빼앗아가는 행위를 mugging이라 부른다.

5. 불법 마약거래는 drug trafficking, 마약복용은 doping이라 부른다.

잉글랜드의 안전도시(Safer Cities Program, SCP) 프로그램 내용

1. 거리 조명 밝게 하기.

2. 거리와 주차장에 폐쇄회로(CCTV) 설치

3. 자동차 핸들 잠금장치 의무화

4. 자동차 오디오 절도 예방을 위한 재물등록 실시

5. 이웃감시(Neighborhood watch)

뉴욕시의 경우

1. 사소한 범죄 행위 등에 대해 '무관용 경찰활동'(Zero tolerance policing)

2. '깨어진 유리창 이론'(Broken window theory): 깨어진 유리창 하나가 (범죄자들에 의해) 건물 전체의 파괴와 지역사회의 황폐화를 초래한다.

전설적 연쇄 살인마 잭 Jack the Ripper

Stop & Think

1. 잭의 '신원'(identity)은?

Capital Murder, Jack the Ripper

Between August and November 1888, six women, most of them prostitutes, were murdered in a small area of Whitechapel and adjoining* Aldgate. The murderer was never found, but nicknamed Jack the Ripper. Rumour abounded*. It was said that the Ripper was a doctor (because of his knowledge of anatomy), a sailor (because of his ability to slip away undetected*), a member of the government or the Royal family (because police seemed less than eager to catch him). The crimes received enormous publicity*, because of their horrendous nature*, and terror spread right across London:

"I was afraid to go out after dark, if only to post a letter. Just as dusk came on we used to hear down our quiet road the cries of the newspaper-boys, in tones made as alarming as they could: "Another 'orrible murder!*... Whitechapel! Murder! Disgustin' details... Murder!" One can only dimly imagine what terror must have been in those acres of narrow streets, where the inhabitants knew the murderer to be lurking..."*

-M.V. Hughes, *A London Girl of the Eighties*

단어설명

the ripper: (칼로) 잡아 째는 사람, 살인자.
adjoining: 인접한, 부근의.
abounded: (루머가) 넘쳐났다.
slip away undetected: 붙잡히지 않고 황급히 사라지다.
received enormous publicity: 엄청나게 널리 알려짐.
horrendous nature: 끔찍한 본색.
lurking: 잠복한.

멘트

'세계 최초의 연쇄 살인마'라 불리는 '살인마 잭(Jack the Ripper)'은 런던의 동부(East London)에서 6명의 창녀를 죽이면서 영국인들을 공포에 떨게 했다. 오늘날 화이트채플 근처 현장은 관광객 유치 상품으로 둔갑했다. 탐정 셜록 홈즈의 베이커 스트리트도 런던의 명소가 되었다. 런던은 안개, 살인, 탐정의 도시다.

Old Bailey 영국 런던 중앙형사법원

영국의 형사법원 건물 정면 위에는 천칭(scale)과 칼(sword)을 든 여인(마리안느)의 대리석 조각상이 서있다. 눈을 가린 마리안느 상은, 원고와 피고가 누군지 모르는 상태에서 공정한 법을 집행하기 위한 것이라고 한다. '눈 가리고 아웅'식이 아니다.

우리나라에도 95년부터 대법원에 정의의 여신상이 생겼다. 한국전통여인의 얼굴과 옷차림에 좌상을 하고 있다. 칼대신 법전을, 눈가리개 없이 눈을 뜨고 있다. 나름 한국형 정의의 여신이다. 한국사회에 팽배한 솜방망이 처벌, 고무줄 잣대, 유전무죄 무전유죄, 잘못 집행된 정의, 공권력 남용은 시정되어야 한다. '공식적인 조사'(an offficial inquiry)도 '피상적인 어떻게' 보다는 '근본적인 왜'라는 점을 고려해야 한다.

Its[an offficial inquiry's] object was not the fundamental why, but the superficial how, of this affair". -Joseph Conrad's *Lord Jim,* p. 54.

A miscarriage of justice는 잘못 집행된 정의를, confession under duress는 강압 의한 허위 자백을 의미한다. 모두 법질서 수호를 위한 과잉의욕이 불러온 불상사이다.

The Court System

Stop & Think

1. 영국 법원은 어떻게 구성되어 있으며 항소건의 경우 최상위에 위치한 심의기관(조직)은?

The Court System

The lowest criminal courts are the Magistrates Courts*, which deal with minor offences*. More serious cases are heard in the Crown Court*, in front of judge and jury. The Crown Court also hears cases appealed from the Magistrates Courts on factual points*. Cases are appealed on points of law to the High Court (Queen's Division).* Appeals against conviction and sentence are to the Court of Appeal* (Criminal Division). Civil cases at first instance are heard in the County Courts (for minor claims) or the High Court.

The House of Lords is the supreme court of appeal. Its judicial functions are quite separate from its legislative work, and cases are heard by up to 13 senior judges known as Law Lords.

In addition to the courts there are specialised Tribunals*, which hear appeals* on decisions made by various public bodies and Government departments, in areas such as employment, immigration, social security, tax and land.

링크

http ://www.llrx.com/features/uk2.htm

단어설명

the Magistrates Courts: 경범죄(하급) 재판소.
minor offences: 경범죄.
the Crown Court: 형사재판소.
on factual points: 사실에 근거하여.
the High Court: 대법원.
the Court of Appeal: 항소법원.
Tribunals: (정규 사법체계 밖에서 기능을 수행하는) 재판소.
hear appeals : 항소건에 대해 듣다.

법률용어

lawyer: 법률가. attorney는 법률 대리인, attorney general은 법무장관.
barrister: 법정변호사. 상급법원에 출두하여 양털가발을 쓰고 법복을 입고 의뢰인을 대변한다.
solicitor: 사무변호사. 의뢰인에게 법률 조언을 하고 재판에 필요한 서류나 사례를 준비해주는 일을 한다.
Magistrate Court: 경범죄를 다룬다. 판결은 내리는 사람이 꼭 판사는 아니라 3명의 지역민이 될 수도 있는데 이들 봉사자들을 Justices of Peace 라고 부른다.

1. 영국의 법원의 종류

하위 법원으로는 군법원(The County Courts)과 치안판사법원(Magistrates' courts)이 있고 상위법원으로 고등법원(The High Court of Justice), 상소법원(The Court of Appeal), 형사법원(The Crown Court), 귀족원(The House of Lords)이 있다.

2. 항소건의 경우 최상위에 위치한 심의기관은 상원의 귀족원이다. 귀족원 스스로 판결을 할 수는 없고 단지 의견을 첨부하여 사건을 사실심 법원에 이송할 수 있을 뿐이다.

3. 법정변호사(barrister)가 양털 '가발'(wig)을 쓰는 이유

과거 영국의 법정은 야외에 만들어졌고, 천정이 높아서 매우 추웠다. 또한 영국의 법관들 중에는 나이가 지긋하신 대머리들이 많았다고 한다. 보온 차원에서 가발을 썼던 것에서 시작하여 현재의 관습으로 남았다고 한다. 과거에는 가발의 크기가 권위의 크기에 비례했다고 한다.

런던 Newgate Prison / Charles Dickens, *Great Expectations*

Stop & Think

1. 런던 Newgate Prison에 대한 핍의 인상은?

When I told the clerk [in Mr Jaggers's office] that I would take a turn* in the air while I waited, he advised me to go round the corner and I should come into Smithfield.* So, I came into Smithfield; and the shameful place, being all asmear with filth and fat and blood and foam, seemed to stick to me. So, I rubbed it off* with all possible speed by turning into a street where I saw the great black dome of Saint Paul's bulging at me from behind a grim* stone building which a bystander said was Newgate Prison.* Following the wall of the jail, I found the roadway covered with straw to deaden the noise of passing vehicles; and from this, and from the quantity of people standing about, smelling strongly of spirits and beer, I inferred that the trials were on.

While I looked about me here, an exceedingly dirty and partially drunk minister of justice* asked me if I would like to step in and hear a trial or so: informing me that he could give me a front place for half-a-crown,* whence I should command a full view of the Lord Chief Justice in his wig and robes—mentioning that awful personage* like wax-work, and presently offering him at the reduced price of eighteenpence. As I declined the proposal on the plea of* an appointment, he was so good as to take me into a yard and show me where the gallows* was kept, and also where people were publicly whipped, and then he showed me the Debtors' Door,* out of which culprits* came to be hanged; heightening the interest of that dreadful portal* by giving me to understand that "four on 'em" would come out at that door the day after to-morrow at eight in the morning, to be killed in a row.* This was horrible, and gave me a sickening idea of London.

-Charles Dickens's *Great Expectations* (1860-1), Chapter 20.

단어설명

take a turn: 둘러보다.
Smithfield: (과거) 런던의 육류시장.
rub ~ off: (더러움을) 문질러 털다.
grim: 오싹하게 하는.
Newgate Prison: '새로운 삶을 시작하는 문' 혹은 잘못을 교정하는 곳(교도소)이란 의미를 지닌다.
deaden the noise of ~: (마차 바퀴 소리를) 죽이기 위해.
minister of justice: 정의의 하인.
crown: 5실링 은화.
personage: (밀랍으로 만든 것 같은) 유명인사.
on the plea of ~: ~를 핑계로.
gallows: 교수대.
Debtors: 채무자들.
culprits: 죄인들. offenders.
portal: 정문.
in a row: 잇달아.

멘트

주인공 핍(Pip)의 런던에 대한 인상을 기록한 대목이다. 그는 변호사 재거스의 사무실에 들렀다가 주변의 스미스필드 육류시장을 지나 세인트 폴 대성당 뒤 뉴게이트 감옥소에 이르게 된다. 한 관리가 재판 장면을 보려면 돈을 내라고한다. 핍이 약속이 있다고 핑계를 대자 그는 교수대와 사람들이 매질을 당하는 곳, 채무자들이 처형장으로 가는 문을 보여준다. 핍에게 런던은 자신이 기대했던 선망의 도시가 아니라, 도축장과 감옥소가 있는 끔찍한 공간이다. 채무자가 빚을 갚지 못해 교수형에 처해진다는 점을 볼 때 런던은 자본주의의 비정함이 지배하는 공간이다. 디킨즈는 핍의 시선을 통해 런던의 어두운 이면을 조명한다. 핍(Pip)이란 이름은 ~'엿보다'(peep at ~)에서 따온 것 같다. 핍은 관찰자의 기능을 수행한다.

길포드 포 소송사건 The Gilford Four Case

In the Name of the Father

Cast : Daniel Day-Lewis, Pete Postlethwaite, Emma Thompson, John Lynch, Corin Redgrave

Director : Jim Sheridan

Synopsis

In Jim Sheridan's *In the Name of the Father*, father and son come to an intimate understanding of each other through shared sufferings.

At eight o'clock in the evening of October 5, 1974, in a pub in Guildford, England, an IRA bomb explodes, killing five people. As public demands for justice grow, the police force, headed by Robert

Dixon (Corin Redgrave), is forced to turn to the most likely suspects without regard for* their guilt or innocence. Gerry Conlon (Daniel Day-Lewis) and Paul Hill (John Lynch), a pair of squatters* recently arrived in London from Belfast, become prime targets. When Gerry's father Giuseppe (Pete Postlethwaite) arrives from Ireland to help his son obtain a lawyer, he is charged with participating in an IRA support network.

In a trial high on speeches and rhetoric but low on facts, the "Guildford Four," including Gerry and Paul, are sentenced to life in prison* because the judge can't find a reason to hang them, and Giuseppe is given fourteen years. When, after sentencing has been carried out,* the police find incontrovertible* evidence of the Conlons' innocence, they keep it carefully buried—until Gareth Peirce (Emma Thompson) ferrets out* the truth while attempting to get Gerry and Giuseppe's convictions overturned.

-1994 James Berardinelli

링크

http ://movie-reviews.colossus.net/movies/i/in_name.html

단어설명

without regard for ~: ~을 고려하지 않고.
squatters: 무권리 거주자들.
are sentenced to life in prison: 무기징역형을 언도받다.
after sentencing has been carried out: 형(기)이 집행된 후.
incontrovertible: 논쟁의 여지가 없는, 명백한.
ferret out: ~을 찾아내다.

영화 〈아버지의 이름으로〉/ *In the Name of the Father*

1974년 10월 5일 영국 길포드의 한 식당에서 폭발물이 터져 7명이 사망하고 75명이 부상을 당하는 사건이 일어났다. 이 참극은 영국의 북아일랜드 직접 지배 결정에 반발하는 IRA의 테러에 의한 것이었다. 영국 경찰은 곧 제리 콘론이라는 아일랜드계 청년을 살인 혐의로 기소하지만 그는 테러에 연루될 만한 위인이 아니었다.

제리 콘론은 북아일랜드의 수도 벨파스트에서 좀도둑질과 방탕한 생활로 청춘을 보내던 하층 청년에 불과했다. 제리 콘론의 공범이라고 기소된 사람들의 면면을 보면 더욱 어처구니없는 증명이었다. 콘론의 늙은 아버지가 살인을 모의한 혐의로 기소되었고, 평범한 가정주부였던 콘론의 숙모는 폭발물 제조 혐의로, 그리고 숙모의 10대 초반의 아이들까지 폭발물 소지 혐의로 체포되었다.

재판진행은 아일랜드인들에 대한 편견과 증오심으로 가득했다. 제리 콘론의 변호사는 다음과 같은 인상적인 일화를 전했다. 더러운 아일랜드인과 악수를 한 변호사한테 손을 씻어야 한다고 주장했을 만큼 런던 시민들은 비이성적이었다. 이런 분위기에서 진행된 재판이 온전할 리 없었다. 영국의 사법 당국은 무고한 이들을 IRA 암살자로 보고 유죄 판결을 내렸다.

15년이 지난 후에야 제리 콘론은 무죄가 입증되어 석방된다. 토니 2005년 블레어 총리는 성명을 내어 30년 억울한 옥살이를 한 제리 콘론 가족 등에게 “그들이 겪은 시련과 부당함에 사과를 표한다”고 말했다. ‘잘못 집행된 정의’를 바로 잡긴 했으나 언제나 너무 늦은 감이 있다.

버밍험 식스 소송사건 (The Birmingham Six Case)

1974년 11월 21일 버밍엄의 두 Pub에서 폭탄이 터지는 사건이 벌어졌다. 21명이 사망, 182명이 부상을 당했다. 6명의 Belfast출신의 사람들이 구속되었고 종신형을 언도 받는다. 물론 그들은 진짜 범인은 아니지만 경찰의 위협과 강압에 못 이겨 거짓 진술을 한다. 두 번의 항소에서 패하지만 3번째 항소에서 그들의 무죄가 밝혀지고 보상금을 받는다.

English Prison

Stop & Think

1. 기숙형 사립학교와 감옥의 유사점은?

English Prison

English prisons are, by common consent*, overcrowded and ill-equipped. The English are becoming increasingly aware of the shortcomings* of their prison system and looking closely at other countries' practices and performances.

Meanwhile one ex-public schoolboy, imprisoned for fraud*, is on record* as having observed that his school education turned out to have been a perfect preparation for the rigours* of prison life, except that in prison he was marginally* more comfortable.

단어설명

by common consent: 전원 일치된 의견으로.
shortcomings: 단점.
fraud: 사기죄.
on record: 공식적으로 언명된.
rigours: 가혹한 짓. harshness.
marginally: 조금. a little.

Against Capital Punishment

Stop & Think

1. 사형제도가 폐지되어야 한다고 생각하는 이유는?

Against Capital Punishment

In my opinion, capital punishment* is wrong. First of all, I believe that it is wrong to kill. Only God has the right to take away life. Human beings should not kill human beings. Even if a criminal has committed horrible crimes, the government does not have the right to execute him or her.

Second, the threat of going to the electric chair* or to the gas chamber* does not stop criminals. When people commit a violent crime such as murder, they are not thinking about their punishment. In fact, many murders happen when people are angry. They are not thinking about the consequences of their actions. The threat of capital punishment does not stop crime.

The third and most important reason for abolishing the death penalty is that the government sometimes makes mistakes and executes innocent people. In fact, this has happened. In my view, this makes the government itself guilty of murder. For these three reasons, I believe that the United States should get rid of capital punishment, which is really just "legal murder."

단어설명

capital punishment: 사형. the death penalty.
going to the electric chair: 전기의자에 앉혀서 죽이는 것. electrocution.
the gas chamber: 가스실.

Speakers' Corner in Hyde Park

Stop & Think

1. Speakers' Corner는 무엇을 하는 곳인가? 길모퉁이에 있나?

A History of Protest: Speakers' Corner

Just to the south of Marble Arch is the area of Hyde Park known as Speakers' Corner*. Throughout the middle of the 19th century that part of the park had been the gathering point* for many demonstrators (hence the secret police-station inside Marble Arch), and in 1872 the authorities recognized the right of assembly here. Speakers' Corner isn't really corner at all, but a stretch of path* where anyone who wishes may address passers-by on any subject, provided* he or she is neither obscene nor blasphemous, and does not pose a threat to* peace and good order. If you are lucky you may witness some good exchanges between speakers and hecklers*.

단어설명

Speakers' Corner: 자신의 의사를 자유롭게 표현할 수 있는 곳.
the gathering point: 모이는 장소. the meeting point.
a stretch of path: 쭉 뻗어난 길.
provided: if.
neither obscene nor blasphemous: 불경스럽고 외설적이지 않은.
pose a threat to ~: ~에 위협을 가하다.
hecklers: 질문 공세를 퍼붓는 사람들.

힐스버러 참사 보고서

The Hillsborough Disaster on 15 April 1989

Stop & Think

1. 힐스버러 축구장 참사의 원인은?

개요

Ninety-six men, women and children died as a result of the Hillsborough Disaster on 15 April 1989. It remains the most serious tragedy in UK sporting history. Thousands suffered physical injury and/or long-term psychological harm. Twenty-three years on, the Panel has negotiated the disclosure of documents from those involved. Its analysis is published in an in-depth Report.

Hillsborough inquests jury rules 96 victims were unlawfully killed

The 96 people who died at the Hillsborough football stadium disaster in 1989 were unlawfully killed and a catalogue of failings by police and the ambulance services contributed to their deaths, the jury at the new inquests into the disaster has determined.

The verdict, which came shortly after the 27th anniversary of the lethal crush* at the FA Cup semi-final between Liverpool and Nottingham Forest, vindicated the bereaved families,* who have campaigned tirelessly against the police's efforts to blame supporters for the tragedy.

The jury of six women and three men answered 14 questions relating to the events in Sheffield of 15 April 1989, including one concerning the behaviour of supporters.

Barristers for police officers at the new inquests had repeatedly emphasised allegations of drunkenness and misbehaviour, while the families' lawyers denounced them as "perpetuating the cover-up".

On Tuesday, the jury rejected those police claims, ruling unanimously that the fans did not contribute to the dangerous situation at Hillsborough that day.

Families of the 96 victims, who ranged in age from 10 to 67, packed the courtroom in Birchwood Park, Warrington, to hear the jury deliver its decisions at the end of the two-year inquests—the longest jury case in British legal history. Many of the relatives had attended almost every day of the inquests, which began on 1 April 2014.

Once the jury had delivered its unlawful killing verdict and its exoneration* of the supporters, those in court and in an overspill annexe* cheered, applauded, hugged and burst into tears. Someone shouted "God bless the jury" and the jurors were given a round of applause as they left. Outside, the relatives gathered and spontaneously sang Liverpool football club's anthem, You'll Never Walk Alone.

링크

https ://www.theguardian.com/uk-news/2016/apr/26/hillsborough-inquests-jury-says-96-victims-were-unlawfully-killed

단어설명

lethal crush: 치명적 압사.
the bereaved families: 유족들.
exoneration: 면죄, 면책.
overspill annexe: 여분의 부속실.

칠콧 보고서 Chilcot Report

Stop & Think

1. 블레어 총리와 정보국장(MI6)이 비난을 받아야 하는 이유는?

Chilcot report

Chilcot report : Tony Blair set to be savaged in 'absolutely brutal' Iraq war inquiry verdict

The long-awaited Chilcot report into the Iraq war is reportedly set to savage Tony Blair and other former government officials in an "absolutely brutal" verdict on the failings of the occupation.

The former Prime Minister "won't be let off the hook"* over claims he offered military assistance to the former American President George W Bush, a year before the invasion of Iraq, a source told the Sunday Times.

The Inquiry, which was set up by former Prime Minister Gordon Brown in June 2009 to look into the run-up to the 2003 invasion of Iraq, will release its 2.6 million word report just two weeks after the EU referendum. It is expected to "damage the reputations" of a number of high-ranking officials.

The source added that the harshest criticism will be reserved for the former Foreign Secretary Jack Straw. "It will be absolutely brutal for [Mr] Straw," they told *the Sunday Times*. "The build-up to war is very crucial. It will damage the reputations of a number of people, Richard Dearlove as well as Tony Blair and others. But there is a second half. The report will say that we really did make a mess of the aftermath."

"We sent in inexperienced people. People were put in positions where they couldn't succeed. We didn't quite know what we were doing. After the invasion we found it very much more difficult than we had expected.

"All the things the British had been saying about how much better we were at dealing with post-conflict resolution than the Americans came very badly unstuck."*

Sir Richard Dearlove, the former head of MI6, will also face criticism for failing to prevent Downing Street from putting "gloss"* on intelligence surrounding the alleged weapons of mass destruction.

Mr Blair will already be familiar with the criticisms in the report due to the Maxwellisation process,* which allows those under fire* to respond to the allegations in the report before publication.

링크

http ://www.independent.co.uk/news/uk/politics/chilcot-report-tony-blair-set-to-be-savaged-in-absolutely-brutal-iraq-war-inquiry-verdict-a7041926.html

단어설명

let off the hook: 곤경에서 벗어나다.
unstuck : 설득력을 잃은. not glued.
gloss: 호도, 그럴싸한 설명.
the Maxwellisation Process: 보고서 출간 전에 비난 받을 대상자에게 응답하도록 하는 법 실행 과정.
those under fire: 비난을 받는.

멘트

2003년 영국은 미국과 함께 이라크 전쟁에 참전을 결정한다. 사담 후세인 이라크 정권이 인명 대량 살상용 무기를 보유하고 있다는 것이 주된 이유였다. 칠콧 보고서의 요지는 당시 블레어 총리와 정보국장이 허위 정보로 영국의 전쟁 참전을 결정한 것은 불법이라는 것이다. 진실을 밝혀내는 데 무려 13년이 걸렸다. 블레어와 핵심 참모들은 불명예를 안게 되었다.

내용정리

1. 영국 경찰을 Bobby라는 애칭으로 부른다. 이들은 법질서의 수호자(guardian)요 대중의 보호자(protector)로 인식된다.

2. 감옥소의 감방을 Cell이라 부른다. 세포란 뜻도 있고, 아주 협소한 공간, 감방이란 뜻도 있다. 영국과 EU국가들은 사형 제도를 폐지했다.

3. 총선을 a general election으로, 총파업을 a general strike라고 부른다. 보궐선거는 by-election or bye-election이다. 지역구(constituency)에서 대표로 선출된 사람이 국회의원(MP)이 된다.

4. 런던 하이드 파크 길가에 있는 Speakers' Corner에서도 자유롭게 발언을 할 수는 있지만 언어의 품격을 지켜야 한다.

8장 대중문화

About Pubs

Stop & Think

1. 영국 펍(pub)의 특이사항은?

About Pubs*

Pubs are an important part of life in Britain. People go to the pub to relax, meet friends, and sometimes to do business.

But pubs are not open to everyone, and they are not open all the time. People under the age of 14 cannot go into pubs. And they are only open from about 11 a.m.(opening time) until 2:30 p.m., and 5:30 p.m. until 10:30 or 11 p.m.(closing time). When it's closing time, the barman calls "Time!" or "Time, gentlemen, please!"

You can buy most kinds of drink in a pub: beer, lager, all kinds of wine, spirits*, liquors*, fruit juice and soft drinks*. Beer is the most popular drink. You can ask for beer by the "pint" (a little more than half a litre) or the "half pint." When people buy beer they ask for "bitter" (strong beer), "mild" (less strong), or lager.

Most pubs do not sell hot drinks, like coffee or tea, but many sell hot and cold food. Pub food (called "pub grub") is often good, is cheaper than most restaurant food, and you don't have to leave a tip. There are no waiters in pubs.

단어설명

Pubs: 대중들이 출입하는 선술집. the public house의 줄임말.
spirits: 알코올.
liquors: brandy, whisky 등 독한 증류수.
soft drinks: 알코올이 포함되지 않은 음료.

The Rise and Fall of London Newspapers

Stop & Think

1. 영국 신문의 종류와 이들 신문의 정치적 색채는?

The Rise and Fall of London Newspapers

Throughout the 18th and 19th centuries, the growth in newspaper publishing was steady. *The Times* was first published in 1788, *The Observer* in 1791, and the *Sunday Times* in 1822. George Newnes saw the potential readership* that had been created by universal education* in England, and designed his magazine for the newly literate* working class. The *Daily Mail* is for the working class. Alfred Marmsworth launched The *Daily Mail*. His dictum* was *"Explain, simplify, clarify."* The *Daily Mirror* is a paper for "gentlewomen." Leading up to the 1980s, all the major London-based papers had offices in Fleet Street, London. Not until the mid-1920s were newspapers upstaged*, first by radio and then by cinema newsreels. Between the wars, leading journalists and columnists were men of enormous prestige*. It was television, in the 1950s and 1960s, that cut* deep into Fleet Street market.

In 1855, *The Times* was challenged by the arrival of The *Daily Telegraph*. Although The *Telegraph* attracted a good many readers, it never had the authority and the influence of *The Times*. Well into the 20th century, *The Times* (Rupert Murdoch, an Australian, is the owner of *The Times* and *The Sun*) continued to be regarded as *the* British newspaper, the official organ of any right-wing government. His great rival, the late Robert Maxwell kept The *Daily Mirror*. *The Guardian* (for the left-wingers*), *The Independent* (for the right-wingers), *The Observer* (weekly at the present time) are the newspapers of such a good quality.

단어설명

the potential readership: 잠재적 독자(층).
universal education: 보편적 교육.
literate: 글을 읽고 쓸 수 있는.
dictum : (권위자의) 의견, 격언.
upstaged: 불리한 입장에 놓이다.
men of enormous prestige: 엄청난 명망을 지닌 사람들.
cut deep into: 긴축 삭감하다.
the left-wingers: 정치적 좌파들. 의회에서 왼쪽에 앉았다고 해서 생겨난 명칭.

멘트

〈썬〉(*The Sun*)지의 특별한 점

1. 영국의 대표적 '찌라시' 신문
2. 3면에 여성 누드 고정란이 있는 '화끈한' 신문
3. 영국서 판매부수가 가장 많음
4. 우파 정부를 지지하며 민족주의 성향이 강함 (예 브렉시트 찬성)
5. 읽는 신문이라기보다는 (선정적인) 사진을 보는 신문

저널리즘과 '처널리즘'의 차이

Churnalism

is a form of journalism in which press releases, wire stories and other forms of pre-packaged material are used to create articles in newspapers and other news media in order to meet increasing pressures of time and cost without undertaking further research or checking.

단어설명

churn something out:
~을 대량으로 찍어내다. 원래 우유를 휘저어서 버터를 만드는 것을 의미한다.

진정한 저널리즘/ 저널리스트가 신봉하는 원칙

A good journalist should uphold the ethics of objectivity, neutrality, and impartiality.

BBC(British Broadcasting Corporation)

공정보도의 대명사이다. 1922년 초대방송 국장은 존 리스(John Reith)이다. 지금도 매년 John Reith Lecture Series가 진행되고 있다. 영국민의 94%가 BBC를 시청한다. BBC가 신뢰를 받는 이유는 아래와 같다.

1. Independent (voice)/ autonomous(자율적)
2. Impartial (neutral; objective; unpatriotic)

   예) 포클랜드 전쟁 중 영국군을 '아군' 아닌 '영국군'(British troops)로 호칭했다.

3. honest (no compromise in dealing with the truth)

비틀스 The Legend of the Beatles Still Alive Today

Stop & Think

1. 비틀스의 인기 비결은?

The Legend of the Beatles Still Alive Today

Taken From *The Time* 100: Artists and Entertainers (Monday, June 8, 1998)

And who could overcelebrate* those most emblematic* of '60s pop phenomena, the Beatles? For the Beatles were then, and remain to this day, the world's most astonishing rock-'n'-roll band.

In the winter of 1964, when "Beatlemania," an obscure hysteria that had erupted* in Britain the year before, suddenly jumped the Atlantic and took instant root here.

In February 1964, and 70 million people tuned in. A congratulatory telegram from Elvis Presley, the great, lost god of rockabilly*, was read at the beginning of the show, in what might have been seen as torch-passing fashion, and Americans—or American youth, at any rate.

Looking back, though, it seems likely that the Beatles—with their buoyant spirits*, their bottomless charm, their unaccustomed and irrepressible wit—could probably have boosted the mirth quotient* at a clown convention. Their overflowing gifts for songcraft, harmony and instrumental excitement, their spiffy suits* and nifty haircuts*, their bright quips* and ready smiles, made them appear almost otherworldly*, as if they had just beamed down from some distant and far happier planet*. Actually, of course, they hailed from Liverpool, a semi-grim seaport* on the northwestern coast of England.

John Lennon, born there in 1940, never knew the seagoing* father who had deserted his mother; mainly a doting aunt raised the boy*. He grew up arty and angry—and musical, it turned out, after his mother bought him the traditional cheap kid guitar (the label inside said guaranteed not to split, and he quickly worked out the chords to the Buddy Holly hit *That'll Be the Day*.

Paul McCartney, born in 1942 and destined to become Lennon's songwriting soul mate, seemed a sunnier type* : well mannered, level-headed*, all that. But he had weathered trauma* of his own, losing his mother to breast cancer in his early teens. McCartney encountered Lennon in the logical way, given the times and the two boys' musical interests : on the skiffle scene.*

By 1965 the Beatles had become such a huge British export that they were given a royal award : the Member of the Order of the British Empire, or M.B.E.* (They took this about as seriously as anyone might have expected, all four of them firing up a joint* in a Buckingham

Palace washroom before the ceremony, and Ringo commenting on his M.B.E., "I'll keep it to dust* when I'm old.")

The paths of Lennon and McCartney, however, were diverging drastically*. Each took a wife (John married Japanese avant-garde artist* Yoko Ono, and Paul wed American rock photographer Linda Eastman who is now dead) and drifted even farther apart*, Lennon growing bitter, McCartney adopting the air of the contented family man.* He now remains remarried.

By 1969 Lennon was ready to quit the group. McCartney is said to have talked him out of going public* with this desire; but then in April 1970 McCartney himself announced that the group was disbanding*.

And Lennon moved to New York City, where he had always wanted to be, and ironically became that most English of figures, the reclusive eccentric*. He was shot down in 1980, and the Beatles were nevermore. Except for their music, which is eternal. *Kurt Loder, a former editor at* Rolling Stone *magazine, is the anchorman for* MTV News.

링크

http ://www.time.com/time/time100/artists/profile/beatles4.html

단어설명

overcelebrate: 과대평가하다.
emblematic: 상징적인.
erupted: (비틀스에 대한 열광이) 분출하다.
tuned in: 달성하다, 기록하다.
rockabilly: 열정적인 리듬의 록 음악.
buoyant spirits: 명랑한 기운.
boosted the mirth quotient: 즐거움의 몫을 부추겼다.
spiffy suits: 멋진 양복. smart.
nifty haircuts: 멋진 헤어컷 스타일.
quips: 경구.
otherworldly: 다른 세상의 (사람들).
distant and far happier planet: 멀고 훨씬 행복한 행성(에서 온).
seagoing: 뱃사람의, 선원의(sailor).

a semi-grim seaport: 반쯤 험상스러운 항구도시.
a sunnier type: (레논 보다) 좀 더 밝은 타입.
level-headed: 분별 있는.
weathered trauma : 심리적 상처를 견디어내었다.
on the skiffle scene: 스키플 장에서 (우연히 만났다). 스키플은 1920년대 미국에서 유행한 재즈의 한 스타일.
M.B.E.: 왕실이 주는 훈장. Member (of the Order) of the British Empire의 줄임말.
firing up a joint: (속어) 마리화나 담배(속어: a joint)를 태우며.
keep it to dust: 그것(훈장)을 하찮은 것으로 여기겠다.
diverging drastically: (두 사람이 택한 길이) 철저히 갈라졌다.
avant-garde artist: 실험적, 전위적 예술가.
drifted even farther apart: (레논과 폴의 사이가) 훨씬 소원해지다.
air of the contented family man: 흡족한 가정인의 태도.
going public: 비밀을 공표하다.
disbanding: (그룹을) 해체하다.
the reclusive eccentric: 은둔생활을 하는 괴짜.

"Working Class Hero" / by John Lennon

Stop & Think

1. 이 노래가 담고 있는 반항적 메시지는?

"Working Class Hero" / by John Lennon
As soon as you're born they make you feel small*
By giving you no time instead of it all
Till the pain is so big you feel nothing* at all
A working class hero is something to be*
A working class hero is something to be

They hurt you at home and they hit you at school

They hate you if you're clever and they despise a fool
Till you're so fucking crazy you can't follow their rules
A working class hero is something to be
A working class hero is something to be

When they've tortured and scared* you for 20 odd years
Then they expect you to pick a career*
When you can't really function you're so full of fear
A working class hero is something to be
A working class hero is something to be

Keep you doped with* religion and sex and TV
And you think you're so clever and classless and free
But you're still fucking peasants* as far as I can see
A working class hero is something to be
A working class hero is something to be

There's room at the top they are telling you still
But first you must learn how to smile as you kill
If you want to be like the folks on the hill*

A working class hero is something to be
If you want to be a hero just follow me
If you want to be a hero well just follow me

단어설명

feel small: (신분, 지위가) 낮다고 느끼게 (만드는).
feel nothing: 무가치한 존재라고 느끼게 (만드는).
A working class hero is something to be: 노동계급은 영웅이 될 만한 가치가 있는 대단한 것.
have tortured and scared: 고문하고 겁나게 해왔던.
pick a career: 출세하다.
Keep you doped with ~: ~에 중독 된. be addicted to ~.
peasants: 촌사람.
the folks on the hill: (밑바닥이 아닌) 언덕 위에 사는 부류.

멘트

John Lennon(19401980)은 노동계급의 영웅으로 세상을 뒤흔든 네 명의 사내들(Four Lads Who Shook the World) 중 리드 싱어다. 1966년 그는 "비틀스가 예수보다 더 인기가 있다고 말했다"(The Beatles is bigger than Jesus). 계급구분이 없는 사회를 꿈꾸었던 반문화의 상징 인물이다.

"We Are the Champions" / by Queen

Stop & Think

1. We는 누구인가? 무슨 잘못을 저질렀나?
2. 이 노래가 전달하는 메시지는?

"We Are the Champions" / by Queen
I've paid my dues* -
Time after time -
I've done my sentence

But committed no crime -
And bad mistakes
I've made a few
I've had my share of sand kicked in my face* -
But I've come through

We are the champions—my friends
And we'll keep on fighting—till the end -
We are the champions -

We are the champions
No time for losers*
'Cause we are the champions—of the world -

I've taken my bows*
And my curtain calls* -
You brought me fame and fortune and everything that goes with it -
I thank you all -

But it's been no bed of roses*
No pleasure cruise -
I consider it a challenge before the whole human race -
And I ain't gonna lose -

We are the champions—my friends
And we'll keep on fighting—till the end -
We are the champions -
We are the champions
No time for losers
'Cause we are the champions—of the world -

단어설명

paid my dues: 세금을 냈다.
had my share of sand kicked in my face: 비난을 당연히 맞으며.
No time for losers: 패자들에겐 설 자리가 없다.
I've taken my bows: 난 인사를 해왔다.
curtain calls: (가수, 배우를) 무대로 다시 불러내다. 앵콜.
bed of roses: 안락한 지위.

Homosexuality and AIDS

Stop & Think

1. 동성애자 예술가의 '불명예'를 정당화시킬 수 있는 논리는?
2. 인간이 불멸성을 성취할 수 있는 방안은?

Homosexuality and AIDS*

Freddie's premature death of AIDS was a consequence of his imperfection and as a stigma it follows his name to this day. His complete artistic work is also stigmatized because of the same reason.

The truth is that homosexuality isn't natural. In spite of the great effort of homosexual people to make their lifestyle equal to that of heterosexual*, it is still not possible to achieve that, because it is not possible to negate the dialectic of life*. But derision is also not natural, nor are discrimination*, cruelty and hatred, and those are precisely the attitudes homosexual people have to deal with most.

Love, which those people are looking for, is natural. Their feelings are also natural. So why don't they direct them towards natural partners so the sexual contact could also remain natural?

People are trying to achieve immortality* through numerous activities. One of the most common ways are all sorts of religions which offer eternal life. The science is also looking for a way, at a cost of* suffering of millions of living creatures, in laboratories (cloning* is the thing people are looking for—creating life without the direct participation of the female principle). Genetic engineers* already rub their hands*—little more time and they will be immortal.

Besides all those counted*, homosexual people have an additional way of compensating* their fear of death—they choose a partner of the same sex and live the sexual dialectic in an unconventional* way. They have everything the others have—love and tenderness—but they don't have offsprings*, which brings them an illusion of not getting old, of staying young forever.

So, after getting to the bottom of things* like that we can't be surprised by the fact that the majority of homosexual people are artists, because artists most of all people live according to their own rules. This means that homosexual people are not so different from the others who had compensated their fear of death in some other way. Their situation is just much more complicated because sexuality is one of the most delicate areas of a human life.

Freddie Mercury is the most famous victim of AIDS. It is a big irony he was taken by death in such a cruel form* because his unconventional sexuality was caused by his fear of death. Still, the fascinating personality of this great artist maybe helps in clearing the AIDS of stigma. It was a big wish of Freddie to clear this mysterious disease of stigma. This was one of the reasons he decided to stand in front of cameras, despite of his deadly illness. He wasn't wearing a mask this time, there was just him, hand in hand with death. On the black and white film Queen released after his death we can see Freddie leaving us with his head high and without regrets.

단어설명

AIDS: 에이즈, 후천성 면역 결핍증. AIDS = *A*cquired *I*mmune *D*eficiency *S*yndrome의 약자.
heterosexual: 이성애자 vs homosexual(동성애자).
negate the dialectic of life: 삶의 변증법(남녀, 즉 이성이 결합하여 제3자, 자손을 만드는 것)을 부정하다.
discrimination: 차별.
immortality: 불멸성.
cloning: 클로닝. 체세포 복제기술.
Genetic engineers: 유전공학자들.
rub their hands: 손을 대다, 만지작거리다.
Besides all those counted: 고려된 것들 이외에도.
offsprings: 자손들, 후손들.
getting to the bottom of things: 사물의 본질에 도달한.
such a cruel form: (에이즈라는) 아주 잔인한 형식으로.

Pip & Estella / Charles Dickens, *Great Expectations*

Stop & Think

1. 주인공 핍(Pip)은 무엇 때문에 상처를 받는가?

2. 미쓰 해비샴(Miss Havisham)이 에스텔라(Estella)를 시켜 핍을 괴롭히는 이유는?

'He calls the knaves,* Jacks, this boy!' said Estella with disdain, before our first game was out. 'And what coarse hands he has! And what thick boots!'

I had never thought of being ashamed of my hands before; but I began to consider them a very indifferent pair. Her contempt for me was so strong, that it became infectious, and I caught it.*

She won the game, and I dealt. I misdealt, as was only natural,* when I knew she was lying in wait for me to do wrong; and she denounced me for a stupid, clumsy labouring-boy.

'You say nothing of her,' remarked Miss Havisham to me, as she looked on. 'She says many hard things of you, but you say nothing of her. What do you think of her?'

'I don't like to say,' I stammered.

'Tell me in my ear,' said Miss Havisham, bending down.

'I think she is very proud,' I replied, in a whisper.

'Anything else?'

'I think she is very pretty.'

'Anything else?'

'I think she is very insulting.' (She was looking at me then with a look of supreme aversion.*)

'Anything else?'

'I think I should like to go home.'

'And never see her again, though she is so pretty?'

'I am not sure that I shouldn't like to see her again, but I should like to go home now.'

'You shall go soon,' said Miss Havisham, aloud. 'Play the game out.'

-Charles Dickens's *Great Expectations*, 8장.

단어설명

knave: 카드놀이의 잭(Jack).
I caught it: 내게 경멸심이 옮아 왔다.
as was only natural: 당연한 일이지만.
aversion: 혐오.

내용정리

1. 비틀스의 팝음악, 그룹 퀸의 록(rock) 음악, 미니스커트와 펑크족의 고향이 바로 영국이다. 답답하고 억누르는 것이 많다보니 저항의 몸짓도 그만큼 절박하고 강하다고 할 수 있다.

2. 영국에서 계급을 구분하는 기준은 외양, 재산, 직업이 아니라, 바로 그 사람이 구사하는 영어이다. 품위 있는 영어를 구사하거나, 말의 구사력(articulation)이 뛰어난 사람은 교육받은 사람으로 인식된다. 출세를 위해 자신의 말투를 바꾸는 사람들도 있다. 이른바 voice transplant라는 아주 이색적인 이식수술(?)을 하는 셈이다. 자신의 뿌리와 지역을 숨기는 것이 아무래도 속물주의의 발현일 수도 있다. 특정 지역과 계층의 사투리를 당당하게 사용하되, 언어의 구사력과 탄탄한 문장력이 뒷받침된다면 좋을 것 같다.

3. 영국의 선술집에서는 대개 안주 없이 술을 마신다. 땅콩, 얇게 썬 감자튀김(crisps) 등이 고작이다. 이곳에서 식사도 할 수 있다. 레스토랑에 가면 줄을 서서 안내를 받아야 하지만, 펍은 출입이 자유롭다. 펍의 운영도 철저한 시간제이다. 밤 11시면 문을 닫는다. 맥주의 종류

도 여러 가지인데, 아일랜드 흑맥주(Guinness)는 임산부에게도 좋을 정도로 영양이 듬뿍 담겨있다고 한다.

4. 아마도 전 세계 민족 중 신문을 가장 애독하는 지성적인 사람들이 바로 영국인 것이다. 축축하고, 실내에 갇혀 지내야 하는 날이 많은 날씨 탓에 책과 신문 읽기가 보편화된 것 같다. 영국에서 지하철과 기차와 버스를 타면 도서관 혹은 독서실에 온 것이 아닌가 하는 착각이 들 정도로 사람들은 늘 뭔가를 읽고 있다.

5. 어떤 신문을 읽는가에 따라서 그 사람의 정치적 노선(political line)이 분명하게 드러난다. 당당하게 자신의 정치적 노선을 드러낸다. *The Times*와 *Daily Telegraph*를 읽는 사람들은 공무원 혹은 보수성향이 강한 사람들이고, *The Guardian*과 *The Observer*를 읽는 사람들은 좌파성향이 강하다.

6. 톨스토이는 예술의 기능을 "상호이해와 감정결속을 가져오게 하여, 폭력을 일소하고 인간을 행복에 이르게 하는 것"으로 보았다. 프레디 머큐리는 음악을 통해 사회가 동성애자(소수자들, 주변인들)를 동등한 인간으로 받아들여주길 호소했다.

9장 클럽문화와 스포츠 및 커피하우스

영국인의 클럽문화

독일인 3명이 모이면 군대를 만들고, 프랑스인 3명이 모이면 혁명을 모의하고, 영국인 3명이 모이면 클럽을 만든다는 말이 있다. 영국인은 혼자면 홍차를 마시면서 신문을 읽으며 생각을 하고, 둘이면 서로 무관심하지만, 셋이면 동호인 클럽을 만든다. 영화『죽은 시인의 사회』는 삶의 골수를 마시며 위대한 시인들의 시를 사랑하는 클럽의 이름이다. 영국인의 클럽은 나이트클럽, 섹스 클럽, 댄스 클럽, 악의 온상이 아니라, 귀족들, 신사들, 댄디(Dandy)들이 모여 식사를 하고 특정 주제에 대해 토론을 하는 배타적이며 은밀한 공간이다. 이런 귀족 클럽이 도시의 하층민에게 적대감의 표적이 되었던 적도 있었다. 예를 들면, 1880년대 런던에서 집주인들이 임대료를 인상하자 이에 격분한 가난한 사람들이 런던의 클럽 유리창에 돌을 던지며 때려 부수는 폭동을 일으켰던 적이 있었다. 클럽의 유래와 종류 및 특성을 알아보면 재미있는 사실을 알 수 있다.

본래 클럽은 도박장이 발전된 것으로 담배연기 자욱한 남성전용이었으나, 차츰 여성이 클럽을 경영하기 시작하면서 댄스가 도박을 대체했고 클럽 내에 여성만의 공간도 만들어졌다. 1864년 수상과 대주교가 출입하는 클럽이 처음 등장한 이후로 18세기, 19세기에 귀족과 댄디, 작가들이 출입하는 클럽이 생겨났다. 전성기에는 성직자, 군인, 정치인, 여행객, 배우 전용 클럽이 생겨났다. 각 클럽은 서로 다른 정치적 견해와 관심과 직업을 내세웠다. 회원이 되려면 위원회의 심의와 승인을 얻어야 하고, 일정한 연회비도 내야한다. 일정한 자격과 품위를 요구한다는 점에서 클럽은 돈만 있으면 누구나 갈 수 있는 한국의 호텔과 레스토랑과는 사뭇 다르다. 영국에서 사보이 호텔에 들어가려면 정장차림이어야 하며, 해로즈 백화점의 화장실을 이용하려면 1파운드(한화 1,500원)를 내야한다. 이런 규정은 단골고객에게 불쾌감을 최소화하고 일정한 품격을 유지하기 위한 것이다. 여하튼 클럽 회원은 식사, 도박, 독서, 토론을 할 수 있는 권리를 갖게 된다. 회원이 아닌 사람이 클럽에 출입을 하려면 회원의 손님 자격으로서 가능하다.

유학시절 영국의 하퍼즈 콜린즈 사장이 회원으로 있는 문인 클럽의 내부 분위기를 접한 적이 있다. 한국의 한 소설가가 쓴 작품의 영역본 출간을 기념하는 자리에 통역 일을 돕기 위해 갔었던 문인 클럽의 내부는 서재와 안락의자와 응접실 및 식당으로 구성된 안락한 공간이었다. 오래된 가구와 벽지와 괘종시계가 전통을 잘 반영하고 있었다. 런던에서 클럽이 밀집해있는 곳은 중심부인 웨스트엔드의 세인트 제임스 스트리트다. 이곳에는 왕립 자동차 클럽, 옥스퍼드와 케임브리지 동문 클럽, 명문 사립고 동문 클럽, 보수당의 회합장소인 칼튼 클럽 등이 위치하고 있다.

클럽은 철저히 회원제로 운영되는 오프라인 동호인 모임이다. 신흥부자라도 품격과 신용이 검증된 경우에만 회원으로 받아들여진다. 말을 잘 하고 지식이 풍부한 사람보다는 '명예'(Honor)를 중시하고 '고매한 천성'(Noble Instincts)을 지닌 사람을 회원으로 받아들인다. 영화 『남아있는 나날』에 등장하는 귀족 달링턴 경은 고매하고, 정직하며, 선량한 전형적인 영국 귀족이다. 하지만, 그는 나치 독일의 배신과 권모술수에 농락당해 영국 내에서 반역자로 낙인 찍혀 쓸쓸히 죽는다.

그가 순진한 몽상가로 보일지 모르지만, 선과 정의를 지향하는 그의 이상주의와 자신보다 신분이 낮은 사람을 동정하는 구휼정신은 자국의 이득을 우선하는 냉혹한 국제현실과 대조되면서 빛과 향기를 발한다.

제1차 세계 대전 당시 영국 귀족의 20%가 전쟁터에서 죽었다. 명예를 존중하고, 솔선수범하고, 부의 사회 환원을 실천했던 상류층의 도덕적 책무, 즉 '노블레스 오블리주' 정신이 아름답게 발현되었다. 영국인들은 질서'(Order)와 '명예'(Honor)와 '신용'(Trust)과 '의무'(Duty)를 중시하는데, 클럽은 물질주의와 이기주의가 만연한 혼탁한 시대에 이런 고매한 정신적 가치의 온상으로 남아있다.

글 박종성(충남대 영문과 교수). 〈라비도르〉 2003년 8월호.

귀족 스포츠와 대중 스포츠

귀족 스포츠: 폴로(Polo)와 여우사냥(Fox Hunting)

영국에서 하이클래스가 되려면 교양과 품위를 갖추어야 한다. 하이클래스만 출입하는 전용 클럽과 사교회가 있다. 제아무리 돈이 많아도 불명예스런 경력이 있거나 인격에 흠결이 있으면 클럽의 회원이 될 수 없다. 문인들이 출입하는 클럽, 군인과 정치인이 출입하는 클럽 등등 수많은 배타적인 클럽이 있다. 따라서 이런 클럽 활동 없이 하이클래스의 삶을 유지하기란 어렵다. 지적 담론을 나눌 수 없고 정보를 교환할 수도 없다. 클럽 활동을 유지하기 위해서 꾸준히 독서를 해야 하고, 음악과 미술을 감상할 줄 아는 세련된 예술적 취향을 지녀야 하며, 신문과 잡지를 꾸준히 읽어야 한다. 오늘날 영국에서 계급을 구분하는 잣대 중 하나가 바로 품위 있는 영어를 구사할 줄 아느냐 아니냐이다. 제대로 언어를 구사하는 능력을 갖추려면 지적·문화적 생활을 추구해야 한다.

하이클래스는 자신들만의 여가와 스포츠를 즐긴다. 축구가 대중스포츠라면, 승마와 폴로 및 여우사냥은 귀족 스포츠이다. 테니스와 골프는 원래 귀족 스포츠였지만, 이제는 대중 스포츠가 되었다. 귀족 스포츠는 말을 타고 움직인다는 공통점을 지닌다. 승마를 즐기는 여왕의 모습, 폴로 경기를 하는 찰스 황태자의 모습, 그리고 귀족들의 여우사냥 모습은 하이클래스의 전통과 권력과 특권을 상징한다. 승마를 하려면 마필 관리인과 잘 길러진 말이 필요하다. 또한, 말을 잘 다루고 호흡을 맞추는 기술이 필요하다. 승마에서 승리했을 때 개인적인 만족감보다는 말에게 애정을 베푸는 인간성이 더 필수적이다. 승마를 통해 자신의 관리 하에 있는 사람들을 보살피는 마음씨를 기르게 된다.

폴로는 말을 타고 공치기를 하는 놀이로서 승마, 하키, 게이트볼, 골프의 기술이 모두 필요한 종합 스포츠이다. 포스터 원작의 영화『인도로 가는 길』에서 볼 수 있듯이, 폴로는 말과 호흡을 맞추고 팀과 서로 협력하면서 스틱으로 공을 처넣는 위험하고 역동적인 경기이다. 찰스 황태자가 폴로 경기로 인해 팔과 다리가 부러졌다는 소식을 종종 접하게 된다. 본래 폴로는 기마민족이 활동하던 페르시아에서 유래되고 인도에서 발전된 것으로 식민지 시절 영국인들이 즐겼다. 체력, 스피드, 지구력 및 팀워크가 요구되며 말과 안전장비를 갖추어야 할 수 있는 귀족 운동이다. 축구처럼 간편하게 어느 곳에서든지 할 수 있는 스포츠가 결코 아니다.

다음으로 여우사냥은 귀족들의 전통적 스포츠이다. 여우사냥을 할 수 없었던 신흥자본가들이 승마를 스포츠로 발전시켰다. 영화『남아 있는 나날』에서 여우사냥의 장면을 접할 수 있다. 말을 탄 신사숙녀가 폭스 하운드라는 사냥개를 수십 마리 동원하여 여우를 쫓게 하여 죽이는 잔인한 스포츠이다. 동물애호가들은 잔인성을 이유로 여우사냥의 금지법 제정을 요구하지만, 가축에 피해를 주는 여우퇴치와 전통계승을 주장하는 귀족들의 주장이 서로 팽팽하게 맞서고 있다. 그런데, 흥미로운 점은 농촌주민들 상당수가 사냥 스포츠 금지가 초래할 수 있는 숙박업 위축과 일자리 상실을 우려하여 여우사냥을 찬성하고 있다는 사실이다. 이윤을 위해서는 잔인한 스포츠도 계급적 위화감을 조성하는 적대적 행위를 눈감아 줄 수 있다는 의식구조가 퍽 흥미롭다.

대중 스포츠: 크리켓과 축구

마지막으로 크리켓을 살펴보자. 크리켓은 귀족 스포츠가 아니라 영국의 민족 스포츠이다. 영국의 존 메이저 전 수상은 퇴임 후 크리켓 해설가로서 손색이 없을 정도로 크리켓 광이었다. 여름이면 푸른 잔디 위에서 흰색 스웨터와 면바지를 입고서 크리켓 경기를 하는 모습을 흔히 볼 수 있다. 이 경기의 특징은 느림과 여유에 있는데, 이런 점은 완만의 미학을 추구하는 영국인의 기질과 딱 맞아 떨어진다. 버지니아 울프의 원작 영화『등대로』의 시작 부분에 콘월 해안가 모래사장 위에서 램지 가족이 한가롭게 크리켓 경기를 하는 아름다운 장면이 등장한다. 아마도 운동경기 중 크리켓이 가장 긴 시간동안 가장 적은 체력을 요구하는 느슨한 스포츠에 해당될 것이다.

크리켓 경기가 품격 있는 스포츠로 인식된 이유는 아마도 이 흰색 의상과 과도한 스피드와 힘을 요구하지 않는 특징과 연관이 있다고 생각한다. 영화와 텔레비전에서 자주 볼 수 있듯이, 흰색 의상은 백인의 특권과 여유의 상징체로 여겨진다. 아프리카 초원에서 수렵여행(safari)을 할 때나 인도에서 코끼리 등에 올라타고 여행을 할 때, 영국인 남녀의 복장은 한결같이 흰색이다. 이들이 흰색의상을 선호하는 이유는 흰색이 태양빛을 반사하여 시원하게 해준다는 실용적 이유 때문이다. 그러나 사무직 종사자를 의미하는 '화이트칼라'라는 말이 계급적 의미를 내포하듯, 흰색 옷을 입으려면 세탁과 다림질을 해줄 하인이 필요하다. 즉 하이클래스만이 흰옷을 입을 수 있다는 결론에 이른다.

크리켓 경기는 공을 던지는 사람의 속임수에 대해 징계가 엄하며, 페어플레이 정신을 강조하고, 심판의 판단을 존중할 것을 요구한다. 런던의 두 크리켓 경기장인 Oval과 Lord's에서 경기가 열릴 때면, 영국인들은 가족과 친구들과 함께 경기장에 가서 음식을 먹으며 담소를 나누며 경기를 관람한다. 지루하게 보이는 크리켓 경기에 영국인들 모두가 중독된 것 같다. 진흙 속에서 뒹굴며 전쟁을 치루 듯 하는 노동계층의 스포츠인 축구에 비하면, 흰옷을 입고 푸른 잔디 위에서 젠틀하게 경기를 진행하는 크리켓에는 품격과 여유가 묻어난다.

영국의 하이클래스는 자신들의 전통과 특권을 유지하기 위하여 다른 계층과 자신을 구별 짓는 전략을 부단히 모색한다. 그래서 하이클래스는 자신들만의 클럽과 의상과 스포츠를 추구한다. 한국에서 옷로비가 벌어지고 외재차를 구입하려는 이유는 옷과 자동차가 사회적 지위를 나타내주기 때문일 것이다. 엘리자베스 1세의 의상이 화려하고 장식적이었던 이유도 바로 타의 추종을 불허하여 자신의 독보적 위치를 확립하고 강화하기 위한 전략이었다. 그럼에도 불구하고 물질적 부로 쉽게 살 수 없는 것은 신용과 명예이다. 외면의 화려한 스타일보다는 내면의 단단한 본질을 추구하는 것이 하이클래스가 지향해야 할 점이다. 진정한 하이클래스는 옷을 잘 입는 멋쟁이 댄디와 돈은 많으나 교양이 부족한 졸부와 생득적 특권을 누리는 귀족과는 달라야 한다.

글 박종성(충남대 영문과 교수). G & L (Golf & Highlife) 2003년 7월호.

크리켓

1. 크리켓은 '잉글랜드적인 것'(Englishness)을 구현한 영국인들의 국민적 스포츠이다. 크리켓은 느림, 여가, 녹색 잔디, 하얀 플란넬 셔츠가 어우러진 너무나 영국적인 스포츠다. 2012년 런던올림픽에서는 야구가 사라졌다. 영국에 야구장을 새로 세운다는 건 말도 안 되는 비실리적인 투자로 받아들여질 것이다.

2. "크리켓의 위대한 영광은 시합에 있는 것이 아니라 시골마을 잔디밭에 있다." -Richard Holt

3. 축구 럭비 크리켓 골프 테니스 경마 등 대부분의 근대스포츠를 탄생시킨 영국은 이를 대중에게 확산시킴으로써 국민에게 활력과 역동성을 불어넣을 수 있었다. 또 스포츠는 사회통합의 촉매 역할을 했고, 스포츠맨십과 페어플레이 정신은 제국 운영에도 도움이 됐다. -박지향 지음. 『영국적인, 너무나 영국적인』(기파랑, 2006).

여우사냥(fox hunting)

영국의 전통 여우사냥은 말에 탄 사냥꾼이 사냥개 수십 마리를 거느리고 여우를 쫓다가 사냥개들에게 물어 죽이도록 하는 사냥방식이다. 요즘엔 레저 활동으로 받아들여지면서 농촌의 일부 수입원이 되고 있다. 하지만 동물보호협회는 잔인성을 이유로 철폐를 요구해왔다.

영국에선 1960년대에 이미 동물 보호가 사회의 중요 이슈로 대두되었는데, 수백 년 전통의 귀족 스포츠인 '여우샤냥'이 주요논란 거리였다. 인간이 즐기기 위해 수렵활동을 하는 것이 잘못됐다는 것이다. 여우사냥은 수많은 논란 끝에 지난해 노동당 정부가 이를 불법화함으로써 일단락됐다.

스포츠와 이데올로기의 상관성

1. 왜 스포츠인가?

육체적 건강과 도덕을 유지하는 데 도움을 주는 유용한 도구.

'공정한 정신'(Fair play) 습득을 통한 난폭함 순화

사회통제 및 기율강화

국민통합 및 민족주의 형성

국가영광 고취 수단

"영국인의 우월성은 운동경기가 주입한 건강과 성격에 있다."

-E.C. Welldon

2. 유래

기사도 정신의 변형

스포츠 애호주의(athleticism)를 통한 남성성 훈련

영국인 남성을 "아름답고, 강하고, 고귀한 존재"로 만들기

3. 스포츠 반대론

감리교(웨슬리): 경건함과 금욕을 강조, 난폭성과 여흥에 반대

매튜 아놀드는 스포츠를 야비하고 비인간적인 것으로 봄

상업화와 조직화 숭배 문화 반대

4. 스포츠 확산 촉진제

여가 시간 증대, 경제력 향상, 기차선로 확장

5. 종류

축구: 노동계층 스포츠. "백정의 자식들에게 적합한 운동"으로 폄하됨

럭비: 중간계층

승마, 사냥: 상류층 스포츠. 여성에게도 해당

테니스, 골프, 크로케: 중산층 스포츠. 여성에게도 해당. 골프는 중년 여성에게 자신감을 부여함

그라운드 볼링: 노인 및 대학생

크리켓: 영국인 남성의 국민적 스포츠

자전거 타기: 가난한 사람들도 즐길 수 있는 스포츠. 상류층의 스포츠 독점을 깨뜨림

6. 스포츠와 여성해방

다리를 벌리고, 동반보호자 없이 자전거를 타고 신선한 공기와 자유를 누리는 것이 가능해짐

7. 평가

스포츠는 여성의 몸을 꽉 끼는 드레스와 코르셋에서 해방됨

결혼상대자를 구하려고 테니스장을 출입한 여성들

축구공의 역사 Early Ball History

Stop & Think

1. 축구공의 재질과 색상은 어떻게 변해왔는가?

Early Ball History

Through out history, humans have enjoyed kicking a ball or something like a ball. South American Indians were known to use a light elasticized ball. However; rubber was not to be practically manufactured until a few thousand years later.

According to historical references and legend, early balls ranged from human heads, stitched up cloth*, animal and human skulls to pig or cow bladders.*

According to legend, an entire village would kick a skull along a path to a nearby village square. The opposing village would in turn attempt to kick the skull to the first village's square. Wow, that probably caused more riots than in modern soccer games.

A Medieval custom was to take pig bladders used from live stock* killed in preparation for winter sustenance* and inflate them. They would play a game using their feet and hands to keep the "ball" in the air. Sounds like hacky sack* to me. The animal bladder balls were eventually covered with leather for better shape retention.*

In 1951 a white ball was first permitted to help spectators see the ball easier with the advent of floodlights.* White soccer balls were unofficially used as early as 1892. The leather was simply white washed to produce the white ball. Orange balls were also first introduced in the 1950's to help see the ball in the snow.

Different countries favored different types of soccer balls in the early days of international soccer. This caused much controversy. FIFA standardized the size, weight and type of balls with the introduction of an international board.

단어설명

stitched up cloth: 바느질한 천.
bladders: (돼지나 소의) 방광.
live stock: 가축, 사육용 동물.
for winter sustenance: 겨울철 먹을 것.
hacky sack: 마구 자른 포대.
for better shape retention: 더 좋은 모양을 유지하기 위해.
with the advent of floodlights: (경기장) 조명의 출현으로.

Civilising Soccer

Stop & Think

1. 전문화와 상업화로 인한 현대 축구의 문제점은?

Football as a world game

Within less than a century 'association football', the game as we know it today, had become the world's most popular team sport. Yet the increased professionalisation and commercialisation of football created a 'win at all costs' attitude* and an associated increase in intensity of competition and violence within the more civilised game. Rules were introduced to counterbalance* shirt tugging,* the use of elbows and the infamous tackle from behind.

Players still fight today, of course, but they are disobeying written rules and there are referees, linesmen* and national/international bodies to see that the rules are upheld.

Despite this, soccer remains, without doubt one of humanity's greatest ever social inventions. (By Professor Eric Dunning, September 2002)

단어설명

tumult: 소동.
a 'win at all costs' attitude: 꼭 이겨야 한다는 태도.
to counterbalance: 대처하가 위해.
shirt tugging: 셔츠 잡아당기기.
referees, linesmen: 주심과 선심들.

계관시인 앤 더피 / "Achilles" / by Carol Ann Duffy

Stop & Think

1. 영국의 여성 계관시인 앤 더피가 현대판 대중스타인 잉글랜드 국가대표 축구선수 데이비드 베컴을 고대 그리스신화의 영웅인 아킬레스와 비교하는 시를 쓴 이유는?

"Achilles" by Carol Ann Duffy

Myth's river—where his mother
dipped him, fished him, a
slippery golden boy flowed on,
his name on its lips.

Without him, it was prophesied,*
they would not take Troy.

Women hid him, concealed him
in girls' sarongs;* days of
sweetmeats, spices, silver songs ...

But when Odysseus came, with an
athlete's build, a sword and a shield,
he followed him to the battlefield,
the crowd's roar,

And it was sport, not war,
his charmed foot on the ball ...

But then his heel, his heel, his heel ...

단어설명

prophesied: prophesy, 예언하다, foretell, predict
sarongs: 허리에 두르는 옷.

멘트

1. 잉글랜드 축구 대표 팀의 '꽃미남' 미드필더 데이비드 베컴(AC밀란)이 아킬레스건이 찢어지는 부상으로 2010 남아프리카공화국 월드컵 출전의 꿈이 무산되자 앤 더피가 쓴 시다.

2. 아킬레스 혹은 아킬레우스는 *Iliad*에 등장하는 그리스의 영웅으로 Troy의 Hector를 쓰러뜨렸으나 유일한 약점인 뒤꿈치에 화살을 맞고 죽었다. 발뒤꿈치에 있는 힘줄인 아킬레스건(Achilles tendon)이 파열되었다는 표현은, 누구나 가지고 있는 "치명적인 약점"을 건드리다는 의미이다.

Achilles was the son of the mortal Peleus and the Nereid Thetis. Thetis held the young Achilles by the heel and dipped him in the river Styx; everything the sacred waters touched became invulnerable,* but the heel remained dry and therefore unprotected. At Troy, Achilles distinguished himself as an undefeatable warrior. However, Priam's son Paris (or Alexander), aided by Apollo, wounded Achilles in the heel with an arrow; Achilles died of the wound.

단어설명

invulnerable: 상처를 입힐 수 없는. invincible.

3. 축구는 현대판 전쟁이다. 축구스타는 용맹스런 전사(warrior)이다. 창과 방패 대신 축구공으로 겨룬다. 베컴과 아킬레우스 두 인물을 연결시킨 기상(奇想 conceit, 기발한 착상)이 돋보인다. 계관시인

이 대중의 관심사를 시의 소재로 사용했다는 점이 신선한 파격이다. "sweetmeats, spices, silver songs"에서는 부드러운 s___ 유음이 사용되었다. 마지막 행 heel은 heal을 연상시키는 동음이의어다.

4. 계관시인(桂冠詩人.poet-laureate)

영국왕실이 임명하는 시인이다. Laureate란 단어는 월계수(月桂樹)를 의미하는 laurel에서 생겨났다. 최고의 사람에게 월계관을 바치는 그리스 로마의 관습에서 생겨났다. 연봉을 받으며 수상의 추천에 의하여 임명되는 종신직이다. 왕실이 관혼상제(冠婚喪祭) 등을 당했을 때 시를 짓는 책무가 있지만 지금은 그런 책무에서 비교적 자유롭다. 계관시인은 중세시대 궁정에서 음유시인(吟遊詩人)을 불러들여 머물게 하던 풍습의 연장이다. 최초의 계관시인은 벤 존슨이었다. 윌리엄 워즈워드, 알프레드 테니슨, 테드 휴즈 등이 계관시인이었다.

알렉스 퍼거슨 경 Ferguson's Formula

Stop & Think

1. 알렉스 퍼거슨 경이 맨체스터 축구구단을 성공적으로 경영한 비결은?

Ferguson's Formula

Some call him the greatest coach in history. Before retiring in May 2013, Sir Alex Ferguson spent 26 seasons as the manager of Manchester United, the English football (soccer) club that ranks among the most successful and valuable franchises in sports.

In 2012 Harvard Business School professor Anita Elberse had a unique opportunity to examine Ferguson's management approach and developed an HBS case study around it. Now she and Ferguson have collaborated on an analysis of his enormously successful methods.

Journey to Greatness

1. Start with the Foundation

Upon his arrival at Manchester, in 1986, Ferguson set about creating a structure for the long term by modernizing United's youth program. He established two "centers of excellence" for promising players as young as nine and recruited a number of scouts, urging them to bring him the top young talent. The best-known of his early signings was David Beckham. The most important was probably Ryan Giggs, whom Ferguson noticed as a skinny 13-year-old in 1986 and who went on to become the most decorated British footballer of all time.

Sir Alex Ferguson: From the moment I got to Manchester United, I thought of only one thing: building a football club. I wanted to build right from the bottom. That was in order to create fluency and a continuity of supply to the first team. With this approach, the players all grow up together, producing a bond* that, in turn, creates a spirit.

2. Dare to Rebuild Your Team

Young players were given the time and conditions to succeed, most older players were sold to other teams while they were still valuable properties, and a few top veterans were kept around to lend continuity and carry the culture of the club forward.

Ferguson: We identified three levels of players: those 30 and older, those roughly 23 to 30, and the younger ones coming in. The idea was that the younger players were developing and would meet the standards that the older ones had set. Although I was always trying to disprove it, I believe that the cycle of a successful team lasts maybe four years, and then some change is needed. So we tried to visualize the team three or four years ahead and make decisions accordingly. Because I was at United for such a long time, I could afford to plan ahead—no one expected me to go anywhere. I was very fortunate in that respect.

3. Set High Standards—and Hold Everyone to Them

"The adversity* gave me a sense of determination that has shaped my life," he told us. "I made up my mind that I would never give in." Ferguson looked for the same attitude in his players. He recruited what he calls "bad losers" and demanded that they work extremely hard. Over the years this attitude became contagious*—players didn't accept teammates' not giving it their all. The biggest stars were no exception.

Ferguson : Everything we did was about maintaining the standards we had set as a football club—this applied to all my team building and all my team preparation, motivational talks, and tactical talks.

4. Never, Ever Cede* Control

Responding forcefully is only part of the story here. Responding quickly, before situations get out of hand, may be equally important to maintaining control.

Ferguson : If the day came that the manager of Manchester United was controlled by the players—in other words, if the players decided how the training should be, what days they should have off, what the discipline should be, and what the tactics should be—then Manchester United would not be the Manchester United we know. Before I came to United, I told myself I wasn't going to allow anyone to be stronger than I was. Your personality has to be bigger than theirs. That is vital.

5. Match the Message to the Moment

When it came to communicating decisions to his players, Ferguson—perhaps surprisingly for a manager with a reputation for being tough and demanding—worked hard to tailor* his words to the situation.

Ferguson : No one likes to be criticized. Few people get better with criticism; most respond to encouragement instead. So I tried to give encouragement when I could. For a player—for any human being—there is nothing better than hearing "Well done." Those are the two best words ever invented. You don't need to use superlatives.

At the same time, in the dressing room, you need to point out mistakes when players don't meet expectations. That is when reprimands* are important. I would do it right after the game. I wouldn't wait until Monday. I'd do it, and it was finished. I was on to the next match. There is no point in criticizing a player forever.

링크

Ferguson's Formula by Anita Elberse From the October 2013 Issue
Harvard Business Review
https://hbr.org/2013/10/fergusons-formula

단어설명

bond: 결속.
adversity: 역경.
contagious: 전염성이 있는.
cede: (권리 등을) 양도하다.
tailor: (목적 기호 등에) 적응시키다, 맞추다.
reprimands: 질책.

멘트

알렉스 퍼거슨 경(卿)

전 맨체스터 유나이티드(이하 맨유) FC 축구감독이었던 그는 '축구계의 대부'(The Godfather of Football)으로 통한다. 적어도 맨체스터 유나이티드 응원자들에게 그는 신(神)이다. 맨유의 이전 유니폼에 새긴 광고 AIG는 곧 *A*lex *I*s *G*od으로 자의적으로 해독될 정도였다(AIG는 American International Group의 약자로 국내에서는 미국계 보험회사로 널리 알려져 있다). 미국 자본이 영국의 자랑스러운 전통인 명문 구단을 산 것이다. 영국인들 입장에서는 실로 자존심이 상하는 일이다. 그의 별명은 '껌 씹는 할아버지'다. 긴장할수록 껌을 씹는 속도가 빨라진다. 또 다른 별명은 '헤어드라이어'다. 선수들을 호되게 질책하는 그의 모습이 연상된다. AF(알렉스 퍼거슨) 벽지가 등장했고 한다. 관(棺)도 등장할 기세다. 1999년 영국왕실은 축구 분야에서 두드러진 업적을 남긴 그에게 Sir 칭호를 주었다. 그의 훈련과 경영기법은 꿈나무 육성, 사전 계획, 강한 멘탈, 카리스마, 칭찬하기로 요약된다.

퍼거슨은 스코틀랜드의 한 조선소에서 수습공으로 일하며 공을 찼다. 포지션은 스트라이커였다. 전업 축구선수가 되기 위해 캐나다 이민까지 고려했었다. 33세에 주급 40파운드(약 7만 원)의 임시직 감독을 맡았던 그는 37년 뒤 연봉으로만 400만 파운드(약 70억 원)를 받는 감독으로 인생역전에 성공했다.

1986년 맨유 감독으로 부임한 후 퍼거슨 감독은 25년 동안 맨유의 감독직을 맡아왔다. 그는 영국이 자랑하는 인간 앤티크다. 전술, 선수관리, 선수영입, 판촉 등에서 탁월한 성과를 일구었다. 악동 루니(맨유의 전설적 스트라이커로는 에릭 칸토나, 베컴, 호날두가 있었다), 쿨한 미남 베르바토프, 작은 도토리 치차리토(에르난데스), 노장 긱스, 거미손 골키퍼 판 데르 사르(Van Der Sar), 그리고 박지성 등이 퍼거슨 감독의 자랑스러운 아이들이다.

커피하우스 The English Coffee House

대화와 토론 문화의 장, 커피 하우스

(홍)차를 즐겨 마시는 영국인들에게 커피는 단지 쓴 맛의 검은 물에 불과할 수 있다. 하지만 전 세계에는 씹어 마실 정도로 기호품인 커피를 좋아하는 사람들도 많다. 작가 조나단 스위프트는 한 여인에게 보낸 편지에서 "좋은 인생이란 재산과 건강 그리고 차와 커피를 마시는 일이다."라고 말한 적이 있다. 노고지리의 노래 〈찻잔〉에는 "너를 만지면 손끝이 따뜻해 온몸에 열기가 퍼져 소리 없는 정이 내게로 흐른다."라고 커피를 예찬하고 있다.

17세기 후반과 18세기에 영국에서 번성한 커피 하우스는 단지 커피를 마시는 곳이 아니라, 계층의 구분 없이 누구나 출입하여 자신의 생각을 표현하고 타인의 생각을 경청할 수 있는 열린 민주적 공간이었다. 특히 커피 하우스는 사교와 문학 활동의 중심지인 런던과 대학가인 옥스퍼드에서 꽃피었다. 이처럼 커피 하우스는 교양인 층을 형성하고 여론의 현주소를 확인할 수 있는 공공의 영역을 만들어내는데 기여했다. 유럽의 문화사와 지성사에서 보면, 커피 하우스는 살롱, 클럽, 아카데미와 더불어 대화와 토론 문화의 산실로서 역할을 했다.

유럽 최초의 커피 하우스는 런던의 '파스카 로제'였으며, 이태리 최초의 카페는 1683년에 베네치아에 문을 연 카페 '플로리안(Florian)'이었다. 세계적 보험회사인 로이즈(Lloyd's)의 이름도 로이드 커피 하우스에서 유래한 것이다. 18세기 초 런던에만 약 2,000여개 커피 하우스가 있었다고 한다. 커피 하우스는 단순한 물장사가 아니라 교양과 사교성과 관용정신을 배울 수 있는 곳이었다.

프랑스의 살롱문화가 영국에서 번성할 수 없었던 이유는 영국 내

존재하는 수많은 커피 하우스 때문이었다. 18세기가 지나면서 커피 하우스는 은밀하고 배타적 공간인 클럽으로 바뀌면서 쇠퇴하게 되었다. 그 후 '선술집(Pub)'과 레스토랑이 커피 하우스의 기능을 대신하게 되었다.

영국인들은 위스키, 와인, (홍)차, 맥주를 즐겨 마시며 대화와 토론과 스포츠를 즐긴다. 여름에는 공원에서 크리켓을 즐기고, 선술집에서 시원한 맥주를 마시며, 가든파티에서 샴페인과 와인을 마시며, 춥고 습한 날씨에는 집에서 따뜻한 (홍)차와 위스키를 즐겨 마신다. 영국인들의 주된 특징은 사생활을 중시하면서도 공적인 영역에 적극 참여한다는 점이다. 즉, 밀실에서 사색을 하고 광장에서 대화와 토론을 하여 사생활과 현실참여 사이에 균형을 유지한다.

형편없는 섬나라 영국의 날씨도 커피 하우스란 명칭을 만들에 내는데 기여한 것 같다. 날씨가 변덕스런 영국에서 유럽 대륙의 길거리 카페는 무용지물이다. 그 대신 영국인들은 아늑한 실내공간에 눈을 돌려 커피 하우스를 만들게 되었다. 옥외활동이 어렵기 때문에 애당초 영국에서는 이태리의 '광장(piazza)'문화와 프랑스의 길거리 카페 문화가 번성할 수가 없었다.

커피 하우스가 영국의 민주주의에 기여했고, 살롱이 프랑스 혁명사상의 씨앗이 되고, 카페는 이태리 베네치아에 인본주의를 꽃 피우는데 중요한 역할을 했다. 사르트르와 보부아르는 파리의 길거리 카페 '데마고(Les Deux Magots)'에서 문학과 철학을 논했고, 베네치아의 상인, 시민, 귀족들은 성 마르코 광장에 있는 카페 플로리안에서 각종 정보와 뉴스를 교환했으며, 조앤 롤링은 미혼모 시절 에든버러의 한 허름한 카페에서 해리포터를 썼다.

이런 유럽식 문화공간에 비추어볼 때, 한국의 퇴페적이고 폐쇄적인 룸살롱과 룸카페 문화도 바뀌어야 한다. 프랑스 살롱의 여주인은 때로는 금서와 희귀본을 구해 읽고 토론할 정도로 교양의 습득을 중시했으며, 동시에 가난하지만 재능 있는 예술가를 후원하는 마인드를 지녔었다. 오피니언 리더가 되려는 사람은 대중과 의사소통이 필요하다. 한국의 룸살롱 주인과 하이클래스가 이 점을 귀담아 들어야 한다.

우리 한국인은 가정과 학교 및 직장에서 대화와 토론을 통해 시너지 효과를 창출하고 타인의 견해를 존중하는데 아주 약하다. 인터넷 토론방, TV와 라디오 방송의 시사토론 프로그램, 거리시위가 있지만, 영국의 커피하우스처럼 대중과 지식인 및 하이클래스가 함께 만나 대화와 토론을 하고, 교양을 쌓고, 여론을 형성할 수 있는 대중적 민주적 문화공간이 빈약한 편이다.

유안진 씨의 〈芝蘭之交를 꿈꾸며〉는 "저녁을 먹고 나면 허물없이 찾아가 차 한 잔을 마시고 싶다고 말할 수 있는 친구가 있었으면 좋겠다"로 시작한다. 동질성과 배타성을 특징으로 삼는 한국식 사랑방과 카톡방 문화도 중요하지만, 영국의 커피 하우스 같이 다양성과 잡종성이 충동하여 여론을 형성할 수 있는 열린 민주적 공간이 우리나라에도 활성화되길 기대해본다.

글 박종성(충남대 영문과 교수). 〈라비도르〉 2003년 9월호.

The English Coffee House

Stop & Think

1. 왜 커피하우스가 민주적인 공간인가?

The English Coffee House

The coffeehouse thus leveled rank,* but it led at the same time to new forms of integration. It helped to replace a solidarity* based on common styles of life or common descent by one based on like opinion. A common opinion cannot be developed before people have an occasion to discuss with one another, before they have been drawn from the isolation of lonely thought into a public world in which individual opinion can be sharpened and tested in discussion with others. The coffeehouse helped to crystallize* a common opinion from a multitude of* individual opinions and to give it form and stability. What the newspaper had not yet been able to accomplish was achieved to a large degree by the coffeehouse.

단어설명

leveled rank: 신분, 계급의 차별을 없앴다.
replace a solidarity: 결속력을 대체했다.
crystallize: (계획, 의견을) 구체화하다.
a multitude of: 다수의.

출처

Lewis A. Coser, "Coffee-house in Eighteenth-Century London," *Men of Ideas: A Sociologist's View*, pp. 19-45.

멘트

커피는 민주주의와 제국주의 발전에도 영향을 끼쳤다. 18세기 영국에 등장한 '커피하우스'는 단순히 커피만을 마시는 공간이 아니었다.

대화와 토론과 사교의 장이었다. 타인의 의견을 존중하고, 사회성을 기르며, 다름을 인정하는 정신(Tolerance, 똘레랑스)을 배양했던 공간이었다. 예술가, 지식인, 상인, 은행가들의 화합장소였고 또 중요한 정치적 집회 장소였다. 민주주의 정신을 생겨나게 한 온상이었다.

하지만 여성의 입장을 허용하지 않았던 배타적 공간이었다. 한편 프랑스의 살롱은 여성들에게 개방된, 여성들이 주도하는 문화공간이었다. 커피하우스는 여성을 배제했고 회원제가 아니었던 반면에, 살롱은 지배계층이 아닌 사람들의 출입을 허용하지 않았고, 회원제로 운영되었다. 커피하우스는 단지 1페니만 내면 출입할 수 있었기에 일명 '페니대학'(penny universities)으로 불렸다.

조앤 롤링이『해리포터』를 구상하고 집필했던 곳은 에든버러의 한 카페 공간이었다.

커피광고와 문구

1. "We have traveled high and low, near and far in search of the perfect bean. We have traveled all over the world in search of the perfect bean."

   좋은 원두를 구하려고 무척 노력을 했구나 생각하니 커피 맛에서 '진정성'(authentic)이 묻어난다.

2. 또 다른 커피예찬론 문구이다.

   At first coffee kept me alert.

   Then it kept me awake.

   Now it keeps me alive.

   끝 단어들 *a*lert, *a*wake, *a*live에 두운이 그리고 단어배열에 점강

법이 사용되었음을 알 수 있다.

3. 좋은 인생이란 재산과 건강 그리고 차와 커피를 마시는 인생입니다. 당신도 그렇게 생각하리라 믿습니다. -조너선 스위프트

10장 위인들의 마인드와 연설문

엘리자베스 1세의 처세술: "보아도 입을 열지마라"

역경과 위기가 영웅을 만든다. 영국의 엘리자베스 1세(1558-1603)는 16-17세기 국내외 정치적 혼란 속에서 국가와 교회의 안정을 이루어 황금시대를 주도했다. 그녀의 삶의 좌우명은 "보아도 입을 열지마라." 비굴하게 들릴지 모르지만, 국민통합을 위한 전략적 선택이었다. 영국의 마키아벨리에 비견되는 그녀를 대다수 영국인들은 'Good Queen Bess'란 애칭으로 부르고 기억한다. 25세의 젊은 나이에 왕위에 올라 45년 동안 잉글랜드를 통치하며 70세의 나이로 죽을 때까지 독신으로 살았던 전제군주. "나는 영국과 결혼하노라"라고 선언한 후 이 약속을 죽을 때까지 지켰던 그녀의 비장한 각오에 경외심과 연민의 감정이 교차한다. 그녀의 마인드를 엿보자.

첫째, 엘리자베스는 개인과 국가의 생존을 처세의 가장 중요한 목표로 삼았다. 케이트 블랑쉬가 주연으로 등장한 영화 〈엘리자베스〉는 한 여성의 극적인 인생을 이해하는 데 유용하다. 삶과 죽음, 신교도와 구교도, 잉글랜드와 유럽국가들, 사이에서 생존을 모색해야 했던 그녀의 인생은 결코 순탄치 않았다. 여자요, '사생아'(illegitimate child)요, 신교도였던 그녀는 자신과 국가의 생존을 위해서 자신을 위장하고 교묘한 정치적 수완을 발휘했다. 예를 들면, 가톨릭교도인 메리 여왕의 박해로 인하여, 런던탑에 갇혀 처형을 당할 위기상황에서 개신교였던 엘리자베스는 가톨릭 신자로 거짓으로 개종함으로써 목숨을 보존할 수 있었다. 또한, 그녀는 종교의 이름으로 자행된 학살과 박해로 인하여 나라 전체가 피바다가 되는 현실을 목격한 후, 자신은 상식과 양심에 따라 나라를 다스릴 것이라고 결심한다.

여왕은 배우자와 후계자를 선정함에 있어서도 자신의 의도를 감춘 채, 정략결혼을 유인책으로 사용하여 유럽국가들 간에 힘의 균형을 유지하면서 위기에 처한 잉글랜드를 지켜낼 수 있었다. 그녀는 신교도인 스코틀랜드의 제임스 6세가 자신의 후계자가 될 것이라는 사실을 알면서도 최후의 순간까지 계승자를 임명하지 않았다. 국론의 분열과 혼란을 방지하기 위해서. "보아도 입을 열지마라."가 그녀의 좌우명이 될 정도였으니까. 말수가 적거나 비겁한 사람이라서가 아니라, 아첨꾼들, 구혼자들, 경쟁자들의 유혹을 물리치면서 국가와 교회의 안정과 질서를 꾀하기 위한 전략적 선택이었다.

둘째, 엘리자베스는 공익을 위해 개인의 행복을 기꺼이 포기했다. 잉글랜드를 배우자로 삼아 국가경영이란 무거운 책임을 져야했던 그녀는 이런 말을 했다. "난 어느 누구의 엘리자베스가 아닙니다. 나는 처녀로 남아 잉글랜드와 결혼합니다." 몰려드는 구혼자들을 멀리하고 교묘하게 이용하면서, 그녀는 영국 사회의 질서와 통합을 이루었다. 하지만, 제아무리 그녀를 처녀왕, 잉글랜드의 성모마리아, 선녀 왕으로 미화시켜 부른들 과연 그녀가 행복한 삶을 살았다고 할 수 있을까? 그렇지 않은 것 같다. 임종의 순간 그녀는 자신의 연인이자 자신을 암살하려는 음모에 가담했던 로버트 더들리 경(웨섹스 백작)의 이름을 불렀다고 전한다. 보통 사람들이 누리는 사랑의 행복을 못내 아쉬워하지 않았을까? 영화 〈엘리자베스〉의 전반부에서 로버트 경과 달콤한 사랑에 빠진 그녀는 얼굴에 홍조를 띠고, 에로틱한 황금빛 분위기에 젖어 있다. 하지만, 후반부에서 그녀는 딱딱하고 차가운 납빛 얼굴을 한 모습으로 변해간다. 금발머리가 싹둑 잘리고, 밝은 웃음이 사라지며, 하얗게 분칠하고 하얀 옷을 입고 절대군주로 변화된 모습은 서글픔을 자아낸다.

셋째, 엘리자베스는 양심에 따라, 상식에 기초하여, 절충하는 지혜를 발휘하며, 난세를 평정했다. 그녀가 이룬 가장 큰 업적 중의 하나는 아마도 신교와 구교의 상생의 길을 모색하고자 '종교통합령'을 시행한 것이었을 것이다. 종교통합령을 통과시키려는 연설에서 그녀는 "상식이 영국인의 가장 큰 덕목이다"라고 말하면서 신교도와 구교도 진영의 협조와 화해를 당부한다. 이처럼, 그녀는 주어진 현실 속에서 변화를 모색하면서 혁명보다는 진화를 추구했다. 국익을 위해서는 종교적 신념도 개인의 낭만적 감정도 윤리의식도 덜 중요하다고 생각했던 실용주의자요 전략가였다. 참모 월싱엄 경이 그녀에게 "국가의 존립을 위해서 군주란 악을 행할 수 있다"고 충고하자 그녀는 이를 실천한다. 동시에, 그녀는 거만을 떨지 않는 섬세한 성격의 소유자였다.

넷째, 엘리자베스는 여성적인 섬세함과 부드러움과 관용정신과 인간애를 지녔다. 음모와 배신과 살인의 세계에서, 그녀는 이런 여성적 특질을 발휘하여 아주 유연하게 대처했다. "왕의 심장과 위장"과 여성적인 부드러움을 겸비했던 인물이었다. 한 예로, 그녀는 자신을 암살하려는 음모에 가담한 로버트 경을 처형하지 않는다. 사랑과 연민의 감정 때문이 아니라, "그를 살아있게 내 곁에 둠으로써 내가 얼마나 큰 위험에 빠져있었는지를 기억하기 위해서"말이다. "용서는 해도 잊지는 않겠다"는 그녀의 말 속에서 차가운 이성적 군주의 모습을 볼 수 있다.

공익과 상식과 타협과 실리를 중시했던 엘리자베스 1세. 다면체 다이아몬드 같은 여자. 이런 그녀에게 다양한 호칭이 따라붙는다. 글로리아나(Gloriana), 베스(Bess), 철의 여인, 절대군주, 처녀왕, 영국의 성모 마리아, 최고경영자 등등. 그녀의 영국적 마인드와 리더십과 처세술은 영국의 후대 국가경영자들에게 커다란 영향을 끼쳤다. 대영제국을 건설했던 '뚱보 여장부' 빅토리아 여왕, 인내심과 용기의 표상 '불독' 처칠수상, '철의 여인' 대처수상, 그리고 '슈퍼 비즈니스 워먼' 엘리자베스 2세는 모두 엘리자베스 1세의 처세술을 계승했다. 온갖 역경을 극복하고 강한 카리스마와 부드러움을 겸비하여 국가경영을 잘 해낸 엘리자베스 1세 같은 인물이 한국 사회에 등장하길 기대해본다.

글 박종성(충남대 영문과 교수). 〈라비도르〉 2003년 11월호.

Elizabeth I—A Female Monarch in a Male World

Stop & Think

1. 엘리자베스의 처세술은?

Elizabeth I—A Female Monarch in a Male World

More than the royal succession hinged on the question of the queen's marriage; Elizabeth's perceived eligibility* was a vital factor in the complex machinations of international diplomacy. A dynastic marriage between the queen of England and a foreign ruler would forge an alliance* sufficient to alter the balance of power in Europe. The English court hosted a steady stream of ambassadors from kings and princelings* eager to win the hand of the royal maiden, and Elizabeth, who prided herself on speaking fluent French and Italian (and on reading Latin and Greek), played her romantic part with exemplary skill, sighing and spinning the negotiations* out for months and even years. Most probably, she never meant to marry any of her numerous foreign (and domestic) suitors. Such a decisive act would have meant the end of her independence, as well as the end of the marriage game by which she played one power off against another. One day she would seem to be on the verge of accepting a proposal;* the next, she would vow never to forsake her virginity. "She is a princess," the French ambassador remarked, "who can act any part she pleases."

단어설명

perceived eligibility: 인정된 자격.
forge an alliance: 동맹을 맺다.
princelings: 어린 군주.
spinning the negotiations: 협상을 질질 끌면서.
be on the verge of ~: ~할 순간에.

추천도서

남경태 옮김. 『위대한 CEO 엘리자베스 1세』(위즈덤하우스, 2000).
영화 〈엘리자베스〉

조지 6세 George VI

Stop & Think

1. 엘리자베스 여왕의 아버지 조지 6세가 겪은 고충은?

An Early life

As a child, Albert* often suffered from ill health and he was described as 'easily frightened and somewhat prone to tears'. His parents, the Duke and Duchess of York, were generally removed from their children's upbringing, as was the norm in royal families of that era. Unfortunately this allowed the Royal nanny to have a dominating role in their young lives. The nanny doted over Albert's brother, Prince Edward, while neglecting Albert. Albert developed a severe stammer* that lasted for many years as well as chronic stomach problems. He also suffered from knock knees,* and to correct this he had to wear splints,* which were extremely painful. He was also forced to write with his right hand although he was a natural left-hander. While it is not known if left-handedness is genetic, many members of the British Royal Family have been left-handed.

단어설명

Albert: 조지 6세의 세례명.
stammer: 말 더듬증.
knock knees: 외반슬, X자로 휘어진 다리.
splints: 부목, 판자조각.

멘트

조지 5세의 둘째 아들로 태어난 조지 6세는 군복무 후 케임브리지 대학 트리니티 칼리지를 다녔다(1919~20). 1923년 4월 26일 스트래스모어와 킹호른 백작 14세의 막내딸 레이디 엘리자베스 앤젤라 마거릿 보즈라이언과 결혼했다. 그들 사이에는 엘리자베스 공주(뒤의 여왕 엘리자베스 2세)와 마거릿 공주(뒤의 스노든 백작부인)가 태어났다. 형 에드워드 8세가 미국 여성인 심슨 부인과 사랑에 빠져 왕위를 포기함에 따라 1936년 12월 12일 왕으로 공식 선포되었고 조지 6세라는 이름으로 1937년 5월 12일 왕위에 올랐다. 제2차 세계대전이 일어나기 전에는 영국과 프랑스의 결속을 주장하고 미국 대통령 프랭클린 루스벨트와 친밀한 관계를 맺었으나 독일과 이탈리아에 대한 네빌 체임벌린 총리의 '유화' 정책도 지지했다. 그는 입헌군주의 책임과 한계를 신중히 지키고 심한 말더듬이라는 장애를 극복함으로써 존경을 받았다. 영화 〈킹스 스피치〉는 이런 그의 굴곡진 인생역경을 다루었다.

영화 〈킹스 스피치〉 *The King's Speech*

영화명: *The King's Speech* 〈킹스 스피치〉

2010 | 영국, 오스트레일리아 | 드라마 | 118분

감독: Tom Hooper

배우:

콜린 퍼스 Colin Firth(〈오만과 편견〉에서 다아시 역), 조지 6세 역
제83회(2011) 미국 아카데미 시상식 남우주연상

헬레나 본햄 카터 Helena Bonham Carter, Queen Mother(조지 6세 부인) 역

제프리 러쉬 Geoffrey Rush(말 더듬증 치료사), 라이오넬 로그 역

멘트

1933년 독일과 2차 세계대전 중에 영국의 국왕 조지 6세는 졸지에 왕위에 오른다. 형이 미국인 이혼녀 심슨 부인과 사랑을 선택하고 왕위를 포기했기 때문이다. 권력과 명예 및 모든 것을 다 가진 조지 6세는 사람들 앞에 서면 그는 "더더더..."하며 말을 더듬는다. 그래서 공식 연설 공포증을 지닌다. 그리하여 그가 얻은 별명은 Mad King George Stammer이다. 이를 안쓰럽게 지켜보던 아내 엘리자베스 왕비는 그를 괴짜 언어 치료사 라이오넬 로그에게 소개하여 치료를 받는다. 이 영화는 이런 과정과 국왕의 감정의 결을 밀도 있게 보여준다.

마침내 국왕은 말 더듬증을 극복한 후 "I got a voice"라고 말한다. 이 장면을 지켜본 사람들, 특히 말 더듬증 치료사는 "I'm speechless" 라고 말한다. 국왕의 책무(독일에 맞서 국민적 결속과 저항의지를 다지는 연설)를 수행하기 위해 말 더듬증을 극복하려고 노력하는 모습은 감동적이다.

"In this grave hour, perhaps the most fateful in our history, I send this message to every household of people. [...] Maybe the dark days ahead. [...]. With God's help, we shall prevail."

국왕이 힘들어 하는 모습은 이런 대사에 잘 드러난다.
"I can't carry a heavy burden of my responsibility."

라이오넬 로그의 말 더듬증 치료법은 의외로 간단하다
근육이완, 호흡조절이 그 비결이다.
"Take a nice deep breath, wrist your shoulders, and expand your chest.
Take your time for your word carefully, relax, and try it."

빅토리아 여왕 **Queen Victoria**

Stop & Think

1. 빅토리아 여왕의 개인사와 국가경영의 특징은?

Queen Victoria

Queen Victoria (1837-1901) married Prince Albert in 1840. She was thoroughly devoted to him and completely submitted to his will. The public, however, was not enamored* with the German prince; he was excluded from holding any official political position, was never granted a title of peerage* and was named Prince Consort* only after 17 years of marriage. Victoria did nothing without her husband's approval. His interests in art, science and industry spurred* him to organize the Crystal Palace Exhibition* in 1851, a highly profitable industrial convention.

His death from typhoid* in 1861 deeply affected Victoria's psyche — she went into seclusion for more than 25 years, not emerging until the Golden Jubilee* of 1887, the celebration of her fiftieth year on the throne. An entire generation was raised without ever having seen the face of their Queen.

England focused on developing industry and trade and expanding its imperial reach*; during the reign of Victoria, the empire doubled in size, encompassing Canada, Australia, India and various locales in Africa and the South Pacific.

She was particularly fond of Conservative Benjamin Disraeli, who, by linking Victoria to the expansion of the empire, garnered respect for* the monarchy that had been lacking since Victoria's seclusion. Even in the throes* of grief during her seclusion, Victoria gave close attention to daily business and administration.

The national pride connected with the name of Victoria—the term Victorian England, for example, stemmed from the Queen's ethics and personal tastes, which generally reflected those of the middle class. When she died of old age on January 22, 1901, an entire era died with her.

단어설명

be enamored with ~: ~에 반하다.
Consort: (여왕의) 배우자.
spurred: 박차를 가했다.
Crystal Palace Exhibition: 영국 수정궁에서 열린 만국 박람회.
typhoid: 장티푸스.
the Golden Jubilee: 왕위 즉위 50년 축제.
imperil reach: 제국의 범주.
garnered respect for ~: ~에 대한 존경을 얻었다.
in the throes of grief: 슬픔이 한창일 때.

추천영화

『미쎄스 브라운』(*Mrs Brown*)

처질 수상 Winston Churchill

Stop & Think

1. 처질 수상의 장점과 매력은?

Winston Churchill

Sir Winston Churchill (1874-1965), the son of Lord Randolph Churchill and an American mother, was educated at Harrow and Sandhurst. After a brief but eventful career in the army, he became a Conservative Member of Parliament in 1900. He held many high posts in Liberal and Conservative governments during the first three decades* of the century. At the outbreak of the Second World War, he was appointed First Lord of the Admiralty*—a post which he had earlier held from 1911 to 1915. In May, 1940, he became Prime Minister and Minister of Defence and remained in office until 1945. He took over the premiership* again in the Conservative victory of 1951 and resigned in 1955. Queen Elizabeth II conferred on Churchill the dignity of Knighthood.* The honorary citizenship of the United States was conferred on him by President Kennedy in 1963.

Even the First World War, despite all setbacks*, meant a vast expansion for Churchill as both politician and writer. In his historical works the personal and the factual elements have been intimately blended. He knows what he is talking about. In gauging* the dynamics of events, his profound experience is unmistakable. He is the man who has himself been through the fire,* taken risks, and withstood extreme pressure. This gives his words a vibrating power. Occasionally, perhaps, the personal side gets the upper hand*.

단어설명

during the first three decades: 처음 30년 동안(1910~1930).
Lord of the Admiralty: 해군제독.
premiership: 수상직.

conferred on ... Knighthood: 기사 작위를 수여했다.
despite all setbacks: 좌절에도 불구하고.
In gauging: 측정함에 있어서.
through the fire: 고난을 겪다.
gets the upper hand: 우세하다.

Churchill's First Speech as Prime Minister

Stop & Think

1. 아래 연설문에 담긴 처칠 수상의 성격과 어조는?

Churchill's First Speech as Prime Minister
(May 13, 1940/ to House of Commons)

In this crisis I hope I may be pardoned if I do not address the House at any length today. I hope that any of my friends and colleagues, or former colleagues, who are affected by the political reconstruction, will make allowance, all allowance, for* any lack of ceremony with which it has been necessary to act. I would say to the House, as I said to those who have joined this government: "I have nothing to offer but blood, toil, tears and sweat."*

We have before us an ordeal of the most grievous kind.* We have before us many, many long months of struggle and of suffering. You ask, what is our policy? I can say: It is to wage war*, by sea, land and air, with all our might and with all the strength that God can give us; to wage war against a monstrous tyranny*, never surpassed* in the dark, lamentable catalogue of human crime. That is our policy.

You ask, what is our aim? I can answer in one word: It is victory, victory at all costs*, victory in spite of all terror, victory, however long and hard the road may be; for without victory, there is no survival. [...]

At this time I feel entitled to claim the aid of all, and I say, "come then, let us go forward together with our united strength."

단어설명

make allowance for ~: ~을 고려하다.
"I have nothing ... sweat.": 피와 노력과 눈물과 땀 외에는 제공할 것이 달리 없는.
an ordeal of the most grievous kind: 아주 가혹한 종류의 시련.
to wage war: 전쟁을 수행하다.
a monstrous tyranny: 극악무도한 압제.
surpassed: 능가를 당하다.
at all costs: 반드시.

링크

http://www.winstonchurchill.org/i4a/pages/index.cfm?pageid=391

Famous Quotes from Churchill's Speech

"Captain of our Souls"
Today we may say aloud before an awe-struck* world:
"We are still masters of our fate. We are still captain of our souls."
-Prime Minister's Speech on the War Situation,
House of Commons, September 9, 1941

"Never Give In"
"Never give in*—never, never, never, never, in nothing great or small, large or petty,* never give in except to convictions of honour and good sense. Never yield to force*; never yield to the apparently overwhelming might of the enemy."*

-The speech was made 29 October 1941 to the boys at Churchill's old public [private] school, Harrow—not Oxford or Cambridge:

단어설명

awe-struck: 두려워진.
Never give in: 결코 포기하지 마라.
in nothing great or small, large or petty: 크고 작든, 중요하던 사소하던 간에.
Never yield to force: 힘에 굴복하지 마라.
overwhelming might: (적군의) 압도적인 힘.

추천도서

조영원 옮김.『폭풍의 한 가운데』(아침이슬, 2003).

링크

http://www.winstonchurchill.org/i4a/pages/index.cfm?pageid=388

처칠 어록과 유머

1. "다변은 사고를 합리적으로 압축하지 않는 나태한 정신을 그대로 보여주는 것이다."

2. 영국의 수상 윈스턴 처칠이 처음 하원의원에 출마했을 때 그의 라이벌들은 정견회장에서 그에 대한 인신공격을 했다.

"내가 듣기에 상대방 후보는 아침에 일찍 일어나지 않는다고 합니다. 만약에 그게 사실이라면 그런 게으른 사람은 의회에 앉을 자격이 없습니다."

그러자 이어 등단한 처칠이 이에 대해 멋지게 응수했다.

"아마도 나처럼 예쁜 마누라를 데리고 산다면 당신들도 일찍 일어나지 못할 겁니다."

청중들은 웃었고 처칠은 물론 당선되었다.

대처리즘 Thatcherism

Stop & Think

1. 대처리즘이란 무엇인가?
2. 대처주의가 남긴 후유증은?

Thatcherism

Following the 1979 general election*, the Conservative Party gained power and Margaret Thatcher became Britain's first woman Prime Minister. During her period in office, which lasted until 1990, her style of leadership and the policies she promoted came to be known as Thatcherism(1979-1991). This was a loose concept which encompassed* her policies of strengthening the powers of central government, curbing the powers of trades unions and local government, and the active promotion of individualism and private enterprise.

Thatcher systematically undermined trade union power*, especially during the 1984-5 coal miners' strike*. Local government power was eroded by the abolition of certain metropolitan councils (such as the Greater London Council in 1986) and control of local government expenditure* through 'rate capping'* and the introduction of the controversial community charge (or 'Poll Tax')* in 1989.

Her government also privatised* previously nationalised industries such as British Telecom, British Steel and British Gas. The government hoped to promote consumer culture and individualism. Thatcherism is also identified with a strong tendency towards nationalism which was particularly evident during the 1982 Falklands Conflict.

Thatcher fell from power in 1990 as a result of cabinet splits* over the issue of Europe, London Poll Tax Riots* and her autocratic style as Prime Minister. The economy experienced a boom in the late 1980s but was followed, after she left office, by a severe economic recession and high unemployment.

It has been argued that Thatcherism quickly led to a North-South divide*, and created a poverty trap while the number of millionaires rose. Football hooliganism became a serious problem and violent crime increased.

단어설명

the general election: 총선.
encompass(ed): 포함시키다.
undermined trade union power: 노조의 힘을 약화시켰다.
coal miners' strike: 광부들의 파업.
local government expenditure: 지방 자치정부의 지출비용.
rate capping: 중앙정부가 지방세의 상한선 정하기.
community charge (or 'Poll Tax'): 주민세, 인두세(빈부의 차이를 고려하지 않고 한 사람 당 똑 같은 액수의 세금을 징수하는 방식).
privatised: 민영화했다.
cabinet splits: 내각진의 분열.
Poll Tax Riots: 인두세를 반대하는 폭동.
North-South divide: 영국의 남부는 부유층이 북부는 빈민층이 사는 방식으로 나라가 나뉨.

링크

http://www.bbc.co.uk/history/timelines/britain/post_thatcher.shtml

마가렛 대처 수상 취임사

Stop & Think

1. 아래 취임사에 드러난 '대처다움'(Thatcherite)이란?

Margaret Thatcher enters 10 Downing Street
http://www.youtube.com/watch?v=dQ3WJRvZeN8

Remarks on becoming Prime Minister (St Francis's prayer)
Venue: Outside No.10 Downing Street
…. Well, it's been a wonderful campaign. Congratulations!
Mrs. Thatcher
Thank you very much.
Question
How do you feel at this moment?
Mrs. Thatcher

Very excited, very aware of the responsibilities. Her Majesty The Queen has asked me to form a new administration and I have accepted. It is, of course, the greatest honour that can come to any citizen in a democracy. (Cheering) I know full well the responsibilities that await me as I enter the door of No. 10 and I'll strive unceasingly to try to fulfil the trust and confidence that the British people have placed in me and the things in which I believe. And I would just like to remember some words of St. Francis of Assisi* which I think are really just particularly apt at the moment. 'Where there is discord, may we bring harmony. Where there is error, may we bring truth. Where there is doubt, may we bring faith. And where there is despair, may we bring hope' […]. and to all the British people—howsoever they voted—may I say this. Now that the Election is over, may we get together and strive to serve and strengthen the country of which we're so proud to be a part. [Interruption "Prime Minister …."] And finally, one last thing: in the words of Airey Neave* whom we had hoped to bring here with us, 'There is now work to be done'.

단어설명

St. Francis of Assisi: 1182-1226. 저명한 기독교 설교자이자 프란시스코회 창설자.

Airey Neave: 1916-1979. 2차 대전 때 독일 나치 캠프를 탈출한 최초의 영국군 장교로 1979년 IRA의 차량폭탄 테러로 하원에서 암살을 당했음.

마가렛 대처 수상의 빛과 그림자

마가렛 대처(1925-2013)는 영국 최초의 여성총리다. 부권주의 문화가 팽배한 영국에서 여성이 수상이 된다는 것이 이례적일 수 있겠으나, 엘리자베스 1세, 빅토리아, 엘리자베스2세 등의 여왕들이 영국의 번영기를 이끌었다는 점을 고려한다면 여성을 수상으로 자연스레 받아들일 수도 있겠다는 생각이 든다. 영국인들은 여성이 통치를 하거나 나라살림을 해야 영국이 잘 산다는 믿음 혹은 환상을 갖고 있는 게 아닌가 하는 생각이 들 정도다. 대처는 1979부터 1990년까지 11년 동안 3번 연속 수상 직에 있었다. 그녀가 재임 중 갑작스레 사임(명예롭게 사임하는 모양새를 취했지만, 사실은 의회에서 불신임투표가 행해질 경우에 불명예 퇴진의 위험성이 있었기에 그녀가 사임을 선택한 것이다)하게 된 이유는 유럽통합에 대한 반대 입장에 대한 보수당 내의 분열과 반발 때문이었다. 측근들이 그녀에게 사임을 권하거나 압박했을 때 그녀는 심한 배신감을 느꼈다고 한다. 여하튼 다우닝가 10번지 수상 관저를 떠나던 날 그녀는 눈물을 흘렸다. '철의 여인'이 눈물을 보인다는 건 어울리지 않으나, 그녀도 인간이었고 여성이었기 때문이 아니었을까. 퇴임 후 폭음으로 실의의 나날을 보내고 있다는 소식도 나돌았다. 그녀는 2013년 87세의 나이로 뇌졸중으로 사망했다.

대처는 식료잡화점의 딸로서 옥스퍼드 대학 내 여학생 전용인 써머빌 칼리지를 다녔다. 그녀는 중간계급의 근면, 노력, 자기규율, 책임을 통한 돈벌이와 성공을 가치 있는 삶으로 생각했다. 이런 그녀가 개인이 국가의 복지정책에 의존하거나 게으름을 피우는 이른바 '영국병' 퇴치를 주장하고 나선 것은 필연적이었다. 긴축재정을 통한 알뜰한 국가살림을 운영하려는 그녀의 정책이 국민들에게 안도감을 주었다고나 할까. 대선에 출마했을 때 그녀는 보수당 특유의 차분하고 이지적인 Blue색 투피스를 입고, 초등학생들의 신발 끈을 동여매주는 자상한 엄마의 이미지를 만들어 가면서 수상에 당선이 되었다. 개인의 성취와 국익의 추구는 개인주의와 민족주의를 낳았다. 하지만 개인주의를 강조한 결과 여피족(Yuppies: Young Urban Professionals, 도시에 사는 젊고 수입이 많은 전문가들)의 탄생과 공동체 정신의 상실과 붕괴를 초래했다. 탄광인부들과 부두노동자들은 탄압하고, 경제성이 없는 탄광, 제철소, 공장 등은 문을 닫고, 많은 국영기업을 사영화시켰다. 무자비할 정도로. 그녀의 반노동자 성향은 영국내 많은 불만을 야기했다. 돈벌이가 되지 않거나 경쟁력이 없으면 과감하게 문을 닫는 정책은 신자유주의의 근간을 이룬다. 그녀를 신자유주의 화신이라고 부르는 이유가 여기에 있다. 물론 그녀가 영국병을 퇴치하고 변화를 이끌어야 한다는 확신에 가득 찬 지도자라는 점은 인정한다. 그녀가 남성의 목소리로 No, No, No라고 말할 때 전해지는 단호함에 희비가 교차한다. 그녀의 핸드백에 얻어맞지 않을까 가슴을 졸이던 남성 정치인들도 많았으리라.

하지만 사회복지 정책을 척결해야 할 의존문화로 보고, 1989년에 빈부의 차이와 관계없이 머리당 동일한 액수의 세금을 부과하는 이른바 인두세(Poll Tax 혹은 Community Charge: 지역주민세)를 도입하고 (유학기간 중 외국인인 나도 이 인두세를 냈다), 노조를 탄압하고, 영국에서 태어난 아이의 경우 자동적으로 부여하던 시민권을 폐지하는 (The Nationality Act: 국적법) 일련의 정책은 힘없는 사람들에게 너무나 가혹한 정책이었다. 대학생들이 주축이 되어 인두세 폐지 가두시위가 빈번해졌고, 그녀의 반유럽통합 정책이 국론 분열과 강한 반감을 일으키면서 점차 그녀의 인기는 시들어갔다. 사회 양극화, 데모 및 폭동, IRA폭탄테러 공세, 외국인 차별 등의 문제가 중첩되면서 그녀는 독재자로 변해갔다. 아마도 너무 오랫동안 권력을 잡으면서 생겨난 문제가 아닌가 생각한다.

또한 대처는 민족주의에 불을 지핀 우파 지도자였다. 그녀는 아르헨티나 최남단 영국령 포클랜드 섬을 탈환하기 위해서 1982년에 전쟁을 치렀다. 노쇠한 제국이 종이호랑이가 아니라는 점을 전 세계에 과시했고, 영국민의 결속을 다지고 애국주의에 불을 지폈다. 그녀의 인기가 상승했고, 재선에서 승리할 수 있었다.

결론은, 대처의 신념인 신자유주의에 동의하지 않는 사람들에게 대처는 재앙이고 전염병이었다. 즉 이들은 그녀를 영감을 불러일으키는 본받아야 할 위대한 지도자가 아니라고 본다. 지금 한국은 대선정국인데, 대처의 리더십을 배워야 한다든지, 우리 대처는 언제 오지라고 떠드는 것은 몹시 서글픈 일이 아닐 수 없다. 그녀는 과거의 인물일 뿐이다. 좌파에서 우파로 전향한 한국의 한 서양사학자가 『중간은 없다』(2008)란 제목으로 대처 수상의 생애와 정치를 조명하는 책을 냈다. 중간이 없다는 말은 한쪽으로 확신을 갖고 무자비하게 추구하는 것이 리더십의 요체라는 인상을 준다. 그래서 생긴 결과로 모두가 행복해졌나? 살림살이가 나아졌나? 그게 아니라면, 그 확신은 폭력과 광기가 아니었을까? 대처 제대로 보고 대처해야 하지 않을까?

박종성. 2007.11.02.

마가렛 대처 수상 어록

1. "개인이 노력하기 나름이다. 사회가 개인의 처지를 일일이 돌봐줄 필요는 없다."
2. "사회 따위는 없습니다. 남자와 여자, 개인이 있을 뿐입니다. [...]

개인은 반드시 자기 문제를 해결해야 하며, 누가 당연히 뭘 해주리라고 기대하면 안 됩니다."

토니 블레어 '제3의 길' The Third Way

Stop & Think

1. 토니 블레어의 정치철학인 '제3의 길'이란 무엇인가?

"The Third Way—A Modern Social Democracy"

The Third Way is the route to renewal and success for modem social democracy. It is not simply a compromise between left and right. It seeks to take the essential values of the centre and centre-left and apply them to a world of fundamental social and economic change; and to do so free from outdated ideology.*

The challenge we face is formidable*—global markets; continued poverty and social exclusion; rising crime; family breakdown; the changing role of women; a revolution in technology and the world of work; popular hostility to politics* and demands for deeper democratic reform; and a host of environmental and security issues requiring international action.

The Third Way marks a new departure within the centre-left. The 20th century left has been dominated by two camps; a fundamentalist Left which saw state control as an end in itself*, and a more moderate Left* which accepted this essential direction but favoured compromise. The Third Way is a serious reappraisal*. It draws vitality from uniting the two great streams of left-of-centre thought—democratic socialism and liberalism—whose divorce this century did so much to weaken progressive politics across the West.

The old left and new right have taken—and continue to take—

different forms across Europe. There is no single blueprint for the Third Way. But Europe' s progressive parties share common values, and all of us are adapting to meet new challenges.

For many years in opposition, the British Labour Party was seen—however unfairly—as the party of big government, nationalisation, anti-enterprise, soft on crime*, unconcerned with family life, gripped by pressure groups, and favouring more tax and public spending across the board*.

In the economy, our approach is neither *laissez-faire** nor one of state interference. The government's role is to promote macro-economic stability;* to develop tax and welfare polices that encourage independence, not dependence; to equip people for work by improving education and infrastructure; and to promote enterprise, particularly the knowledge-based industries of the future. We are proud to be supported by business leaders as well as trade unions.

The Third Way strives for a new balance between rights and duties—not just in welfare, but in a tougher approach to youth crime and far greater emphasis on the duties of parenthood. A new approach to family support is being forged to meet the needs of children and to help families—particularly the most vulnerable*—balance work and home more effectively.

We embrace co-operation without denigrating* patriotism. New Labour stands for a strong, decentralised Europe, enlarged to the east and able to tackle cross-border problems effectively but with integration only where necessary. This is the Third Way. A new alliance between progress and justice. A new basis of support, reaching out to those who shared our values but doubted our capacity to implement them. With courage, we can revere our history without living in it, and build dynamic social democratic societies for the 21 century.

단어설명

a compromise between left and right : 좌파와 우파의 타협.

free from outdated ideology : 낡은 이념에서 자유로운.

formidable: 무서운, 만만찮은.
popular hostility to politics: 정치에 대한 대중의 적대감.
saw state control as an end in itself: 국가가 모든 것을 통제하는 방식을 목적 그 자체로 보았다.
a more moderate Left: 좀 더 온건한 좌파.
a serious reappraisal: 진지한 재평가.
nationalisation, anti-enterprise, soft on crime: 국유화, 기업가정신에 반대하는, 범죄를 강경하게 다스리지 않고 봐주는.
across the board: 모든 경우에, 전면적으로.
laissez-faire: 자유방임. let alone policy.
macro-economic stability: 거시 경제체제 안정.
the most vulnerable: 가장 취약층.
denigrating: 더럽히다.

고든 브라운
Gordon Brown &
His first speech as Prime Minister (27 Jun 2007)

Stop & Think

1. 고든 브라운의 성장과정과 그의 정책방향은?

Gordon Brown's first speech as Prime Minister
27 Jun 2007

As he stood poised to enter Number 10 for the first time as Prime Minister, Gordon Brown made a brief speech.

I have just accepted the invitation of Her Majesty the Queen to form a government.

This will be a new government with new priorities* and I have been privileged to have been granted the great opportunity to serve my country.

And at all times I will be strong in purpose, steadfast in will, resolute* in action in the service of what matters to the British people, meeting the concerns and aspirations of our whole country.

I grew up in the town that I now represent in Parliament; I went to the local school.

I wouldn't be standing here without the opportunities that I received there and I want the best of chances for everyone.

That is my mission: that if we can fulfil the potential and realise the talents of all our people then I am absolutely sure that Britain can be the great global success story of this century.

As I have travelled around the country and as I have listened and I have learned from the British people—and as Prime Minister I will continue to listen and learn from the British people—I have heard the need for change: change in our NHS*; change in our schools; change with affordable housing; change to build trust in government; change to protect and extend the British way of life.

And this need for change cannot be met by the old politics so I will reach out beyond narrow party interest; I will build a government that uses all the talents; I will invite men and women of goodwill to contribute their energies in a new spirit of public service to make our nation what it can be.

And I am convinced that there is no weakness in Britain today that cannot be overcome by the strengths of the British people.

On this day I remember words that have stayed with me since my childhood and which matter a great deal today: my school motto, 'I will try my utmost'.

This is my promise to all of the people of Britain and now let the work of change begin.

Thank you.

단어설명

priorities: 우선순위.
resolute : 단호한.
NHS: National Health Service. 무상 국가 의료 체계.

멘트

1. 스코틀랜드 에든버러 대학 출신으로 전통 노동당원이다. 대학에서 역사학을 전공했고 the Labour socialist movement in Scotland 연구로 박사학위를 받았다. 노동당 토니 블레어 정부에서 10년 동안 재정부 장관직(Chancellor of the Exchequer)에 있다가 수상이 되었으나, 2010년 총선에 보수당의 David Cameron에 패배해서 총리자리에서 물러났다.

2. 고든 브라운은 "나는 히스클리프 닮았다"라고 말했다.

Gordon Brown says he identifies with Heathcliff, the brooding* romantic hero from *Wuthering Heights*.

brooding: 음울한

3. 개인적으로 가장 인상적인 구절은 "가정형편이 어려웠는데도 좋은 (지역)대학[에든버러 대학]을 나오고, 럭비로 다친 두 눈 중 한쪽 눈이라도 살릴 수 있었던 것은 무상 교육과 무료 의료시스템 덕분이

었다"였다. 그의 정책기조는 "의료 · 교육 · 주택(에서 공공성 강화를 통한) 3마리 토끼를 잡겠다"는 것이다. 그는 진지한 일중독자이자 투쟁자였다.

데이비드 카메론 수상 취임사 & His speech (11 May 2010)

Stop & Think

1. 카메론 수상 취임사에 담긴 정책 방향은?

David Cameron's speech in full
Tuesday 11 May 2010 21.37 BST

The transcript of Cameron's speech outside No 10 Downing Street as prime minister

Her Majesty the Queen has asked me to form a new government and I have accepted.

Before I talk about that new government, let me say something about the one that has just passed.

Compared with a decade ago, this country is more open at home and more compassionate abroad and that is something we should all be grateful for and on behalf of the whole country I'd like to pay tribute to the outgoing prime minister for his long record of dedicated public service.

In terms of the future, our country has a hung parliament* where no party has an overall majority and we have some deep and pressing problems—a huge deficit,* deep social problems, a political system in need of reform.

For those reasons I aim to form a proper and full coalition* between the Conservatives and the Liberal Democrats.*

I believe that is the right way to provide this country with the strong, the stable, the good and decent government that I think we need so badly.

Nick Clegg and I are both political leaders that want to put aside party differences and work hard for the common good and for the national interest.

I believe that is the best way to get the strong government that we need, decisive government that we need today.

I came into politics because I love this country. I think its best days still lie ahead and I believe deeply in public service.

And I think the service our country needs right now is to face up to our really big challenges, to confront our problems, to take difficult decisions, to lead people through those difficult decisions, so that together we can reach better times ahead.

One of the tasks that we clearly have is to rebuild trust in our political system. Yes that's about cleaning up expenses, yes that is about reforming parliament, and yes it is about making sure people are in control—and that the politicians are always their servant and never their masters.

But I believe it is also something else. It is about being honest about what government can achieve. Real change is not what government can do on its own—real change is when everyone pulls together, comes together, works together, where we all exercise our responsibilities to ourselves, to our families, to our communities and to others.

And I want to help try and build a more responsible society here in Britain. One where we don't just ask what are my entitlements,* but what are my responsibilities.

One where we don't ask what am I just owed, but more what can I give.

And a guide for that society—that those that can should, and those who can't we will always help.

I want to make sure that my government always looks after the elderly, the frail* the poorest in our country.

We must take everyone through with us on some of the difficult decisions we have ahead.

Above all it will be a government that is built on some clear values. Values of freedom, values of fairness, and values of responsibility.

I want us to build an economy that rewards work. I want us to build a society with stronger families and stronger communities. And I want a political system that people can trust and look up to once again.

This is going to be hard and difficult work. A coalition will throw up all sorts of challenges.

But I believe together we can provide that strong and stable government that our country needs based on those values—rebuilding family, rebuilding community, above all, rebuilding responsibility in our country.

Those are the things I care about. Those are the things that this government will now start work on doing.

Thank you very much.

단어설명

hung parliament: 헝의회. 제1당의 의석수가 과반의석에 미치지 못하는 의회. 총선에서 보수당은 306석을 얻는 데 그쳐 하원의석 총수 650석 중 과반인 326석을 확보하지 못하여 '헝의회'가 현실화되었고, 자유민주당과 '연합정부'(coalition government)를 구성하게 되었다.
a huge deficit: 막대한 재정적자.
coalition: 연합정부.
the Liberal Democrats: (제3당인) 자유민주당.
entitlements: 권리.
the frail: 허약자들, 병든 사람들.

멘트

달변가이다. 재정적자 줄이기, 연합정부 구성, 투명하고 책임지는 정부, 사회적 약자 보호 등을 정책적 기조로 삼겠다는 내용이다. 그리고 정치인은 군림하는 자가 아니라 봉사하는 자임을 강조한다.

신임 영국총리 테레사 메이 취임사
Theresa May (13 July 2016)

마가렛 대처 이후로 2번째 여성 총리가 된 테레사 메이 신임 영국총리의 취임사에 담긴 내용은 무엇인가? 첫째, 영국이 Brexit 탈퇴를 선택함에 따라서 통합왕국 UK를 구성하는 4개 부족의 이탈을 방지하는 통합(union)이 중요한 사안이 되었다. 둘째, 꼼꼼한 여성 총리라서 그런지 계급, 인종, 젠더의 차별이 없는 공정한 사회를 만들겠다는 결기가 느껴진다. "선택받은 소수의 이득"과 "운 좋은 소수의 이점을 견고히 하는" 것이 아니라 만인(시민 개개인)의 이득을 앞장서서 지키겠다는 선언이다. 내치에 신경을 써서 국민들의 살림살이를 낫게 만들겠다는 것이다. 영국이 유럽에서 벗어나 전 세계를 무대로 새로운 긍정적인 역할을 할 것인지 그 중대한 역사적 기로에 서 있는 느낌이다. 정치란 기본적으로 국익과 대중을 위한 봉사이다. 이런 기본에 충실한 연설문이다. 유머 감각은 부족하고, 회색빛이 주조를 이루며, 너무 진지한(serious) 사람이란 생각이 든다.

글 박종성 2016.07.15.

First published: 13 July 2016
Theresa May delivered her first statement as Prime Minister in Downing Street.
The Rt Hon Theresa May MP

I have just been to Buckingham Palace, where Her Majesty The Queen has asked me to form a new government, and I accepted.

In David Cameron, I follow in the footsteps of a great, modern Prime Minister. Under David's leadership, the government stabilised the economy, reduced the budget deficit, and helped more people into work than ever before.

But David's true legacy is not about the economy but about social justice. From the introduction of same-sex marriage, to taking people on low wages out of income tax altogether; David Cameron has led a one-nation government, and it is in that spirit that I also plan to lead. Because not everybody knows this, but the full title of my party is the Conservative and Unionist Party, and that word 'unionist'* is very important to me.

It means we believe in the Union : the precious, precious bond between England, Scotland, Wales and Northern Ireland. But it means something else that is just as important; it means we believe in a union not just between the nations of the United Kingdom but between all of our citizens, every one of us, whoever we are and wherever we're from.

That means fighting against the burning injustice that, if you're born poor, you will die on average 9 years earlier than others.

If you're black, you're treated more harshly by the criminal justice system than if you're white.

If you're a white, working-class boy, you're less likely than anybody else in Britain to go to university.

If you're at a state school, you're less likely to reach the top professions than if you're educated privately.

If you're a woman, you will earn less than a man. If you suffer from mental health problems, there's not enough help to hand.

If you're young, you'll find it harder than ever before to own your own home.

But the mission to make Britain a country that works for everyone means more than fighting these injustices. If you're from an ordinary working class family, life is much harder than many people in

Westminster realise. You have a job but you don't always have job security. You have your own home, but you worry about paying a mortgage. You can just about manage but you worry about the cost of living and getting your kids into a good school.

If you're one of those families, if you're just managing, I want to address you directly.

I know you're working around the clock,* I know you're doing your best, and I know that sometimes life can be a struggle. The government I lead will be driven not by the interests of the privileged few, but by yours.

We will do everything we can to give you more control over your lives. When we take the big calls,* we'll think not of the powerful, but you. When we pass new laws, we'll listen not to the mighty but to you. When it comes to taxes, we'll prioritise not the wealthy, but you. When it comes to opportunity, we won't entrench* the advantages of the fortunate few. We will do everything we can to help anybody, whatever your background, to go as far as your talents will take you.

We are living through an important moment in our country's history. Following the referendum, we face a time of great national change.

And I know because we're Great Britain, that we will rise to the challenge. As we leave the European Union, we will forge* a bold new positive role for ourselves in the world, and we will make Britain a country that works not for a privileged few, but for every one of us.

That will be the mission of the government I lead, and together we will build a better Britain.

단어설명

unionist: 통합주의자.
around the clock: 24 hours.
take the big calls: 중요한 전화를 하다.
entrench: 견고히 지키다.
forge: (계획을) 세우다.

영국 수상들의 리더십 스타일: 대처부터 메이까지

2016년 7월 13일 영국에서 마가렛 대처 이후로 26년 만에 2번째로 여성총리 테레사 메이가 등장했다. 처칠 수상을 포함하여 1979년 수상에 오른 마가렛 대처 이후부터 2016년 7월 13일 수상에 오른 테레사 메이에 이르기까지 역대 수상들의 취임사 속에 담긴 내용은 무엇인가? 이들이 내건 핵심 가치, 이들이 수상에 오를 당시나 재임 시절 굵직한 사건, 이들의 스타일을 알아보자. 정치란 무엇인가? 결론은 공정하고 평등한 사회를 만드는 일, 공익과 국익을 우선하는 일로 귀결된다. 참된 리더는 자신이 한 일을 떠벌이는 사람이 아니라 책임을 지는 사람이다.

윈스턴 처칠(18741965)

별명은 '불독.' 처칠하면 떠오르는 것은 시가(여송연), 승리의 V자 손가락, 유머, 그리고 수채화 그리기 등이다. 그는 여유, 결단, 유머를 지닌 지도자였다. 제2차 세계대전을 승리로 이끈 위인으로 평가를 받는다. 특히, 그의 스타카토식 연설은 압권이다. 1941년 9월 9일 하원연설에서 그는 "우리는 여전히 우리 운명의 주인이며, 우리 영혼의 선장이다"(We are still masters of our fate. We are still captain of our souls.)라는 명문을 남겼다. 또한, 1941년 10월 29일 자신의 모교인 해로 스쿨에서는 "결코 포기하지 마라. 결코, 결코, 결코. 결코"(Never give in—never, never, never, never.)라는 명문을 남겼다. 그의 연설문이 인류에게 희망과 용기를 불어 넣어 주었다는 이유로 그에게 노벨 문학상이 수여되었다는 것은 정치적 결정이며 다소 의외다. '전쟁광'(war-monger), 영국경제를 파탄으로 내몬 장본인으로 비난을 받긴 하나, 히틀러의 압제에 맞서 강한 지도력을 발휘한 영웅으로 칭송 받는다.

처칠의 취미는 생뚱맞게도 수채화 그리기였다. 전시 작전수행과 수채화 그리기 사이에는 어떤 상관성이 있는 것일까? 그는 그림 그리기를 통해 일상사에서 부분과 전체의 유기적 관계를 고찰하는 좋은 습관을 형성할 수 있었다고 말한다. 또한, 처칠은 유머감각을 지닌 정치인이었다. 유머는 긴장감을 녹이며 웃음을 선사하는 윤활유 역할을 했다. '꿋꿋함'(fortitude)과 '결기'(gut)에 유머와 수채와 그리기 취미가 더해져 그가 위대한 지도자가 될 수 있었던 것이다.

마가렛 대처(1925-2013)

별명은 '철의 여인'(The Irony Lady)와 '신자유주의 전도사.' 보수당 출신의 영국 최초의 여성총리로서 11년(1979-1990) 동안 3번 연속 집권하는 기염을 토했다. 그녀는 '확신에 가득 찬 정치인'(a politician of conviction)으로 평가 받는다. 외모는 여성적이나 남성의 목소리를 지녔고, 강하고 고집이 센 지도자였다. 그녀가 남긴 대표적인 어록으로는 "안 돼, 안 되고말고, 절대 안 돼"(No, No, No) 와 "다른 방법이 없다"(There is no alternative. 줄여서 TINA라고 부른다)가 있다.

식료잡화점의 딸로 태어나 옥스퍼드 대학의 여학생 전용인 써머빌 칼리지를 다녔다. 그녀는 중산층의 근면, 노력, 자기규율, 책임을 통한 돈벌이와 성공을 가치 있는 삶으로 생각했다. 때문에 그녀는 개인이 국가의 복지정책에 의존하거나 게으름을 피우는 이른바 '영국병' 퇴치를 주도했다.

그러나 경쟁을 통해 생산성 제고하려는 그녀의 강한 드라이브는 적지 않은 부작용을 낳았다. 적자가 나는 탄광을 폐쇄하고, 노조를 강경하게 대처했고, 국영기업을 사영화시켜 공동체 정신을 체계적으로 파괴했다. 급기야 1989년에는 빈부의 차이와 관계없이 개인에게 동일한 액수의 세금을 부과하는 이른바 '인두세'(Poll Tax 혹은 좀 더 순화된 표현으로 지역주민세를 의미하는 Community Charge)를 도입하여 국민들의 저항에 직면했다. 개인적 성취를 강조한 결과 일명 '여피족'(Yuppies: Young Urban Professionals, 대도시에 사는 젊고 수입이 많은 전문가들)이 탄생하게 되었다.

대처는 민족주의에 불을 지핀 우파 지도자였다. 1982년에는 아르헨티나 최남단 영국령 포클랜드 섬을 탈환하기 위해서 전쟁을 치러 승리했고 이를 선거에 이용하여 재선에 성공하여 일약 세계 지도자로 부상했다. 또한, 1981년에는 영국에서 태어난 아이에게 자동적으로 부여하던 시민권을 폐지하지는 '국적법'(The Nationality Act)을 도입하여 이민자 유입을 억제했다. 그리고 그녀는 유럽통합에 반대 입장을 취했다.

대처가 총리에서 물러나게 된 주된 이유는 유럽통합을 둘러싼 보수당 내의 분열과 반발 때문이었다. 2016년 브렉시트 찬성파들은 대부분 대처의 아이들에 해당된다.

존 메이저(1943-)

별명은 '회색인'(a grey man). 흰 머리에 침착하고 사근사근한 신사라서 붙여졌다. 대처 수상 덕분에 운이 좋아 47세에 총리가 되어 1990부터 1997년 5월까지 수상직에 있었다. 고졸 출신으로 초라한 배경을 지닌 그는 1979년 국회의원에 당선되면서 정치에 입문했다. 대처 수상의 제자이다. 가정형편이 어려웠던 사람이라 "계급 없는 사회"(a classless society)를 주창했다. 화려함이 없는 서민적 지도자였다. 부친이 유랑서커스단의 단원이었기에 선거유세도 시장터에서 네모 상자에 올라 스피커를 사용하는 친 서민적 방식을 택했다. 그의 일하는 스타일은 답답할 정도로 "좀 기다려 보자"(wait and see)였으나 정직함이 그의 큰 자산이었다. 그래서 그는 "정직한 존"(Honest John)으로 불렸다. 하지만 카리스마, 쇼맨십 등 별다른 특색은 없었다.

영국은 1992년 9월 16(수)일 유럽 각국의 환율을 좁은 변동범위로 고정시키는 '유럽 환율 조절 메커니즘(ERM)'에 가입 6년 만에 탈퇴하는 치욕을 당했다. '공포의 수요일'(The Black Wednesday)하루 동안 영국 중앙은행이 파운드화를 사들이며 가치를 방어하려 했지만, 파운드화는 폭락했고, 금융시장은 패닉에 빠졌으며, 소로스는 10억 달러 이상을 벌어들였다. 영국은 여전히 자국의 파운드화 사용을 고수하고 있다. 2016년 메이저는 브렉시트 잔류편에 섰다.

토니 블레어(1953-)

별명은 '밤비'(Bambi) 사슴. 2003년 미국과 함께 이라크 전쟁에 참전하면서, '부시의 푸들'(Bush's poodle)이란 별명도 추가했다. 1994년 44살의 최연소로 노동당 당수가 되었고, 1997년 5월 총선에서 보수당에 압승을 거둠으로써 18년 만에 노동당 출신의 총리가 되었다. 이른바 '젊은 피'의 출현이었다. 3기 연속 집권하면서 10년 동안 수상직에 있었다. 달변가였던 그는 신선하게 '새노동당' 건설과 '제3의 길'을 제시했다. 그는 '전 산업의 국유화'를 명기한 노동당 당헌 4조를 삭제하고, '자유시장 원리'를 수용하여 당의 경제정책을 개편하여 시대의 흐름에 맞게 노동당의 정책을 혁신했다. 처음 '제3의 길'을 들고 나왔을 때만 해도 신선했다. 그는 "당적은 노동당인데 정책은 마가렛 대처를 베끼고 있다"는 비난에 시달리면서도 그는 과감하게 중도노선을 택했다. 그러나 '제3의 길'은 현란한 수사학에 불과한 것으로 판명되었다.

또한 2003년 영국의 이라크 전쟁 참전 결정이 잘못된 것이라는 '칠콧 보고서'가 얼마 전에 나오면서 추락한 정치인 신세가 되었다. 이라크 침공 및 이와 관련한 거짓말이 그에게 불명예를 안겨준 것이다. 사필귀정이라는 생각이 든다.

노동당 출신인 블레어가 전 세계를 돌면서 고액 강연료를 받고, 자서전을 써서 인세를 챙기며, 그렇게 해서 번 돈으로 해외(바베이도스)에서 주택쇼핑을 하는 모습은 대단히 실망스럽다. 좌파의 진정성을 의심 받는 불명예스런 정치인으로 전락했다.

고든 브라운(1951-)

별명은 '히스클리프'(Heathcliff). 히스클리프는 에밀리 브론테의 소설 『폭풍의 언덕』에 등장하는 생각에 잠긴 낭만적 기질의 영웅이다. 스코틀랜드 출신으로 56세에 총리가 된 그는 과묵하고 표정은 밝지 않으며, 하루 18시간씩 일하는 일벌레다. 불도저식으로 밀어붙이는 럭비선수 타입의 정치인이다. 그의 취미는 축구, 테니스, 영화이다. 2007년 총리 취임 연설에서 그는 어린 시절을 이렇게 회고했다. "가정형편이 어려웠는데도 좋은 대학(에든버러)을 나오고, 럭비로 다친 두 눈 중 한쪽 눈이라도 살릴 수 있었던 것은 무상 교육과 무료 의료시스템 덕분이었다." 그래서 "의료 교육 주택이라는 3마리 토끼잡이"를 정책기조로 삼았다. 퇴임사에서 자신이 총리직을 사랑했던 이유로 "이 나라를 좀 더 공정하고, 더 푸르고, 더 민주적인 국가로 만들려는 잠재성을" 꼽았다. 데이비드 카메런 보수당 총리가 등장하면서 1997년부터 2010년까지 13년 동안 노동당의 집권은 끝난다.

데이비드 카메런(1966-)

별명은 '칠랙스'(chillax) 데이비드'다. 칠랙스는 '느긋하게 쉰다'라는 'chilled out'과 'relax'의 합성어이다. '일중독' 총리가 아니라 취미 삼아 정치를 하는 엘리트 코스를 밟은 귀공자(금수저) 스타일이다. 이번 브렉시트를 국민투표에 부치는 결정은 그의 '만용'(blunt courage)과 '미숙함'을 드러낸다. 달변가로 39세에 보수당 대표가 되었다. 그의 주된 업적으로는 '감축과 내핍정책'(Cut and Austerity Policy)을 통한 경제안정, 재정적자 감소, 사회정의 실현, 국가통합을 꼽을 수 있다. 취임사에서 "강하고, 안정된, 품격을 갖춘 정부"를 만들겠다고 약속했다. 하지만 하원 의석 650석 중 과반인 326석을 확보하지 못하여 '헝의회(Hung Parliament)'가 되자 자유민주당과 연립정권을 구성해 국정을 운영해야 했고, 재선에서 보수당 내 유럽통합 반대파의 표를 얻기 위해 브렉시트를 국민투표에 붙이겠다고 약속을 해야만 했다. 국민투표 결정은 대의민주주의의 실행이지만, 이것이 초래할 여파를 고려한다면 위험한 도박인 것이다. 한 엘리트 정치인이 초래한 재앙일 수 있다. 퇴임사를 마친 후 콧노래를 부르며 수상 관저로 들어가는 그가 무책임해 보인다.

테레사 메이(1956-)

성공회 목사의 딸인 그녀는 혹자의 말대로 '깐깐한 사감선생' 스타일이다. 과묵하고 원칙적이며 금욕적이다. 취임사에서 받은 인상은 유머 감각은 부족하고, 회색빛이 주조를 이루며, 진지하다. 개인적 불행이 그녀를 차분하고 단단한 사람으로 만든 것 같다. 25세에 졸지에 부모를 잃었고, 불임의 고통이 뒤따랐으며, 당뇨병을 앓고 있다.

취임사에서 그녀가 강조한 것은 무엇인가? 첫째, 영국이 Brexit 탈퇴를 선택함에 따라서 통합왕국 UK를 구성하는 4개 부족의 이탈을 방지하는 통합이 중요한 사안이 되었다. 둘째, 꼼꼼한 여성 총리라서 그런지 계급, 인종, 젠더의 차별이 없는 공정한 사회를 만들겠다는 결기가 느껴진다. "특권을 지닌 소수의 이득"(by the interests of the privileged few)에 움직이지도 않고, "운이 좋은 소수의 이점을 견고히 하지 않는"(we won't entrench the advantages of the fortunate few) 정부, 즉 시민 개개인의 이득을 앞장서서 지키겠다는 선언이다. 원대한 비전은 없어 보이는 위기관리용 내치형 총리라는 생각이 든다.

영국이 유럽에서 벗어나 전 세계를 무대로 새로운 긍정적인 역할을 할 것인지 그 중대한 역사적 기로에 서 있는 느낌이다. 정치란 기본적으로 국익과 대중을 위한 봉사이다. 그녀는 이런 기본에 충실하고자 하는 꼼꼼한 지도자이다.

글 박종성 2016.07.16.

11장 여성 문제

울프의 『자기만의 방』/ *A Room of One's Own* / by Virginia Woolf

Stop & Think

1. 울프의 에세이 『자기만의 방』에 담긴 주된 생각은?

Virginia Woolf's *A Room of One's Own*

Are they[women] capable of education or incapable? Napoleon thought them incapable. Dr Johnson thought the opposite. Have they souls or have they not souls? Some savages say they have none. Others, on the contrary, maintain that women are half divine and worship them on that account*. Some sages hold that they are shallower* in the brain; others that they are deeper in the consciousness. Goethe honoured them; Mussolini despised them. Wherever one looked men thought about women and thought differently. It was impossible to make head or tail of* it all,

-Virginia Woolf, *A Room of One's Own*, Chapter 2, p. 38.

단어설명

on that account: 그런 이유 때문에.
shallower: (두뇌가 남성보다) 더 나쁜.
to make head or tail of~: ~을 이해하다, 갈피를 잡다.

Intellectual freedom depends upon material things. Poetry depends upon intellectual freedom. And women have always been poor, not for two hundred years merely, but from the beginning of time. Women have had less intellectual freedom than the sons of Athenian slaves. Women, then, have not had a dog's chance of* writing poetry. That is why I have laid so much stress on* money and a room of one's own.

-Virginia Woolf, *A Room of One's Own*, Chapter 6, pp. 141-2.

단어설명

a dog's chance of ~: ~할 비참한 기회조차도 (갖지 못했다).
laid so much stress on ~: ~를 너무나 강조했다.

멘트

여성은 남성에 비해 지적으로 '열등한 성'(inferior sex)인가? 울프는 "여성은 박쥐나 올빼미처럼 살고 짐승처럼 일하고 벌레처럼 죽는구나"라는 램이 사랑했던 공작부인의 책을 보면서 분노한다. 그녀는 "여성은 아테네 노예들의 아들들보다도 지적인 자유를 갖지 못했다"라는 대목에서 다시 한 번 분노한다. 부권주의 문화 속에서 여성으로 산다는 것이 무엇인지를 그녀는 자문한다. 울프는 여성이 작가가 되려면, 즉 지적 생활을 영위하려면 무엇보다도 돈(money)과 방(room)이라는 물질적 토대가 있어야 한다고 주장했다. 영국에서는 1880년 이후에 결혼한 여성들의 재산 소유가 허용되었고, 1919년에 여성에게 투표권이 부여되었다.

Virginia Woolf (1882-1941)

1. She drowned herself at the age of 59 in the Ouses in Sussex.
2. She suffered from nervous fatigue and breakdown.
3. She was denied a formal education by Oxbridge which were exclusive men clubs.
4. She considered death as a rational choice in that it could put an end to one's misery.

5. She has the divided self. On the one hand, she was a witty conversationalist; on the other she was mad and depressed.

"Wuthering Heights" / by Ted Hughes

Stop & Think

1. 명작의 고향, 폭풍의 언덕을 방문한 테즈 휴즈의 눈에 비친 부인 (실비아 플라스)과 배경(풍경)에 대한 반응은?

"Wuthering Heights" / by Ted Hughes (From *Birthday Letters,* 1998)
[...]
Dark redoubt*
On the skyline above. It was all
Novel and exhilarating to you.
The book becoming a map. Wuthering Heights
Withering into perspective. We got there
And it was all gaze. The open moor,
Gamma rays and decompsing starlight
Had repossessed it
With a kind of blackening smoulder.* The centuries
Of door-bolted comfort finally amounted
To a forsaken quarry. [...]

단어설명

redoubt: 보루, 성채.
smoulder: smolder. 연기 나는 불.

번역

「폭풍의 언덕」/ 테드 휴즈

[...]
어두운 성채
저 멀리 하늘을 배경으로 지평선이 맞닿는 곳
그것은 그대에게 너무 진기하고 유쾌한 감흥을 주었지.
『폭풍의 언덕』은 그대의 안내자가 되었다.
폭풍의 언덕은 저 멀리 원경 속으로 소멸되었고
그곳에 도착한 우리는 진지한 눈으로 들여다보았지.
탁 트인 무어 들판.
감마 광선과 분해되는 별빛이
일종의 검은 연기의 불을 동반하며
다시금 광야를 소유했다.
오랜 세월 방치된 채 자물쇠가 채워진 안식처는
마침내 채석장으로 변해 있었다. [...]

멘트

테드 휴즈(Ted Hughes, 1930-1998)와 실비아 플라스(Sylvia Plath, 1932-1963) 부부는 요크에서 그리 멀지 않은 에밀리 브론테의 소설 『폭풍의 언덕』의 무대가 되었던 하워스(Haworth)의 낡은 농가를 방문한 적이 있다. 그는 자신의 고향 페닌즈(Pennines)에서 그리 멀지 않은 이곳을 그녀와 함께 일종의 '성지순례'를 했을 때 느낀 감흥을 시로 형상화하고 있다. 이 장면은 거친 자연을 그린 한 폭의 풍경화를 연상시킨다.

동시에 휴즈는 현대 여성작가인 실비아 플라스와 빅토리아 시대의 여성작가인 에밀리 브론테 사이의 차이점에 대해서 생각해 본다. 그는 실비아 플라스가 좀 더 많은 자유를 향유할 수 있었고 대학교육을 받았기 때문에, 그녀가 그런 특권을 저버리고 자살한 것을 힐책하고 있는 듯하다.

실비아 플라스는 미모와 글쓰기의 재능을 겸비했던 작가였다. 결혼 6년이 지난 시점에 남편의 외도를 알아차린 후 30세의 젊은 나이에 오븐에 머리를 묻고 가스흡입이란 극단적인 방식으로 자살했다. 그녀는 많은 여성주의자들의 숭배의 대상이다. 그녀의 유고시집 『에어리얼』(*Ariel*, 1965)은 출간 후 10개월 동안 5,000부 이상이 팔리면서 그녀에게 문학적 성공을 가져다주었다.

테드 휴즈는 1998년 자신의 부인이었던 실비아 플라스를 회상하는 시집 『생일 편지』(*Birthday Letters*)를 출간해서 35년 동안의 침묵을 깼다. 그리고 9개월 뒤에 타계함으로써 문학계를 두 번씩이나 놀라게 했다. 이 시집은 출간 직후 5만 부가 그리고 1998년 한 해 동안 15만부가 팔려 나갔다. 이들 두 시인 부부에게 대체 무엇이 잘못된 것일까?

12장 인종, 종교, 반제국주의, 브렉시트

가이 폭스 Guy Fawkes

Stop & Think

1. 가이 폭스가 의사당 폭파 음모를 꾸민 이유는?

Bonfire Night

Guy Fawkes (13 April 157031 January 1606), also known as Guido Fawkes, the name he adopted while fighting for the Spanish in the Low Countries,* belonged to a group of Catholic Restorationists from England who planned the Gunpowder Plot of 1605.* Their aim was to displace Protestant rule by blowing up the Houses of Parliament while King James I and the entire Protestant, and even most of the Catholic, aristocracy and nobility were inside. The conspirators* saw this as a necessary reaction to the systematic discrimination against English Catholics.

The Gunpowder Plot was led by Robert Catesby, but Fawkes was put in charge of its execution. He was arrested a few hours before the planned explosion, during a search of the cellars underneath Parliament in the early hours of 5 November prompted by the receipt of an anonymous* warning letter.

Guy Fawkes Night (or "bonfire night"), held on 5 November in the United Kingdom and some parts of the Commonwealth, is a commemoration of the plot, during which an effigy of Fawkes is burned, often accompanied by a fireworks display. The word "guy", meaning "man" or "person", is derived from his name.

단어설명

the Low Countries: 유럽 북해 연안의 저지대. 벨기에, 네덜란드, 룩셈부르크로 구성된 지역.
The Gunpowder Plot: 화약 음모 사건.
the conspirators: 음모자들.
anonymous: 익명의.
effigy: 모형, 인형.

멘트

매년 11월 5일 잉글랜드에서 전역에서 벌어지는데 일명 '불꽃놀이의 밤' 혹은 '화톳불의 밤'(bonefire night)이라고도 한다. 가이 폭스 데이에는 런던 지하철 개찰구에서 어린이들이 큰 가이 폭스 인형(effigy)을 들고 "Penny for Guy"를 외친다. 폭죽을 사기 위해 구걸하는 것이다. 잉글랜드에서는 의사당을 폭파하고 제임스 1세와 그 일가족을 시해하려 한 가톨릭교도들이 꾸민 화약음모사건의 실패를 축하하는 행사이다.

벤저민 제파니아 **Benjamin Zephaniah**

Stop & Think

1. 왜 벤저민 제파니아는 영국 왕실에서 주는 훈장 받기를 거부하는가?

Angry Benjamin Zephaniah

An invitation to the palace to accept a New Year honour... you must be joking. Benjamin Zephaniah won't be going. Here he explains why

[Thursday November 27, 2003 / *The Guardian*]

I woke up on the morning of November 13 wondering how the government could be overthrown* and what could replace it, and then I noticed a letter from the prime minister's office. It said: "The prime minister has asked me to inform you, in strict confidence*, that he has in mind, on the occasion of* the forthcoming list of New Year's honours to submit your name to the Queen with a recommendation that Her Majesty may be graciously pleased to approve that you be appointed an officer of the Order of the British Empire."*

Me? I thought, OBE me? Up yours, I thought. I get angry when I hear that word "empire"; it reminds me of slavery, it reminds of thousands of years of brutality, it reminds me of how my foremothers were raped and my forefathers* brutalised. It is because of this concept of empire that my British education led me to believe that the history of black people started with slavery and that we were born slaves, and should therefore be grateful that we were given freedom by our caring white masters. It is because of this idea of empire that black people like myself don't even know our true names or our true historical culture. I am not one of those who are obsessed with their roots and I'm certainly not suffering from a crisis of identity; my obsession is about the future and the political rights all people. Benjamin Zephaniah OBE—no way Mr Blair, no way Mrs Queen. I am profoundly anti-empire.

단어설명

overthrown: 전복되다.
in strict confidence: 극비리에.
on the occasion of ~: ~의 경우에.
the Order of the British Empire: 대영제국의 훈장. 줄여서 OBE로 부른다.
forefathers: 조상들.

링크

http ://www.guardian.co.uk/g2/story/0,3604,1093962,00.html

멘트

영국서 태어나 자메이카에서 어린 시절을 보낸 벤저민 제파니아는 넬슨 만넬라가 좋아하는 시인이다. 그는 인권운동가이자 라스타파리언(Rastafarian)이다. 그는 영국 내에서 제국을 비판하는 목소리 낸다. 그는 영국인들의 적대적 시선의 표적인가? 자본과 명예와 권력에 흡수 및 고용되길 거부하는 멋진 작가인가?

살만 루시디 / "The New Empire within Britain" / by Salman Rushdie

Stop & Think

1. 영국 내 인종차별주의에 대한 살만 루시디의 견해는?

The New Empire within Britain

I want to suggest that racism is not a side-issue* in contemporary Britain; that it's not a peripheral minority affair.* I believe that Britain is undergoing a critical phase of its postcolonial period, and this crisis is not simply economic or political. It's a crisis of the whole culture, of the society's entire sense of itself. And racism is only the most clearly visible part of this crisis, the tip of the kind of iceberg that sinks ships.*

It sometimes seems that the British authorities, no longer capable of exporting governments, have chosen instead to import a new Empire, a new community of subject peoples of whom they think, and with whom they can deal.

Now the peoples whom I've characterized as members of a new colony would probably be described by most of you as 'immigrants.' So I'd like to ask you think about this word 'immigrant.' And still the word 'immigrant' means 'black immigrant'; the myth of 'swamping' lingers on;* and even British-born blacks and Asians are thought of as people whose real 'home' is elsewhere. Immigration is only a problem if you are worried about blacks; that is, if your whole approach to the question is one of racial prejudice.

-Salman Rushdie's *Imaginary Homelands 1981-1991* (1992).

단어설명

a side-issue : 중요하지 않은 사안.
peripheral minority affair : 주변적인 사소한 일이 아니다.
a critical phase of its postcolonial period : 탈식민주의 시대라는 중요한 단계.
the tip of the kind of iceberg that sinks ships : (인종차별주의는) 일종의 빙산의 일각이다.
the myth of 'swamping' lingers on : 영국이 이민자들의 홍수로 범람한다는 신화가 지속된다. 극우주의자 이녹 파웰의 주장이다.

키플링 "The Overland Mail" / by Rudyard Kipling

Stop & Think

1. 영국작가 키플링의 인도인 우편배달부를 바라보는 시각과 문제점은?

"The Overland Mail"(Foot-Service to the Hills)

In the name of the Empress of India,* make way,
  O Lords of the Jungle,* wherever you roam.
The woods are astir* at the close of the day—
  We exiles* are waiting for letters from Home.
Let the robber retreat—let the tiger turn tail—
In the Name of the Empress, the Overland Mail!

With a jingle of bells as the dusk gathers in,
He turns to the foot-path that heads up the hill—
The bags on his back and a cloth round his chin,
And, tucked in his waist-belt, the Post Office bill:
"Despatched on this date, as received by the rail,
Per runner, two bags of the Overland Mail."

Is the torrent in spate?* He must ford it or swim.
Has the rain wrecked the road? He must climb by the cliff.
Does the tempest cry "Halt"? What are tempests to him?
The Service admits not a "but" or and "if."
While the breath's in his mouth, he must bear without fail,
In the Name of the Empress, the Overland Mail.

From aloe to rose-oak, from rose-oak to fir,
From level to upland, from upland to crest,
From rice-field to rock-ridge,* from rock-ridge to spur,
Fly the soft sandalled feet, strains the brawny brown chest.
From rail to ravine*—to the peak from the vale—
Up, up through the night goes the Overland Mail.

There's a speck on the hillside, a dot on the road—
A jingle of bells on the foot-path below—
There's a scuffle* above in the monkey's abode—
The world is awake, and the clouds are aglow.*
For the great Sun himself must attend to the hail:"
In the name of the Empress the Overland Mail!"

단어설명

Empress of India: 인도의 여황제, 즉 빅토리아 여왕.
Lords of the Jungle: 야수들.
astir: 움직이는.
We exiles: (인도에 사는) 영국인 국외자들.
in spate: 강물이 범람한.

rock-ridge: 바위 등성이.
ravine: 계곡.
scuffle: 드잡이, 싸움.
aglow: 불타오는.

번역

「육상우편—언덕으로의 도보배달」/ 러드야드 키플링(1865-1936)

인도의 여황제의 이름으로 말하거니 길을 비켜라
정글의 군주들이여, 그대들이 어디를 배회하건 간에.
날이 저물어 갈 무렵 숲은 움직이고 있다.
우리 피신객들은 고국으로부터의 편지를 기다리고 있다.
강도를 물러나게 하자. 호랑이가 달아나게 하자.
여황제의 이름으로, 육상우편이요!

땅거미가 찾아올 무렵 땡그랑 종소리와 함께
그는 언덕으로 이르는 오솔길로 접어든다.
등에는 가방을 메고 턱 주위로 옷을 두르고,
허리띠에는 우체국 서류를 찌른 채—
"철도편에 수령되었고 이 날짜로 발송됨,
"집배원 한 명당 육상우편 두 꾸러미 씩."

급류로 인해 물이 불었는가? 그는 급류를 건너거나 헤엄쳐야 한다.
비가 길을 못 쓰게 만들었는가? 그는 절벽을 기어올라야만 한다.
폭풍이 그에게 "멈춰"라고 소리치는가? 그에게 폭풍이 뭐가 문제란 말인가?

배달 업무는 “그런데” 또는/와 “만약에”를 용납하지 않는다.
그의 입에 숨이 붙어있는 한 그는 틀림없이 지니고 가야만 한다,
여황제의 이름으로, 그 육상우편물을.

알로에부터 장미 떡갈나무에 이르기까지, 장미 떡갈나무에서 전나무에 이르기까지,
평지에서 고지에 이르도록, 고지에서 산꼭대기에 이르기까지
논에서 바위등성이, 바위등성이에서 산 돌출부까지
부드러운 샌들을 신은 발을 날아오르게 하고, 황갈색, 갈색 가슴을 긴장시키자,
철길에서 계곡으로, 계곡에서 꼭대기로.
위로, 위로 밤을 뚫고 육상우편이 간다.

언덕에 반점이 있다, 길 위에 점이 있다.
아래 길 위로 종이 딸랑거린다.
머리 위 거처에서는 원숭이들이 드잡이를 친다.
세상은 깨어있고 구름은 불타오른다.

위대한 태양도 이 환호에 주목해야만 하기에,
“여황제의 이름으로, 육상우편이요!”

-박종성 외 편역.『탈식민주의 길잡이』(한울 아카데미, 2003), 105-6쪽.

멘트

키플링(1865-1936)은 인도 뭄바이(Mumbai)에서 태어났고 비록 영국에서 교육받기는 했지만 그의 젊은 날의 대부분의 시간을 그가 태

어난 나라이자 동시에 제국 안에서 영국의 가장 큰 식민지이기도 했던 나라에서 보냈다. 그의 인생은 19세기 후반과 20세기 초반 대영제국이 전성기였던 시기와 일치한다. 그는 제국주의를 찬양한 작가로 널리 알려져 있다. 1886년에 그의 작품 모음집『행정부의 소곡』의 제 2판 속에 최초로 출판된「육상우편」은 인도의 언덕 위 주재소에 거주하는 영국인 국외자들에게 편지를 전달하는 인도인 우편배달부의 노고를 예찬하는 시다. 이 주재소는 여름동안 인도의 기후를 참을 수 없는 사람들에게 널리 알려진 휴양지였다. 철도역에 우편물이 도착하면 이를 언덕까지 걸어서 배달하는 제국의 일꾼으로서 인도인의 노고와 '꿋꿋함'(fortitude)을 칭찬한다.

테니슨, **"Ulysses" / by Lord Alfred Tennyson**

Stop & Think

1. 아래 시에서 화자의 어떤 삶을 살고 싶어 하는가?

"Ulysses" / by Lord Alfred Tennyson

I am a part of all that I have met;
Yet all experience is an arch wherethrough
Gleams* that untravelled world, whose margin fades
For ever and for ever when I move.
How dull it is to pause, to make an end,
To rust unburnished,* not to shine in use!
As though to breathe were life. Life piled on life
Were all too little, and of one to me
Little remains:

[...]

Though much is taken, much abides;* and though
We are not now that strength which in old days
Moved earth and heaven; that which we are, we are;
One equal temper of heroic hearts,*
Made weak by time and fate, but strong in will
To strive, to seek, to find, and not to yield.

단어설명

Gleams: 어렴풋이 빛나다.
unburnished: 광택이 나지 않은.
abides: 남아있는.
heroic hearts: 영웅적 기백.

번역

「율리시즈」/ 테니슨 경

나는 내가 경험했던 그 모든 것의 일부이러니,
허나 모든 경험은 하나의 문(門),
그 문을 통해 아직 가보지 못한 세계가 어렴풋이 빛나며,
그 세계의 가장자리는 내가 다가가면 영영 사라지는 도다.
얼마나 지루한 일인가, 멈춘다는 것, 끝낸다는 것, 광을 내지 않아 녹슬어 버린다는 것, 사용해서 빛나게 하지 않는다는 것은!
마치 숨 쉬는 것이 삶의 전부이기나 한 듯이! 삶 위에 삶을 포개는 것은 너무나 가치 없는 일이구나, 더구나 내게는 삶이 얼마 남지 않았도다.

[...]

비록 잃은 것은 많지만 아직 남은 것도 많도다.
그리고 이제는 비록 지난날 하늘과 땅을 움직였던
그러한 힘을 갖고 있지 못하지만, 지금의 우리는 우리로다.
한결같이 변함없는 영웅적 기백,
세월과 운명에 의해 쇠약해졌지만, 의지는 강하도다.
분투하고 추구하고 발견하고 결코 굴하지 않으리니.

멘트

1. 빅토리아조의 대표적인 국민시인 알프레드 테니슨 경(1809-1892)은 민중에게 희망, 용기, 도전, 모험, 꿋꿋함을 심어주었던 시인이었다. 007영화 *Skyfall* 마지막 부분에서 의회청문회에 출석한 MI6 M(영국해외정보국 여자 국장)은 "Ulysses" 시의 마지막 부분을 인용한다. 시 속의 노인(율리시즈)을 노국(老國) 영국에 비유한 것이다.

2. 그리스신화에 나오는 율리시스는 Ithaca의 왕으로서 Homer의 작품 *Odyssey*의 주인공이다. Ulysses는 Odysseus의 라틴명이다.

3. Mentor의 유래

그리스신화에 나오는 오디세우스의 친구의 이름이다. 오디세우스의 영토인 이타카섬에서 살았다. 호메로스의《오디세이아》에 따르면, 오디세우스는 트로이전쟁에 참가하면서 연장자인 멘토에게 집안일과 아들 텔레마코스의 교육을 부탁하였으며, 멘토는 이 부탁을 들어주려고 노력하였다. 오디세우스가 20년이 되도록 돌아오지 않자 장성한 텔레마코스가 아버지를 찾아 나선다. 오디세우스의 수호신 아테나는 멘토의 모습으로 텔레마코스에게 나타나 조언한다. 멘토는 현명한 조언자 또는 스승의 의미로 쓰이게 되었다.

영국과 아일랜드 관계 "We Saw a Vision"/ by Liam Mac Uistin

"We Saw a Vision" by Liam Mac Uistin

In the darkness of despair we saw a vision,
We lit the light of hope and it was not extinguished.
In the desert of discouragement we saw a vision.
We planted the tree of valour* and it blossomed.
In the winter of bondage we saw a vision.
We melted the snow of lethargy* and the river of resurrection flowed from it.
We sent our vision aswim like a swan on the river. The vision became a reality.
Winter became summer. Bondage became freedom and this we left to you as your inheritance.
O generations of freedom remember us, the generations of the vision.

단어설명

valour: 용기.
lethargy: 무기력.

번역

「우리는 희망을 본다」

절망의 어둠에서 우리는 희망을 본다
우리는 희망의 불을 밝혔고 아직 꺼지지 않았다
절망의 사막에서 우리는 희망을 본다
우리는 용기의 나무를 심었고 그것은 꽃피었다
속박의 겨울 속에서도 우리는 희망을 보며, 눈처럼 쌓인 무기력을 녹인다

그리고 부활의 강은 이것으로 부터 흐른다
우리는 강에서 헤엄치는 백조와 같이 우리의 희망을 보냈고,
희망은 현실이 되고, 겨울은 여름이 되고,
속박은 자유가 되고, 우리는 이를 당신들에게 유산으로 남긴다
자유의 세대가, 희망의 세대가 우리를 기억한다.

멘트

1. In 1976, a contest was held to find a poem which could express the appreciation and inspiration of this struggle for freedom. The winner was Dublin born author Liam Mac Uistin, whose poem "We Saw a Vision" expresses his longing for an end to Ireland's miserable condition.

2. 아일랜드 수도 더블린에 위치한 '추모정원' 내에는 아일랜드 독립투쟁 때 희생자들을 기리는 곳으로 기념비가 있다. 이곳에는 아일랜드 시인 리엄 맥위스틴의 시 「우리는 희망을 본다」가 새겨져 있다. 엘리자베스 2세 영국 여왕이 이곳을 오는데 100년이 걸렸다. 영국과 아일랜드 두 나라는 가깝고도 먼 관계이다.

아일랜드 서정민요 "**Danny Boy**"

"Danny Boy" is a ballad written by Frederick Weatherly and usually set to the tune of the Londonderry Air; it is most closely associated with Irish communities.

The song has been interpreted by some listeners as a message from a parent to a son going off to war or leaving as part of the Irish diaspora. The song is widely considered an Irish anthem, although Weatherly was an Englishman.

Lyrics

Oh Danny boy, the pipes, the pipes are calling
From glen to glen,* and down the mountain side
The summer's gone, and all the flowers are dying
'Tis you, 'tis you must go and I must bide.*

But come ye back when summer's in the meadow*
Or when the valley's hushed and white with snow
'Tis I'll be here in sunshine or in shadow
Oh Danny boy, oh Danny boy, I love you so.

And if you come, when all the flowers are dying
And I am dead, as dead I well may be
You'll come and find the place where I am lying
And kneel and say an "Ave" there for me.

And I shall hear, tho' soft you tread above me
And all my dreams will warm and sweeter be
If you'll not fail to tell me that you love me
I'll simply sleep in peace until you come to me.

단어설명

glen : 계곡.
bide : 머무르다.
meadow : 목초지.

번역

「대니 보이—계곡의 양치기」

오 대니 보이, 피리들이 부르네
골짜기마다 산자락으로
여름은 가고 꽃은 다 시드니

너는 가고 나는 머무네

네가 푸른 여름 초장 때에 오든지
골짜기 소복이 눈 올 때든지
난 양지 뜸에든 그늘에든 있으리
오 대니 보이, 오 대니 보이, 내 사랑아

모든 꽃들이 시들 때에 네가 온다면
난 죽어 고이 묻혀 있겠고
네가 내 누운 곳을 와서 찾게 되거든
무릎 꿇어 문안만 해다오

사뿐한 네 발자국 소릴 듣고서
내 꿈꾸던 것들 되살아나리
날 사랑한단 말 좀 꼭 해주렴
네 올 때까지 난 편히 자리니

멘트

1. "Danny Boy"는 북아일랜드의 런던데리 지역에서 전해 내려오는 서정민요다. 1913년에 영국인 변호사겸 서정시인이었던 Frederic E. Weatherly가 이 민요에 가사를 붙여 "Londonderry Air"로 고쳤다. 그런데 그는 아일랜드에 가본 적이 없다고 한다. Danny는 골짜기의 양치기 소년이었던 Daniel의 애칭이다. 가사는 전쟁터에 나가거나 나간(혹은 아일랜드를 떠난) 아들을 그리워하는 아버지의 애절하고 슬픈 마음을 담고 있다. 아일랜드에서는 '장송곡'(requiem)으로 이 노래를 부르는 것이 전통이라고 한다. 너무나 아일랜드적인 곡이다.

2. 모두 4연으로 되어 있고, 각 연은 각각 4행으로 구성되어 있다. 각 연마다 각운이 잘 들어맞는다. 1연 (calling-side-dying-bide), 2연(meadow-snow-shadow-so), 3연(dying-be-lying-me), 4연(me-be-me-me). 그러면서도 1연과 3연, 그리고 2연과 4연의 각운이 동일한 패턴을 반복하면서 소리의 아름다움을 만들어낸다. 1연과 2연은 아버지 입장에서 떠나간 아들을 사랑한다는 고백이고, 3연과 4연은 행여 아들이 돌아왔을 경우(그리고 자신이 먼저 죽었을 경우) 아들이 자기(아버지)를 사랑한다는 고백을 듣는다면 영면을 취할 것이라는 바램을 담고 있다. 각각의 시행 속에도 두운과 각운이 사용되었다. Dann*y* bo*y*; From *g*len to *g*len, and dow*n* the mountai*n*; *w*hite *w*ith sno*w*; *s*imply *s*leep in pea*ce*.

스코틀랜드 분리독립 찬반 국립투표 Scottish referendum

Stop & Think

1. 스코틀랜드가 분리독립 찬반 국립투표를 통해 얻어낸 것은?

SCOTLAND VOTES NO

Scotland has voted against becoming an independent country by 55% to 45%.

Scottish referendum: Scotland votes 'No' to independence
19 September 2014

Scotland has voted to stay in the United Kingdom after voters decisively rejected independence.

With the results in from all 32 council areas, the "No" side won with 2,001,926 votes over 1,617,989 for "Yes".

Scotland's First Minister Alex Salmond called for unity and urged the unionist parties to deliver on more powers.

Prime Minister David Cameron said he was delighted the UK would remain together and that commitments on extra powers would be honoured "in full".

Mr Cameron said the three main unionist parties at Westminster would now follow through with their pledge of more powers for the Scottish Parliament.

링크

http ://www.bbc.com/news/uk-scotland-29270441

멘트

2014년 9월 18일 실시된 307년 만에 영국 연방과 결별을 위한 스코틀랜드 독립투표가 부결되었다. 투표율은 사상 최고인 84.6%였고, 결과는 반대가 55%, 찬성이 44%로 나왔다. 숀 코너리와 비비안 웨스트우드가 찬성 운동을, 고든 브라운과 토니 블레어 전 영국 총리들이 반대 운동을 펼쳤다.

런던 시장 Sadiq Khan

Stop & Think

1. 신임 런던 시장의 포부와 약속 내용은?

Last updated Sun 8 May 2016

Sadiq Khan promised to be a mayor for Credit: Mayoral Election

Here is his victory speech in full:

London is the greatest city in the world. I am so proud of our city I am deeply humbled by the hope and trust you have placed in me today.

I grew up on a council estate* just a few miles from here. Back then, I never dreamed that someone like me could be elected as Mayor of London

And I want to say thank you to every single Londoner for making the impossible possible today.

I have a burning ambition for London—an ambition that will guide me every day as mayor of our great city.

I want every single Londoner to get the opportunities that our city gave to me and my family.

The opportunities not just to survive, but to thrive. The opportunities to build a better future for you and your family with a decent and affordable home* and a comfortable commute you can afford.

More jobs with better pay, not just being safe but feeling safe, cleaner air and a healthier city and the opportunities for all Londoners to fulfill their potential.

You know, I have been thinking a lot about my late dad today. He was a wonderful man and a great dad.

He would have been so proud today that the city he chose to call his home has now chosen one of his children to be the mayor.

I want to say thank you yo my amazing mum—she really is—and to my wonderful wife, my daughters and to my family. Without you, I wouldn't be here today.

And I want to say thank you to everyone who worked so hard on this election.

To my campaign team. We have run a positive campaign and we've worked our socks off.

I want to thank all the other campaign teams too, to every assembly candidate from every party

To the police, the returning office and all the staff that made the election happen

This election was not without controversy and I'm so proud that London has today chosen hope over fear and unity over division.

I hope that we will never be offered such a stark choice again.

Fear does not make us safer, it only makes us weaker and the politics of fear is simply not welcome in our city

I want to end by making a promise to London—a promise I first made during the campaign, but a promise that I will keep here in City Hall.

I promise to always be a mayor for all Londoners.

To work hard to make life better for every Londoner, regardless of your background and to do everything in my power to ensure you get the opportunities that our incredible city gave to me.

Thank you very much.
Sadiq Khan

단어설명

council estate: 공영 주택.
affordable home : 저렴한 집.

멘트

2016년 5월 7일 파키스탄계 이민자 가정 출신 무슬림(이슬람교도), 야당인 노동당 후보, '흙수저' 사디크 칸이 런던시장에 당선되었다. 식민지 출신이, 그것도 무슬림이 런던 시장이 되었다는 것은 런던이 다인종, 다문화 대도시임을 말해준다. 하원의원 출신인 칸 시장은 파키스탄 출신 이민자 부모 사이에서 8남매 중 다섯째로 런던에서 태어났다. 지금은 고인이 된 그의 부친은 25년간 버스기사로 일했고, 모친은 재봉사였다. 북런던대에서 법학을 전공한 그는 인권변호사로 일했다. 식민지 출신이 제국의 중심부에 수장이 된 것은 역사의 변화를 반영한다.

브렉시트 Brexit

Stop & Think

1. 브렉시트 찬성과 반대 진영의 각각의 논리는?

Who wanted the UK to stay in the EU?

Prime Minister David Cameron wanted Britain to stay in the EU. He sought an agreement with other European Union leaders to change the terms of Britain's membership

What were their reasons for wanting the UK to stay?

Those campaigning for Britain to stay in the EU said it gets a big boost from membership—it makes selling things to other EU countries easier and, they argued, the flow of immigrants, most of whom are young and keen to work, fuels* economic growth and helps pay for public services.

They also said Britain's status in the world would be damaged by leaving and that we are more secure as part of the 28 nation club, rather than going it alone.

Who wanted the UK to leave the EU?

The UK Independence Party, which won the last European elections, and received nearly four million votes—13% of those cast—in May's general election, campaigned for Britain's exit from the EU.

About half of Conservative MPs, including five cabinet ministers, several Labour MPs and the DUP were also in favour of leaving.

What were their reasons for wanting the UK to leave?

They said Britain was being held back by the EU, which they said imposed too many rules on business and charged billions of pounds a year in membership fees for little in return. They also wanted Britain to take back full control of its borders and reduce the number of people coming here to live and/or work.

One of the main principles of EU membership is "free movement", which means you don't need to get a visa to go and live in another EU country. The Leave campaign also objected to the idea of "ever closer union" and what they see as moves towards the creation of a "United States of Europe".

UK votes to leave the EU

The UK has voted to leave the EU by 52% to 48%. Leave won the majority of votes in England and Wales, while every council in Scotland saw Remain majorities.

단어설명

fuel: 부채질하다.

링크」

http ://www.bbc.com/news/uk-politics-32810887

영국, 이유(EU) 없이 가나?

To Leave or Remain in the EU, That's the Question.

1. 브렉시트(Brexit 영국의 EU 탈퇴) 혹은 브리메인(Bremain · 영국의 EU 잔류)

섬나라 영국이 2016년 6월 23일 실시되는 브렉시트 국민투표로 심각한 분열 양상을 보인다. 런던의 아파트 발코니의 유리창에는 '탈퇴(Leave)' 또는 '잔류(Remain)' 구호가 내걸리고, 템스 강에서는 보트에는 유럽 IN 혹은 OUT 깃발을 단 선거운동이 뜨겁다. 투표를 약 일 주일 앞두고 노동당 소속 여성 국회의원 조 콕스(Jo Cox)가 자신의 지역구에서 극우파 남성에 의해 암살을 당했다. 암살자는 난민들을 배려하고 인권을 보호하는 데 헌신해왔던 콕스 의원을 살해하고자 작정했고, 현장에서 영국을 우선한다는 구호를(Put Britain First) 외쳤다고 전한다.

국론분열의 원인 제공자는 카메런 현 총리다. 2013년 1월 카메론 당시 보수당 당수는 브렉시트 관련 국민투표를 약속하여 2015년 총선에 승리했다. 하원 650석 중 331석을 얻어 과반수를 확보했다. 정치적 승부수는 성공이었다. 그런데 이제 이런 민주적인 공약 실행이 그의 발목을 잡고, 나라를 분열시키고 불확실한 상황으로 내몰고 있다. 국민투표 결과에 무관하게 그는 자신의 위험한 '도박'에 책임을 져야 하는 처지에 놓이게 되었다.

영국 정치에서 EU와 관계 설정 문제는 고질병이다. 대처 전 수상(1979-1990)은 유럽통합에 반대 입장을 고수하다가 보수당과 각료진(외무장관 더글러스 허드)의 반발에 부딪혀 결국 사임했다. 대처는 영국의 미래가 유럽에 한정될 수 없고, 미국과 영연방을 포함한 전 세계에 놓여있다고 생각했던 오만하고 시대착오적인 지도자였다. 후임자인 존 메이저 수상은 관망하는 자세를 유지했고, 노동당 출신인 토니 블레어와 고든 브라운 수상들은 EU와 협력적 관계를 유지해왔다. 그런데 보수당이 집권을 하면서 카메런 총리가 재선공약인 브렉시트 국민투표를 실시하게 된 것이다.

그런데 브렉시트 관련 고려해야할 상수와 변수가 있다. 먼저, 상수로는 1) 유럽대륙과는 일정한 거리를 두려는 섬나라의 속성(EU통합에 대한 회의주의) 2) 전 세계의 1/4을 식민지로 거느린 대영제국의 자긍심 3) EU(브뤼셀 본부) 관료주의를 혐오하며 개인의 자유를 중시하는 전통을 꼽을 수 있다. 변수로는 1) 시리아에서 대규모 난민들 발생 및 EU국가로 유입 2) 그리스와 스페인에서 불어 닥친 금융 불안 3) 터키의 EU가입 움직임 등을 고려할 수 있다. EU 28개 국가 중에서 영국의 인구점유율 13%, 경제 점유율은 18%, 분담금은 30조원이다.

2. 영국의 EU 탈퇴 혹은 잔류의 입장

브렉시트를 찬성론자들의 주장

1) 연간 30조에 달하는 유로분담금 부담

2) 시리아에서 난민과 EU회원국 사람들의 영국으로 유입

3) 그리스와 스페인에 닥친 금융 불안

4) 독일과 프랑스가 주도하는 EU에 대한 반감

브렉시트를 반대론자들의 주장

1) EU탈퇴로 인한 경제적 손실과 브레인 유출

2) 유럽 간 자유로운 이동 제약

3) 유로화 사용의 편리성

4) 다양한 국민들과 접속과 문화적 다양성 향유

3. 결과는 투표율 72.2%에 탈퇴 51.9%, 잔류 48.1%로 나왔다.

브렉시트와 보리스 존슨

영국의 트럼프, 보리스 존슨이 차기 총리 경선을 포기했다. 다음은 브엑시트가 결정된 직후 보리스 존슨의 기자회견 내용이다.

He told the packed press conference that Britain had a chance "to think globally again, to lift our eyes to the horizon, to bring our uniquely British voice and values, powerful, humane, progressive, to the great global forums without being elbowed aside by a supranational body" and the agenda for the next PM would be to "seize this chance and make this our moment to stand tall in the world". -Boris Johnson

번역

영국은 전지구적으로 생각하고, 눈을 들어 지평선 넘어 바라보며, EU처럼 초국가적 기구에 떠밀려나기 보다는 독보적인 영국적 목소리와 가치를 (막강하고, 인간적이며 진보적인) 큰 국제무대에 올리는 기회를 갖게 되었다. 차기 총리가 할 의제는 이 기회를 잡아 이 순간을 전 세계에서 영국이 우뚝 설 수 있게끔 만들어야 한다. -보리스 존슨

멘트

1. 보리스 존슨의 애국적 논조와 복고적 성향, 참된 보수적 가치가 잘 드러난다. 영국의 미래는 앞마당에 있는 이웃 유럽이 아니라 전 세계라는 생각을 드러낸다. 그런데 영국의 노인들, 노동자들, 정치인들이 영국의 젊은이들의 미래를 위태롭게 하는 것 같다.

2. 보리스 존슨 전 런던시장 영국 총리 경선 불출마 선언했다. 지금은 공공의 적이 되어 다음 기회를 노리는 것 같다. 셰익스피어 비극 『줄리어스 시저』의 브루투스 다음과 같은 대사를 인용했다.

There is a tide in the affairs of men.
Which, taken at the flood, leads on to fortune;
Omitted, all the voyage of their life
Is bound in shallows and in miseries.
On such a full sea are we now afloat,
And we must take the current when it serves,
Or lose our ventures.
-Brutus in William Shakespeare's *Julius Caesar*

존슨은 "역사의 파도에 맞서 싸울 때가 아니라 밀려오는 파도를 타고 운명을 항해할 때다"라고 말했다.

A time not to fight against the tide of history but to take that tide at the flood and sail on to fortune. -Boris Johnson

존슨은 때가 되면 수상직을 노릴 기세다.

3. Tory leadership: Michael Gove sticks knife into Boris Johnson saying friend incapable of uniting UK

옥스퍼드 대학 시절부터 30년 친구이자 브렉시트 캠페인 동지로 총리 경선에 러닝메이트로 나서기로 한 마이클 고브 법무장관이 존슨 전 시장이 총리로서 자질이 부족하다고 비판한 뒤 먼저 총리 경선 참여를 선언해버렸다. 앞서 보리스는 유럽잔류 진영의 카메론 현 총리를 배신했다. 이번에는 30년 친한 친구한테 배신을 당했다.

문학적 인유 두 가지

1. 브루투스, 너마저? 라틴어: Et tu, Brute?

2. Cuckoo's history

마이클 고브가 보리스 존슨 배신하고 보수당 총리후보에 등록한 것을 뻐꾸기가 딴 새 둥지에 몰래 알을 낳아 새끼치기를 하는 것에 빗댔다.

뻐꾸기는 자기 자식을 키울 양모(養母)를 조심스럽게 선택하여 양모가 될 새가 알을 낳는 바로 그 날 오후 산란한다. 둥지에서 한 알을 부리로 빼내고 그 자리에 자신의 알을 낳는다. 뻐꾸기의 자식은 남의 둥지에 있는 다른 어린새나 알을 둥지 밖으로 밀어낸다.

13장 브렉시트(Brexit), 영국의 EU탈퇴

마이 웨이, 영국

애당초 유럽연합(EU)의 출발점은 유럽에서의 전쟁방지를 통한 평화정착과 경제번영이었다. 처칠 수상도 유럽국가들 간 협력 체제를 원했다. 그러다가 유럽이 미국과 일본의 유럽시장 위협에 공동으로 대처해야 한다는 필요성이 제기되었다. 그런데 유럽연합에 임하는 영국의 성실성 혹은 진정성은 늘 의심을 받아왔다. 영국이 초국가 간 유럽 협력체계인 유럽연합에 대해 소극적, 유보적, 모호한 입장을 취해왔다는 점은 잘 알려진 사실이다. 여기에 시리아에서 난민유입, EU회원국 사람들의 영국으로 유입문제, 유로 존인 그리스와 스페인에 닥친 부채위기라는 악재가 겹치는 시점에 브렉시트 국민투표가 실시되었다. 영국은 2016년 6월 23일 국민투표를 실시하여 EU탈퇴를 결정했다. 결과는 투표율 72.2%에 탈퇴 51.9%, 잔류 48.1%로 나왔다. 영국은 유럽대륙에서 독립된 '나 홀로 길' 혹은 '가지 않은 길'을 선택했다.

진행경과

1952년 유럽 석탄철강공동체(ECSC)와 1958년 유럽경제공동체(EEC) 창설 때 영국은 경제통합에 소극적

1960년대 유럽공동체(EC)에 가입신청

1973년 드골 대통령 하야로 영국 EC에 가입

1991년 마스트리트 조약(유럽연합조약) 체결

1999년 유럽 단일통화인 유로화(Euro)가 출범

2004년 5월 기존 15개 회원국에서 폴란드, 리투아니아, 헝가리 등의 동구권을 포함하여 25개국으로 확대

2016년 브렉시트 전까지는 회원국이 28개국

2013년 1월 데이비드 카메런 영국총리가 국민투표를 공약

2016년 6월 23일 브렉시트(Brexit) 찬반 국민투표 후 영국 EU탈퇴

눈엣가시, '트로이의 木馬', 영국

당초 영국은 연방국가 체제가 아닌 느슨한 형태의 국가연합체를 선호했다. 따라서 영국은 EU의 본부가 있는 브뤼셀이 각국의 주권과 독립성을 무시하고, 획일적인 명령과 간섭과 통제 방식으로 유럽연합의 정책을 입안하고 실행하는 관료주의를 싫어했다. 말하자면, 섬나라 영국은 '주권'(sovereignty)을 수호하면서 협상과 타협을 통해 자신들이 원하는 방식으로 유럽통합의 그림을 그리고 싶어했다. 그래서 영국은 주권의 상징인 파운드화를 포기하지 않았고, 단일통화인 유로화 전면 시행에 대해 유보적이었다.

노동자들의 기본적인 사회권 보장을 위한 공동헌장(the Social Chapter)에 대해 영국은 서명하지 않는 이탈을 선택했다. 노동력의 자유로운 이동, 작업장의 위생과 안전, 남녀평등 임금제, 노동쟁의 참여권 보장, 최저임금제 시행 등에 대해 대부분의 보수당 의원들과 영국 내 사업장들은 격렬하게 반대했다. 이들은 브뤼셀의 일방적인 정책 강요와 개입을 받아들일 수 없었다. 또한, 영국은 외교, 국방, 세제, 복지, EU 예산부담액 등 주요 현안에 대해 예외를 인정받아왔다. 사실 이번 브렉시트도 EU와 유리한 협상안을 끌어내기 위한 카드였고, EU가 영국이 요구한 사항의 상당부분을 받아들였다. 카메런 총리도 영

국의 EU잔류(Bremain)을 낙관했던 것 같다.

독일은 영국 없이도 유럽통합이 가능하다는 입장이나, 프랑스는 독일을 견제하기 위해 영국을 끌어들이는 입장이다. 브렉시트로 이제 프랑스의 고민이 깊어진다. 과거 프랑스의 드골 대통령은 영국을 미국과 제휴한 '트로이의 木馬'로 간주했다. 친미적 관계를 유지하는 영국의 EU 가입이 득보다는 실이 많다는 것이 드골의 판단이었다. 현재 프랑스는 독일을 견제하기 위해 영국의 참여가 필수적이라고 생각한다. 그런데 영국은 자신들이 특별하다고 생각한다. 영국은 독일과 프랑스의 주도권(패권주의)을 경계한다. 브렉시트를 반기는 나라는 러시아라는 말까지 나온다.

영국의 치국술(治國術)

영국은 이웃 유럽과 '특별한 관계'를 유지해온 미국 사이에서 양다리를 걸치고, 전 세계를 무대로 자유롭게 활동하고 싶어 한다. 영어가 국제공용어라는 큰 이점도 지닌다. 영국은 유럽에 평화정착, 경제적 번성과 문화적 교류에 있어서는 협력적이지만, 단일 시장형성과 통화통합의 추진, 공동의 농업정책 시행, 외교정책 등에 있어서는 독자적인 길을 추구하고자 한다. 이처럼 자국의 이득을 최우선시 하는 영국은 EU에서 눈엣가시, 미운 오리새끼 같은 존재가 되었다.

영국은 과학적 발명에 힘입어 산업혁명을 일으켰고, 식민지 경영을 통해 19세기 후반에는 세계 최강의 경제대국으로 발전했다. 식민지 경영을 통해 해외시장을 개척했고, 의회 민주주의제도와 영어를 전 세계에 보급할 수 있었다. 한편으로는 과거의 영광을 재현하려는 복고주의와 세계 최강이라는 자부심 때문에 유럽에 안주하고 싶어 하지 않는다. 다른 한편으로는 난민과 이민자들의 피난처가 되어주고 싶지 않는 심리가 작동하는 것 같다. 보수당 내 유럽통합에 대한 회의론자들(Euro-sceptics)이 이런 심리를 자극해왔다. 브렉시트를 주도한 보리스 존슨 전 런던시장도 이들 중 한 명이다. 고인이 된 대처 전 수상이 관 속에서 미소를 지을 것 같다. 대영제국에 대한 향수와 소영주의(Little Englandism)의 현실이 만나는 지점을 주목할 필요가 있다. Brexit찬성 이후 영국에서는 외국인에 대한 반감의 정서와 국수주의 성향은 더욱 강화될 전망이다.

영국은 전통적으로 경제활동에 개인의 자유를 최대한 보장하고 국가의 간섭을 배제하는 경제 사상 및 정책, 이른바 자유방임주의 혹은 국가의 비간섭주의(*laissez-faire*)를 신봉해왔다. 하지만 19세기 제국주의 시대에 접어들면서 독점적 자본주의가 등장하면서 자유방임주의는 그 효력을 상실하게 되었다. 전통적으로 영국은 자유무역과 시장경제를 신봉해왔다. 브렉시트로 인해 향후 영국은 유럽의 개별국가들과 관세 등 교역 조건 등을 협상해야 한다.

영국은 유럽과 소통을 원하고, 이민자들과 난민들에게 인도주의적 태도를 취한다고 말한다. 하지만 근소한 과반의 인구는 브렉시트가 보여주듯 섬나라 특유의 방어기재를 작동시켰고 국익을 우선하는 국수주의로 회귀하는 성향을 드러냈다. 터키의 유럽 통합 가입을 반대하고 시리아 난민 유입에 부담을 느낀 브렉시트를 찬성한 영국인들은 이제 자신들도 살기가 힘든 세상이 된 것이다.

EU의 불확실한 미래

유럽통합은 그 스펙트럼이 넓다. 전쟁과 분쟁이 없는 평화정착, 경제적 번영, 문화적·지적 전통과 유산의 공유를 통한 유럽의 정체성 확립, 학생과 직업훈련생의 교류를 통한 상호 이해의 증진, 단일 시장

내에서 단일 통화 시행, 외교와 국방 및 환경의 문제에 대한 공동의 정책 마련에 이르기까지 그 범주가 넓고 내용도 다양하다. 초국가적 협력을 통해 할 일이 많다는 뜻이다. 이런 시점에 영국이 뜻밖에 작별을 고하면서 불확실한 상황이 전개되고 있다. EU 28개 국가 중에서 인구점유율 13%, 경제점유율은 18%를 차지하고, 분담금 30조원을 납부하는 영국이 빠진 EU는 잘 순항할 수 있을까?

영국 내 국론분열의 원인 제공자인 카메런 총리는 사임을 공표했다. 그는 국민의 뜻을 물어 EU참여 여부를 묻는 것이 의회민주주의의 실행이라고 말한다. 책임도 지고, 국민의 뜻도 물었다. 그런데 브렉시트의 후폭풍을 고려해보면 그의 이런 결정이 사심은 없었는지, 과연 현명한 판단이었는지? 역사가 판단할 일이다.

글 박종성. 2016.06.25.

영국문화
길잡이

British Culture

평가문제

평가문제 ❶

I. 객관식/

Multiple choice (each 3 points, 11x3=33 points)

[1-10] 다음 질문을 읽고 답하시오.

1. 다음 중 영국인의 특성과 가장 관련이 <u>없는</u> 것은?

① sobriety ② demonstrativeness
③ reserved ④ queuing

2. 영국 가수 Sting이 부르는 "Englishman In New York"의 가사 내용 중 영국인(I)의 특성에 해당되지 <u>않는</u> 것은?

① I am so proud of being an eccentric in an unfamiliar city.
② I carry a walking stick at my side.
③ I try to be calm down and don't care no matter what New Yorkers say.
④ I drink coffee and run in the metropolis New York.

3. 존 레논이 "Imagine"에서 비난하고 있는 것이 <u>아닌</u> 것은?

① possession ② capitalism
③ patriotism ④ brotherhood

4. 다음 중 세습귀족 호칭이 <u>아닌</u> 것은?

① Duke ② Marquess
③ Baronet ④ Viscount

5. 다음 중 영국의 초등학교에서 강조하는 덕목이 <u>아닌</u> 것은?

① attendance ② creativity
③ cramming ④ punctuality

6. 다음 영국관련 단어들 중 설명이 <u>잘못된</u> 것은?

① Proms = Promenade and Concerts.
② Benjamin Hall = the designer of the clock tower called Big Ben.
③ Ps & Qs = Pleases and Thanks
④ Public school (in Britain) = State school

7. Which paper is for "gentlewomen"?

① *The Guardian* ② *The Daily Mirror*
③ *The Sun* ④ *The Daily Mail*

8. 다음 중 내용 설명이 <u>옳은</u> 것은?

① You have to leave a tip for waiters in pubs.
② You can buy most kinds of drink in a pub including hot drinks, like coffee or tea.
③ Pubs are an important part or meeting place of life in Britain.
④ People above the age of 14 can go into pubs.

9. 다음 중 내용 설명이 <u>틀린</u> 것은?

① The British constitution is formed partly by statute, partly by common law and partly by convention.
② The British constitution can be altered by Act of Parliament.
③ The Queen herself can make, abolish or change any law at her disposal.

④ The British constitution can adapt readily to changing political conditions and ideas.

10. 다음 중 내용 설명이 틀린 것은?

① The cabinet of the opposition party is called 'shadow cabinet.'
② The main two-parties in Britain have been the Conservative Party and the Liberal Democratic Party since 1988.
③ The Prime Minister is appointed by the Queen.
④ The Queen approves the ministers at the recommendation of the Prime Minister.

11. 다음 글에서 문맥상 단어 사용이 잘못된 곳을 고르시오.

"By the sudden death of my dear father I am called to assume the duties and responsibility of sovereignty. My heart is too full for me to say more to you today than I shall always work, as my father did throughout his ① *reign*, to uphold constitutional government and to ② *demote* the happiness and prosperity of my peoples, spread as they are the world over. I know that in my resolve to follow his shining example of service and devotion I shall be inspired by the loyalty and affection of those whose Queen I have been called to be, and by the ③ *advise* of their elected Parliaments. I pray that God will help me to ④ *perform* worthily this heavy task that has been laid upon me so early in my life." (From the Declaration of Accession to the Throne, Feb. 1952)

II. 단답식

[12-15] 다음 글에서 밑줄 그은 It가 무엇인지 영어로 쓰시오.

Identify the underlined part in English. (each 3 points, 4x3=12 points)

12. It appears to mean getting one's way by cheating and manipulating. It means ordering one's priorities according to greed and advantage rather than the desire to see goodness and justice prevail. (Kazuo Ishiguro's *The Remains of the Day*)

13. It is a giant 135-metre (443 ft) tall Ferris wheel situated on the banks of the River Thames, in London, England. Since 20 January 2011. It is the tallest Ferris wheel in Europe, and the most popular paid tourist attraction in the United Kingdom, visited by over 3.5 million people annually. The wheel is supported by an A-frame on one side only.

14. Now how delicious is the soft yet penetrating odour which floats into my study with the appearance of the tea-pot! What solace in the first cup, what deliberate sipping of that which follows! What a glow does it bring after a walk in chilly rain! (George Gissing, *The Private Papers of Henry Ryecroft*)

15. Early in December 1952, a cold fog descended upon London, causing Londoners to burn more coal for warmth than usual. Due to postwar economic problems, higher-quality coals were mostly exported. As a result, Londoners often used lower quality coals that are high in sulphur, which exacerbated the problem. It became so dense that driving became difficult or impossible. It also entered indoors easily, causing concerts and screenings of films to be canceled, as the audience could not see the stage or the screen.

[16-17] 문맥상 빈칸에 들어갈 적합한 단어를 쓰시오.
(each 3 points, 3x2=6 points)

16.

Unreal City,
Under the brown fog of a winter dawn,
A crowd flowed over London Bridge, so many,
I had not thought death had undone so many.
(S   ), short and infrequent, were exhaled,
And each man fixed his eyes before his feet.
Flowed up the hill and down King William Street,
To where Saint Mary Woolnoth kept the hours
With a dead sound on the final stroke of nine.
("The Burial of the Dead" / *The Waste Land*)

17.

In a two-party parliamentary system of government, a (   ) parliament occurs when neither major political party (or bloc of allied parties) has an absolute majority of seats in the parliament (legislature). It is also less commonly known as a balanced parliament or a legislature under no overall control.

III. 번역식

[18-19] 다음 밑줄 그은 부분을 해석하시오. Or paraphrase the underlined part in English. (각 5점, 5x2=10점)

18.

We consider your freedom to specialise in your own area of interest, to read widely and independently and to exchange ideas independently with a large number of staff and fellow students to be an important part of the educational experience we are providing.

19.

The English feel themselves to be natural leaders, the most obvious choice for 'top nation'. They are deeply aware of their responsibilities to others. These they take very seriously, which means that throughout life they act rather like head boys or head girls in school. They see it as their solemn duty to protect the weak, strengthen the faint-hearted and shame bullies into submission.

IV. 서술식

[20-23](each 10 points, 4x10=40 points)

20. 다음 지문을 읽고 영국인과 프랑인의 성격(기질) 차이를 자세히 서술하시오.

[1] It is sometimes said that butlers only truly exist in England. Other countries, whatever title is actually used, have only menservants. I tend to believe this is true. Continentals are unable to be butlers because they are as a breed incapable of the emotional restraint which only the English race is capable of. (Kazuo Ishiguro's *The Remains of the Day*)

[2] Once upon a time a coach, containing some Englishmen and some Frenchmen, was driving over the Alps. The horses ran away, and as they were dashing across a bridge the coach caught on the stone-work, tottered, and nearly fell into the ravine below. The Frenchmen were frantic with terror : they screamed and gesticulated and flung themselves about, as Frenchmen would. The Englishmen sat quite calm.

21. 다음 지문 [1]과 [2]의 내용과 문제의식 관련 공통점과 차이점 및 이에 대한 자신의 생각을 자세히 서술하시오.

[1] As soon as you're born they make you feel small
By giving you no time instead of it all
Till the pain is so big you feel nothing at all
A working class hero is something to be
A working class hero is something to be
(From "Working Class Hero")

[2] I've paid my dues -
Time after time -
I've done my sentence
But committed no crime -
And bad mistakes
I've made a few
I've had my share of sand kicked in my face -
But I've come through (From "We Are the Champions")

22. 다음 글은 영국사회의 어떤 문제점들을 들춰내고 있으며, 이에 대한 자신의 생각을 자세히 서술하시오.

[1] Earthquakes in Japan, famines in China, revolutions in Mexico? Don't worry, the milk will be on the doorstep tomorrow morning, the New Statesman will come out on Friday. [...]—all sleeping the deep, deep sleep of England, from which I sometimes fear that we shall never wake till we are jerked out of it by the roar of bombs. (George Orwell's *Homage to Catalonia*)

[2] But this very easiness and this very niceness become at last a nightmare. It is as if the whole air were impregnated with chloroform or some other pervasive anaesthetic, that makes everything easy and nice, and takes the edge off everything, whether nice or nasty. As you inhale the drug of easiness and niceness, your vitality begins to sink. (D.H. Lawrence, *Selected Essays*)

23. 아래 글을 [1[과 [2] 사이의 교육관의 차이점 및 한국 교육의 개선점을 자세히 서술하시오.

[1] THOMAS GRADGRIND, sir. A man of realities. A man of fact and calculations. A man who proceeds upon the principle that two and two are four, and nothing over, and who is not to be talked into allowing for anything over. (Charles Dickens, *Hard*

Times)

[2] Eton College is a full boarding school committed to: promoting the best habits of independent thought, learning, and research in its boys; providing a broadly-based education designed to enable all boys to discover their strengths, and to make the most of their talents within Eton and beyond.

평가문제 ❶ 답지

1. ②; 2. ④; 3. ①; 4. ③; 5. ③; 6. ④; 7. ②; 8. ③; 9. ③; 10. ②; 11. ②; 12. professionalism; 13. London Eye; 14. (Drinking) Tea; 15. Smog; 16. Sighs; 17. hung; 18. 우리는 자신의 관심분야를 전공하고, 광범위하게 독립적으로 독서하고, 많은 직원과 동료와 학생들과 아이디어를 독자적으로 공유하는 여러분의 자유를 교육경험의 중요한 일부로 여긴다. Consider your freedom (1) to specialize in ~, (2) to read ~, (3) to exchange ~ to be an ...문장 구문임. 19. 그들은 학교 회장처럼 행동한다. 약자를 보호하고, 심약한자를 강하게 하고, 남을 못살게 구는 자들을 부끄러움을 알게 하여 복종시키는 것을 자신들의 준엄한 책무로 여긴다. 20. [1] 감정의 자제력을 지닌 영국인 집사장은 자부심을 지닌다. [2] 마차가 돌에 부딪혀 계곡으로 떨어질 위기의 순간에 프랑스인은 심적 공황 상태에 빠지지만, 실리적인 영국인은 침착하다. 21. [1] 지배계급에 분노하고 굴욕을 당한 노동계급의 영웅이 되고 싶다는 의지를 표현하고 있다. [2] 동성애자라는 이유로 차별을 당해온 사람들을 변호한다. 두 예술가는 비주류에 속하는 사람들을 위해 투쟁하는 공통점을 지닌다. 22. [1] 잠자는 나라 영국은 일상의 평온과 질서를 향유하나 영국 밖의 큰 사건에는 무관심하다. 영국인들의 편협성을 비판하고 있다. [2] 로렌스는 런던은 편안하고 사람들이 점잖지만 마취된 질서 속에서 삶의 활력이 없다고 비판한다. 23. [1] 디킨스가 비판하는 공리주의는 수치와 사실만 강조하기 때문에 상상력과 공상의 능력을 무시한다. [2] 이튼스쿨은 자기 주도적 학습을 유도하고 학습자의 잠재성을 실현하는 목표를 추구한다. 한국의 주입식 교육과 객관식 평가는 전향적으로 바뀌어야 한다.

평가문제 ❷

I. 객관식 1(각 2점, 15 x 2 = 30점)

[1-15] 다음 질문을 읽고 답하시오.

1. 다음 중 영국의 귀족 스포츠에 해당하는 것 하나만 고르시오.

1) Football 2) Cycling
3) Polo 4) Cricket

2. 다음 중 밑줄 그은 단어설명 연결이 잘못된 것은?

1) Fringe Festival(=peripheral)
2) Auld Lang Syne(=old long since)
3) Military Tatoo (=Hooligans)
4) Guy Fawkes Day (=man/ person)

3. 다음 중 인물과 관련된 설명이 잘못된 것은?

1) The English National Bard = Shakespeare
2) Miss Havisham = Margaret Thatcher
3) Mrs Brown = Queen Elizabeth I
4) Queen of Hearts = Princess Diana

4. 다음 중 윈스턴 처칠 수상(Sir Winston Churchill)에 관한 설명으로 틀린 것은?

1) 미국 명예시민
2) 별명은 '불독'(Bull dog)
3) Eton College과 Sandhurst에서 교육받음
4) 노벨문학상 수상

5. 다음 인용구는 누구의 말인가?

"I am not going to be a star, I am going to be a legend."

1) Graffiti Artist Banksy 2) Margaret Thatcher
3) Elton John 4) Freddie Mercury

6. 다음 중 영국식 스포츠에 관한 설명으로 틀린 것은?

1) 경건함과 금욕을 강조하는 종교계는 스포츠 활동을 적극 권장
2) '공정한 정신'(Fair play) 습득을 통한 난폭함 순화
3) 스포츠 애호주의(athleticism)를 통한 남성성 훈련
4) 스포츠는 몸에 끼는 드레스와 코르셋에서 여성을 해방시킴

7. 다음 중 영국식 스포츠가 강조하는 덕목이 아닌 것은?

1) Sportsmanship 2) Team Spirit
3) Hot competition 4) Fair Play

8. "Distrust any enterprise that requires new clothes."

이 문구(슬로건)와 가장 관련이 있는 것은?

1) Tweed Run 2) Vivienne Westwood
3) Paul Smith 4) Pret A Manger

9. '영국 음식(음료)' 관련이 혹평 내용이 아닌 것은?

1) British poison
2) '혀'에 대한 테러
3) 비행기 기내식 중 냅킨이 최고였다.
4) Twinings 제공

10. 다음 중 엘리자베스 1세와 관련이 없는 것은?

1) Defeat of the Spanish Armada in 1588

2) Virgin Queen
3) "Frailty, thy name is woman."
4) "I see, and say nothing."
5) "I have already joined myself in marriage to a husband, namely the kingdom of England."

11. 다음 중 영국 디자이너 Paul Smith와 관련이 가장 있는 것은?

1) Prorsum　　2) Punk style
3) Savile Row　　4) Swirl pattern

12. 다음 중 작가 Salman Rushdie와 관련이 없는 것은?

1) *The Satanic Verses*
2) Fatwa
3) An American Indian Writer
4) Critique of the British Racism

13. 다음 문장은 영국식 유머의 어느 것에 해당되는가?

"Are you always stupid or are you making special effort today?"
1) Dry Humour　　2) Irony & Sarcastic Humour
3) Self-deprecating Humour　　4) Oxymoron

14. 다음 인용구는 누구의 말인가?

"The greatest crimes in the world are not breaking the rules, but following the rules."
1) Graffiti Artist Banksy　　2) Vivienne Westwood
3) Sting　　4) Paul Smith

15. 영국에서 스포츠와 여가생활 참여를 촉진시킨 요인과 가장 관련이 없는 것은?

1) mobility (public transportation) 증가
2) 스포츠 시설 확충
3) leisure time과 living standards 향상
4) Do-it-yourself 문화 확산

II. 객관식 2 (각 3점, 3x4=12점)

[16-19] 다음 질문을 읽고 답하시오.

16. 다음 글에서 문맥상 밑줄 그은 부분의 단어사용이 <u>잘못된</u> 곳을 고르시오.

For if Protestants regarded Henry VIII's marriage to Catherine as invalid and hence deemed Mary illegitimate, so Catholics regarded his marriage to Anne Boleyn as invalid and hence deemed her daughter, Elizabeth, 1) <u>illegitimate</u>. Henry VIII himself seemed to support both views, since only three years after divorcing Catherine, he 2) <u>beheaded</u> Anne on charges of treason and adultery and urged Parliament to 3) <u>validate</u> the marriage. Moreover, though during her sister's reign Elizabeth outwardly complied with the official Catholic religious observance, Mary and her advisers suspected her of Protestant leaning, and the young princess's life was 4) <u>in grave danger</u>.

17.

Me? I thought, OBE me? Up yours, I thought. I get 1) <u>annoyed</u> when I hear that word "empire"; it reminds me of slavery, it reminds of thousands of years of 2) <u>cruelty</u>, it reminds me of how my foremothers were raped and my forefathers brutalised. It is because of this concept of empire that my British education led me to 3) disbelieve that the history of black people started with slavery and that we were born slaves, and should therefore be 4) grateful that we were given freedom by our caring white masters. - Benjamin Zephaniah

18.

This[Thatcherism] was a loose concept which encompassed her policies of 1) strengthening the powers of central government, 2) curbing the powers of trades unions and local government, and the active promotion of individualism and private enterprise. Thatcher systematically 3) weakening trade union power, especially during the 1984-5 coal miners' strike. Local government power became 4) stronger by the abolition of certain metropolitan councils (such as the Greater London Council in 1986)

19.

Since then, many Catholic "republicans" (also known as "nationalists") have complained of feeling like second-class citizens in Ulster and have 1) supported the IRA's quest for a united Ireland free of British rule. On the other side, Protestant "unionists" (also known as "loyalists") want to remain 2) loyal to the British crown; backed by their own paramilitaries, the unionists have 3) blamed the IRA's attempts to expel the British. More than 3,200 people on both sides have died since what the Irish call "the Troubles" began in 1969. In October 2001, the IRA began "decommissioning" its arsenal—in effect disarming, an action the 4) republicans have long demanded as proof of the IRA's commitment to peace and to pursuing a purely political strategy.

III. 단답식(각 3점, 8x3=24점)

[20-27] 다음 글에서 밑줄 그은 부분이 누구/무엇인지를 영어로 쓰시오. 27번은 빈칸 채우기.

20.

IT is an annual event that since 1966 has taken place on the streets in London, UK, each August over three days. It is led by members of the West Indian community. It has attracted around one million people in the past years, making it one of the largest street festivals in the world.

21.

IT usually included a lake, sweeps of gently rolling lawns set against groves of trees, and recreations of classical temples, Gothic ruins, bridges, and other picturesque architecture, designed to recreate an idyllic pastoral landscape.

22.

IT became the established church during the Reformation in the 16th century. Conflicts between Church and State culminated in the Act of Supremacy in 1534, which repudiated papal supremacy and declared Henry VIII to be the Supreme Head of the Church of England. The title was altered to 'Supreme Governor' by Elizabeth I when she acceded to the throne in 1558.

23.

"Bonfire Night", held on 5 November in the United Kingdom and some parts of the Commonwealth, is a commemoration of the plot, during which his effigy is burned, often accompanied by a fireworks display.

24.

"Never in the field of human conflict was so much owed
by so many to so few."— Churchill's Speech on August 20, 1940.

[25-26]

Shakesperian Sonnet 18
Shall I compare thee to a summer's day?
Thou art more lovely and more temperate:
Rough winds do shake the darling buds of May,
And summer's lease hath all too short a date;
Sometime too hot the eye of heaven shines,
And often is 25) his gold complexion dimmed;
And every fair from fair sometime declines,
By chance or nature's changing course untrimmed.
But thy eternal summer shall not fade,
Nor lose possession of that fair thou ow'st;
Nor shall death brag thou wander'st in 26) his shade,
When in eternal lines to time thou grow'st:

27.

I know full well the responsibilities that await me as I enter the door of No. 10 and I'll strive unceasingly to try to fulfil the trust and confidence that the British people have placed in me and the things in which I believe. And I would just like to remember some words of St. Francis of Assisi which I think are really just particularly apt at the moment. 'Where there is discord, may we bring harmony. Where there is error, may we bring truth. Where there is doubt, may we bring (f   ). And where there is despair, may we bring hope.' … -Margaret Thatcher

III. 서술식(각 9점, 9x4=36 points)

[28] 다음 지문을 읽고 화자(I)가 놓인 1) 상황 2) 심정 3)태도를 중심으로 자세히 비교 설명하시오.

[1] Every street lamp seems to beat a fatalistic warning.
Someone mutters and the street lamp gutters,
And soon it will be morning.
Daylight. I must wait for the sunrise
I must think of a new life
And I mustn't give in.
(From "Memory," The Musical Cats)

[2] And it seems to me you lived your life
like a candle in the wind:
never fading with the sunset
when the rain set in.
And your footsteps will always fall here,
along England's greenest hills;
(From "Candle in the Wind")

29. 다음 인용문을 읽고 1) 각각의 작가들이 어떤 문제를 제기하고 있으며 2) 작가(지성인)의 역할이 무엇인지를 자세히 설명하시오.

[1] This was the right to citizenship by virtue of birth, the *ius soli*,

or right of the soil. For nine centuries any child born on British soil was British. Automatically. By right. Not by permission of the State. The Nationality Act abolished the *ius soli.* From now on citizenship is the gift of government.
-Salman Rushdie, "The New Empire within Britain"

[2] Smart big awards and prize money
Is killing off black poetry
It's not censors or dictators that are cutting up our art.
The lure of meeting royalty
And touching high society
Is damping creativity and eating at our heart.
-Benjamin Zephaniah, "Bought and Sold"

30. 다음 두 지문을 읽고 종족 간 1) 갈등의 원인 2) 갈등 해결노력 3) 영국사회 내 갈등에 대한 본인의 생각을 순서대로 서술하시오.

[1] About The Gunpowder Plot of 1605
Their aim was to displace Protestant rule by blowing up the Houses of Parliament while King James I and the entire Protestant, and even most of the Catholic, aristocracy and nobility were inside. The conspirators saw this as a necessary reaction to the systematic discrimination against English Catholics.

[2] About the Troubles in Northern Ireland
Since the late 1960s, the IRA has killed about 1,800 people, including about 650 civilians. The IRA's primary targets were British troops, police officers, prison guards, and judges—many of them unarmed or off-duty—as well as rival paramilitary militants, drug dealers, and informers in Ulster.

31. 다음은 역대 영국지도자들에 관한 글이다. 각각의 1) 덕목(virtues), 리더십(leadership), 국치술(國治術, statecraft)이 무엇인지 밝혀내고 2) 이에 대한 자신의 평가를 내리시오.

Elizabeth

[1] Moreover, though during her sister's reign she outwardly complied with the official Catholic religious observance, Mary and her advisers suspected her of Protestant leanings, and the young princess's life was in grave danger. Poised and circumspect, Elizabeth warily evaded the traps that were set for her.

Queen Victoria

[2] She was particularly fond of Conservative Benjamin Disraeli, who, by linking Victoria to the expansion of the empire, collected respect for the monarchy that had been lacking since Victoria's seclusion. Even in the throes of grief during her seclusion, Victoria gave close attention to daily business and administration, at a time when England was evolving politically and socially.

Churchill

[3] In gauging the dynamics of events, his profound experience is unmistakable. He is the man who has himself been through the fire, taken risks, and withstood extreme pressure. This gives his words a vibrating power.

평가문제 ❷ 답지

1. ③; 2. ③; 3. ③; 4. ③; 5. ④; 6. ①; 7. ③; 8. ①; 9. ④; 10. ③; 11. ④; 12. ③; 13. ②; 14. ①; 15. ④; 16. ③; 17. ③; 18. ④; 19. ④; 20. Notting Hill Carnival; 21. English Garden; 22. Church of England; 23. Guy Fawkes; 24. The airmen (비행기 조종사들); 25. The Sun; 26. The underworld(지옥); 27. faith; 28. [1] 새벽녘 길가에서 절망적 상황에 놓인 그리자벨라는 희망의 끈을 놓지 않으려한다. [2] 영국의 장미, 다이애나가 바람 속 위태로운 촛불이 되어 세상을 떠난 상황을 그려보면서 그녀가 영국의 초원 위에 영원히 머무르길 소망하는 노래이다. 29. [1] 루시디는 아이가 태어나면 자동적으로 주던 시민권을 주지 않는 영국정부의 인색함을 비판한다. [2] 제파니어는 돈, 권력, 훈장이 식민지 출신 시인들의 반식민적 정서를 무력화시키고 이들의 영혼을 타락시킨다는 점을 비판한다. 이들은 지배권력에 맞선 비판적 지성인들이다. 30. [1] 신교와 구교 간 차별과 갈등으로 인한 화약폭발 음모 사건이다. [2] 통합된 아일랜드 건설의 꿈을 지닌 IRA가 폭력과 테러를 통해 많은 영국인들을 죽였다. 북아일랜드는 신교도와 구교도 사이에 갈등의 골이 깊다. 31. [1] 엘리자베스 1세는 균형감과 신중함을 지니고 국가통합을 일구어냈다. [2] 빅토리아 여왕은 디즈데일리 수상과 협업관계를 잘 유지했다. 남편을 잃은 슬픔 속에서도 국정운영의 책무를 다했다. [3] 처칠 수상은 독일과의 전쟁 중에 위험을 감수하고, 압박을 견디며, 강단 있는 연설을 통해 국민들의 결속을 잘 다졌다.

과제물샘플

비비안 웨스트우드

생활과학대 04학번 나정미

펑크의 대모, 영국의 또 다른 여왕, 비비안 웨스트우드
"나는 무엇인가 비인습적인 것을 만들기 위해
인습적인 것을 사용한다."

자신보다 26세가 어린 연하의 남자와 결혼한 여자, 51세에 속이 훤히 들여다보이는 드레스를 입고 엘리자베스 여왕을 알현한 펑크의 노장, 68세의 나이에도 펑키한 붉은 곱슬머리와 익살스런 표정을 잃지 않는 디자이너. 비비안 웨스트우드를 생각하면 자동으로 떠오르는 숫

자들과 수식어들이다. 펑크룩의 창시자이자 영국 패션계 아니, 세계 패션계의 여왕으로 인정받는 영국의 자존심 비비안 웨스트우드. 가장 영국적인 디자이너의 아이콘으로서 패션계를 진두지휘하고 있는 그녀의 패션 철학에 담겨 있는 이야기는 무엇일까?

1941년 잉글랜드 더비에서 출생한 비비안 웨스트우드는 나이가 들수록 과격해지는 나이와 시대를 거스르는 인물이다. 평범한 이웃집 아주머니 같은 외모에 뜨개질을 하며 티타임을 즐길 것 같아 보이는 그녀지만 독창적으로 파격적인 옷과 소품들을 만드는 데에는 타의 추종을 불허한다. 컬렉션을 열 때마다 기상천외한 발상으로 모든 이가 놀라고 즐거워한다. 커다란 엉덩이 장식(버슬)을 단 스커트, 거대한 깃털 목도리, 화려 한 무늬를 새긴 코르셋, 짧은 속바지에 허벅지까지 올라오는 긴 부츠, 블라우스 위에 브래지어 입기, 스커프를 둘러쓰고 중산모 덧쓰기 등 말로 다 언급할 수 없을 정도의 파격은 고정관념을 거부하는 것이 아니라 아예 간단히 비웃어주고 깨부순다. 그리고 그 파편으로 자신만의 세계를 창조하는 아티스트이다.

평범한 주부에서 펑크의 1인자로

그녀는 대학을 나와 교사 생활을 하다 21살 때 댄스홀 매니저였던 데레크 웨스트우드와 결혼했다. 공업지대 더비셔에서 공장 근로자 딸로 태어난 그녀는 17살 될 때까지 미술에 관련된 책을 보거나 영화 구경 등 예술가와 가까웠을 것 같은 활동은 한 번도 한 적이 없다고 한다. 틀에 박혀있는 기존의 예술 활동이나 창작물을 접하지 않아서 일까? 그녀의 작품 안에 담겨 있는 것들은 새로움의 진수가 무엇인지를 제대로 보여준다. 그녀의 예술적 소양을 감지했던 일은 그저 늘 자기 자신을 치장하기를 좋아했다는 것과 패션 디자이너의 길로 들어서기

이전인 교사 생활 중 틈틈이 보석 디자인을 해서 벼룩시장에 내다 파는 정도에 불과했다. 그러다 결혼 3년 만에 자신이 가르치던 예술학교 학생이었던 말콤 맥라렌을 만나 스캔들을 일으키면서 그녀의 인생은 180도 달라지기 시작했다.

전 남편과 맥라렌에게서 각기 얻은 아들 둘을 키우면서 교직을 계속하던 그는 1971년 맥라렌의 제의로 런던 킹스로드에 렛잇락(Let it rock)를 내고 디자이너로 변신한다. 3년 뒤에는 펑키 스타일로 정착, '섹스'라는 이름의 부티크로 자리 잡았다. 1976년 그녀의 연인이자 비즈니스 파트너 맥라렌은 그가 매니저로 있는 영국 밴드 '섹스 피스톨스'의 의상을 그곳에서 구입하면서 그녀가 곧 스타 디자이너가 될 것임을 확신했다. 이후 전 세계에 펑크 열풍이 뜨겁게 달아올랐을 때 웨스트우드는 이미 펑크의 선구자가 되어 패션에게 낭만주의 물결을 일으키고 있었다.

패션계의 대처

비비안 웨스트우드는 1990년과 1991년 2년 연속 '올해의 브리티시 디자이너'로 선정되었다. 가장 영국적인 울과 트위드, 타탄, 리넨을 사용함으로써 그녀는 브리티시 스타일의 전형이 되었으며 아무도 흉내낼 수 없는 퀼리티를 확보했다. Women's Wear Daily출판사는 그녀를 세계 6대 디자이너로 선정했으며 ITV 텔레비젼은 그녀와 관련된 모든 쇼를 방영했다. 1991년 마가렛 대처로 변장해 상류층의 잡지인 *Tatler*의 표지에 실림으로서 센세이션을 일으키기도 했다. 1992년 비비안 웨스트우드는 The Order of the British Empire(OBE)를 수상했으며 왕실 예술가의 일원인 그녀는 1989-1991년 사이에 Vienna대학의 패션교수로 재직했다.

남과 달라야한다

영국 언론들은 그녀를 '영국 패션계의 여왕', '펑크의 1인자', '살아있는 국보' 라 칭송한다. '크리스챤 디오르'와 '지방시'의 대표디자이너로 영국의 젊은 디자이너 '존 갈리아노'와 '알렉산더 맥퀸'이 발탁 된 것도 이전에 비비안 웨스트우드가 길을 닦아 놓은 덕분이라고 칭찬한다. 하지만 그녀는 이렇게 자신을 추앙하는 영국 언론과 패션계를 살짝 뒤로 하고 자신의 남과 다름을 좀 더 유연하게 받아들이고 평가해주는 프랑스 파리에서 그녀의 예술 활동을 이어나갔다. '다름'을 '최고'로 만들어 낼 수 있었던 그녀의 평소 모습도 그러했다.

그녀는 인터뷰나 공식적인 행사에서 말을 꺼냈다 하면 어지러울 정도로 그 대답이 동문서답에 중구난방이다. 갖가지 다른 화제를 연이어 끄집어내는 그녀를 당해낼 재담가가 드물다고 한다. 러셀과 헉슬리, 루소, 볼테르와 같은 철학가 이야기를 즐겨 인용해 사람들을 놀래키면서 아마추어 학술가로도 알려져 있다. 그녀는 현대 문명을 쓰레기라고 매도한다. 영화는 '실패한 커뮤니케이션 방식'이라며 일절 보지 않는다. 집에는 TV를 들여놓지 않는다. 또한 그녀는 엘리트 주의자다. "공작은 매와 섞이지 않는다. 제비는 굴뚝새와 함께 날지 않는다."고 말하며 획일적인 평등주의에 반기를 든다. 어쩌면 이렇게 남과 달라야 한다. 이른바 현대적인 것은 모조리 배척한다는그녀의 신조가 남다른 패션을 만들어 내는 원천이 아닐까 싶다.

전통, 문화, 존엄에 대한 존경과 패러디

비비안 웨스트우드는 "뒤를 돌아보는 것이 미래를 창조해내는 방법"이라는 패션 철학을 갖고 있으며 여전히 그런 그녀의 모토를 실현해나가고 있다. 그녀가 관심을 갖고 있었던 18세기 이전의 살롱문화,

18세기의 진귀한 가구들과 그림들, 그리고 장식품들은 비비안 웨스트우드의 창조적 영감의 원천이 되어주고 있다. 비비안 웨스트우드는 자칫 지루하고 새로울 것 없어 보이는 역사 속에서 그녀만의 로맨틱함을 보았던 것이다. 역사적인 스타일을 현대적으로 재해석하는 그녀의 탁월한 능력은 영국 역사 안에 고스란히 배어있는 점잖은 왕국의 모습부터 거리의 걸인의 모습까지 이미지화 할 수 있게 하였다. 그래서 그녀의 패션세계를 처음 접해보는 사람은 그러한 역사적인 지식과 배경에 대한 이해 없이는 자칫 불쾌함을 느끼거나 거북해 할 수도 있을 것이다. 하지만 그녀의 작품 하나하나가 영국적인 전통을 현대적으로 재해석 해내어 재치 있고 발랄하게 표현하고 있다는 점을 알게 된다면 새로운 것을 창조해내는 일이 비단 아티스트의 머릿속에서 순식간에 떠오를 수 있는 단순한 작업이 아니라는 것을 깨달을 수 있을 것이다.

그녀는 결코 영국적인 전통을 무시하지 않았다. 영국의 전통과 역사적인 스타일을 불손함과 함께 세련미와 결합해 재해석하였다. 바로 그것이 그녀가 보여주고자 노력했던 펑크의 정신일 것이다. 비비안 웨스트우드는 역사적 문화적으로 체계화, 관습화, 정형화된 기존의 관념들을 해체시키고 파괴함으로써 새로운 미를 추구하였다. 또한 다양성을 요구하는 현대 사회의 특성을 정확하게 반영한 디자인을 통해 다원적인 패션을 보여줌으로써 도저히 섞일 것 같지 않은 문화적 코드들을 그녀만의 패션에 녹아들게 했다.

남다른 열정으로 시대를 초월하는 예술 세계를 보여주는 비비안 웨스트우드. 전통과 혁신의 절묘한 조화로 오늘도 그녀를 추앙하는 패션 피플을 만들어 내고 있는 비비안 웨스트우드에게서 어떤 다른 디자이너의 작품에서보다 새롭고 열에 들뜬 젊은이의 기운을 엿본다. 펑크의 여왕이여, 그 파격이여 영원하라.

참고자료

김길라. 『비비안 웨스트우드 디자인 연구: 1980년대 이후를 중심으로』.

배정민 김영삼. 『Vivienne Westwood 작품에 나타난 미적 특성과 다원적 절충주의 분석 연구』.

송수원 김민자. 『비비안 웨스트우드의 작품 세계에 나타난 영국적 이미지』.

은영자 김선혜. 『비비안 웨스트우드의 작품에 나타난 해체주의 패션』.

박종성

영국 런던대학교(퀸 메리 칼리지)에서 영문학 박사학위를 취득하고, 현재 충남대학교 영문과에서 교수로 재직하고 있다.
주요 저서로는 『영국문학 길잡이』, 『더 낮게 더 느리게 더 부드럽게—절충과 완만의 미학, 영국문화 이야기』, 『탈식민주의에 대한 성찰』, 『영어권 탈식민주의 소설연구』(공저) 등이 있으며, 주석본으로는 *The Remains of the Day*와 *Wuthering Heights*가 있다.
한국영어영문학회 부회장 및 한국근대영미소설학회 회장을 역임했다.

이메일 : jspark61@cnu.ac.kr
홈피 : www.mindup.net

영국문화 길잡이

1판 1쇄 발행 _ 2016년 8월 30일
1판 2쇄 발행 _ 2019년 3월 20일

저　자 · 박 종 성
발행인 · 정 현 걸
발　행 · 신 아 사
인　쇄 · 대명프린팅
주　소 · 서울특별시 은평구 통일로 59길 4 (2층)
전　화 · (02) 382-6411 팩스 · (02) 382-6401
홈페이지 · www.shinasa.co.kr
E-mail · shinasa@daum.net
출판등록 · 1956년 1월 5일 (제 9-52호)

ISBN : 978-89-8396-949-1(93840)

정가 15,000원